Spanish A2 | para AQA
ánimo 2

Isabel Alonso de Sudea
Abigail Hardwick
Maria Dolores Giménez Martínez
Vincent Everett
María Isabel Isern Vivancos

Welcome to *ánimo*!

The following symbols will help you to get the most out of this book:

 listen to the audio CD with this activity

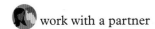 work with a partner

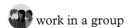 work in a group

Gramática an explanation and practice of an important aspect of Spanish grammar

→158 refer to this page in the grammar section at the back of the book

➡ W000 there are additional grammar practice activities on this page in the *á nimo Grammar Workbook*

OxBox additional activities in the *ánimo Resource and Assessment OxBox CD-ROM*

Frases clave useful expressions

Técnica practical ideas to help you learn more effectively

We hope you enjoy learning with *ánimo 2*.
¡Buena suerte!

Índice de materias

FRANCIA

la Coruña
Oviedo
Santander
Bilbao
PAÍS VASCO
GALICIA
ASTURIAS
CANTABRIA
Vitoria
Vigo
Picos de Europa
Pamplona
Burgos
Logroño
NAVARRA
Pirineos
CASTILLA -LEÓN
LA RIOJA
CATALUÑA
Duero
Valladolid
Zaragoza
Barcelona
Salamanca
ESPAÑA
Ebro
MADRID
ARAGÓN
Madrid
PORTUGAL
Tajo
Menorca
Cáceres
Mallorca
Toledo
Badajoz
CASTILLA-LA MANCHA
VALENCIA
Ibiza
BALEARES
EXTREMADURA
Formentera
Guadalquivir
Córdoba
Murcia
Sevilla
ANDALUCÍA
MURCIA
Granada
Málaga
Ceuta
Melilla

CANARIAS
La Palma
Lanzarote
Tenerife
La Gomera
Las Palmas
El Hierro
Gran Canaria
Fuerteventura

MÉJICO
BELICE
HONDURAS
NICARAGUA
GUATEMALA
COSTA RICA
GUYANA
EL SALVADOR
VENEZUELA
SURINAM
PANAMÁ
COLOMBIA
GUAYANA FRANCESA
ECUADOR
PERÚ
BRASIL
SUDAMÉRICA
BOLIVIA
PARAGUAY
CHILE
URUGUAY
ARGENTINA

MARRUECOS

ARGELIA

1 La contaminación

PROBLEMAS

1. La desertificación
2. La contaminación del agua y del suelo
3. La contaminación atmosférica
4. La contaminación acústica y lumínica
5. La destrucción del medio ambiente y de los ecosistemas
6. Los animales y las especies en peligro de extinción
7. El cambio climático y el efecto invernadero
8. La lluvia ácida

CAUSAS

A Los gases tóxicos/CFC/aerosoles
B El almacenamiento de los desechos radioactivos
C Los vertidos de la basura doméstica y de los residuos industriales
D El sobrepastoreo
E La sobrepesca
F La superpoblación
G El ruido
H El grafitti
I La caza y el comercio
J Vertidos de petróleo

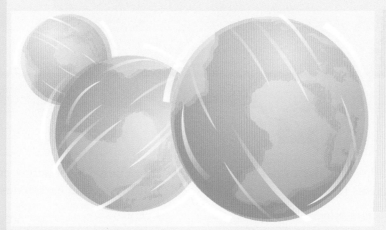

EFECTOS

i La extinción de las especies
ii La deforestación
iii El agujero en la capa de ozono
iv Incendios forestales
v Inundaciones
vi Enfermedades
vii Estrés

1a Empareja cada problema con su causa y el efecto o los efectos producido(s). ¡Cuidado¡ puede haber varios efectos.

Ejemplo: 3 – A – iii y vi

1b Discute con tu compañero/a. ¿Cuáles son los problemas más graves y los menos graves?

Frases clave

Creo que	Lo más grave de todo
En mi opinión	Es menos serio de lo que parece
A mi juicio	Lo que más/menos me preocupa

1c Explica a la clase cuáles son en tu opinión las tres causas de la contaminación que te parecen las más serias y di por qué.

Puntos negros en el mapa

▶ *¿Quién contamina? ¿Quién sufre las consecuencias?*

1 Mira el mapa. Decide si las frases a–f son verdaderas (**V**), o falsas (**F**).

a La industria se concentra principalmente cerca de la costa.

b No hay refinerías en el centro del país.

c Cataluña ha optado por la incineración de la basura.

d En La Rioja y Aragón no hay incineradoras.

e La mayoría de las refinerías están en la costa.

f En La Rioja no hay industrias que emiten sustancias químicas.

2a Escucha y apunta las siguientes palabras en español:

pollution   tip   toxic waste   pipes
urban waste   crude oil   heavy industry

2b Vuelve a escuchar cada sección, luego apunta lo que recuerdes sobre:

- Huelva
- Cataluña
- La Rioja

2c ¿Cuántas frases negativas puedes escribir sobre La Rioja?

ni … ni …   nadie   ningún   nunca
ni siquiera   tampoco

Ejemplo: *No hay ni incineradoras ni industria pesada en La Rioja.*

3a Organiza estos datos según hagan referencia
a la Contaminación o al Cambio climático.

a La sequía amenaza el desarrollo de la
agricultura y del turismo porque dependen
de la abundancia de agua para regar
cultivos y campos de golf.

b La industria española vierte al agua cada año
1.219.709 toneladas de las 44 sustancias más
peligrosas.

c La desertificación en África podría llevar
a una inmigración masiva hacia España,
que a su vez conllevaría importantes
cambios sociales y económicos.

d La contaminación atmosférica provoca
16.000 muertes prematuras al año en España,
diez veces más que la tasa de mortalidad
anual por accidentes de tráfico.

e En España cada vez se registran más
incendios forestales.

f Casi 4 millones de trabajadores españoles (el
25,4% del total) están expuestos a sustancias
cancerígenas. En la mayoría de los casos se
trata de trabajadores vulnerables, de salario
bajo y con una formación básica.

g Se estima que 4.000 trabajadores mueren
anualmente por exposición a sustancias
químicas.

h El nivel del mar en la costa atlántica
española sube 3,5 mm por año.

i Especies como el oso, el lince y el lobo se ven
amenazadas.

j Las zonas con mayores tasas de
enfermedades como el cáncer coinciden con
las áreas más industrializadas.

k En España la temperatura media ha subido
1,5 grados en las últimas tres décadas.

l Al menos el 74,3% de los residuos urbanos
acaban quemados en incineradoras o
enterrados en vertederos.

3b Con un(a) compañero/a, utiliza los datos
para debatir cuál es la mayor amenaza para
España.

Frases clave

Hay que recordar que …
Hay que tener en cuenta que …
Es escalofriante que … + subjunctive
No creo que …+ subjunctive
¿Cómo es posible que …? + subjunctive
Lo más chocante es que … + subjunctive
¿No te importa que …? + subjunctive
¿Te das cuenta de que …?
¿Sabías que …?

4 Escribe un resumen de la información en
estas páginas para alertar a la población
sobre las amenazas al medio ambiente
en España.

- industria
- basura
- enfermedades
- naturaleza
- cambio climático
- economía

Todos somos responsables

▶ *¿Cómo reducir la polución? ¿Es una responsabilidad individual o colectiva?*

1a 👥 ¿Mascas chicle? ¿Qué haces con él cuando te cansas de masticar? ¿Los chicles causan problemas en tu instituto o en las calles de tu ciudad? Discute con tus compañeros/as.

¿Mascas chicle?

Según los expertos, en España se consume una media de tres kilos y medio de chicle por habitante y, pese a que no son biodegradables, muchos de estos acaban en el suelo de las calles donde acumulan en torno a 50.000 gérmenes a lo largo de los cinco años, poco más o menos, que tarda un chicle en degradarse.

No es muy sorprendente que el ingrediente básico con el que se fabrican los chicles sea la goma. Pero quizás sí lo es el que sea el mismo ingrediente del que están hechas las ruedas de nuestros vehículos y que Wrigleys, el líder de la producción mundial de chicles, sea abastecido por la compañía Goodyear.

Dadas las condiciones de nuestro entorno, la conciencia social y el reciclaje son el último grito; después de minuciosos estudios sobre el perfil del consumidor, las marcas más consumidas, y la composición de cada uno de los chicles, la empresa estadounidense Envyro Bubble y la británica Gummy Bins han diseñado recipientes especiales para depositar los chicles.

En el caso de Envyro Bubble, cada contenedor tiene capacidad para 1.000 chicles que más tarde son convertidos en fertilizante.

Gummy Bins afirma que en seis meses disminuyó en un 72% el número de chicles en las calles de Solihull tras poner a prueba sus contenedores de 500 unidades. Lo más peculiar es que los chicles se recogen para ser utilizados como sistemas de drenaje para campos de fútbol.

1b Lee el artículo y contesta a las preguntas.

1 ¿Por qué los chicles son nocivos para el entorno?

2 ¿Qué es lo que no es asombroso sobre los chicles?

3 ¿Qué es lo sorprendente de Wrigleys?

4 ¿Qué se hizo antes de diseñar los contenedores?

5 ¿Por qué es Solihull una ciudad significativa para Gummy Bins?

6 ¿Qué hacen las empresas con los chicles recogidos?

1c Encuentra en el texto las palabras o expresiones que significan lo mismo que:

aunque	durante	alrededor de
aproximadamente		el principal productor
está de moda	receptáculos	

2a ✂ Escucha a las cinco personas quejándose. Anota el tipo de contaminación, la causa y la solución ofrecida para cada una.

2b ✂ Escucha otra vez e indica si estás de acuerdo con cada solución expresada. Explica por qué si o no.

3a 👤 Discute con un(a) compañero/a cuáles son los cuatro problemas de contaminación más graves de tu barrio y ofrece soluciones.

Usa las frases clave de la página 6 y da opiniones.

3b Escribe unas frases completas sobre cada problema.

Ejemplo: En mi barrio, que es una zona residencial, hay demasiado tráfico de modo que creo que habrá que limitar el número de coches que pasen por allí.

4a Lee y completa el siguiente texto, escogiendo de la lista de abajo la palabra más apropiada para rellenar los espacios. ¡Cuidado! sobran dos palabras.

Los neumáticos, amontonados en grandes cantidades en los (1) ......, tienen un impacto negativo (2) ...... el medio ambiente. Además de malgastar la energía y los materiales utilizados en su producción, contribuyen a la expansión de enfermedades, al servir de refugio a insectos, y constituyen un riesgo grave de ocasionar fuegos (3) ....

Una idea es enviar los neumáticos desechados a industrias que utilizan grandes hornos para (4) ...... la energía que necesitan, como las cementeras o papeleras, donde los neumáticos (5) ...... reemplazar el uso de combustibles contaminantes como el carbón.

producir	esta	pueden	sobre
tóxicos	limpios	vertedero	

4b Busca en el texto palabras sinónimas a las de abajo.

1 acumulados
2 desperdiciar
3 la dilatación
4 un peligro
5 generar

4c Lee el último párrafo otra vez. ¿En tu opinión, es una buena o mala idea para solucionar el problema? Escribe unas 50 palabras máximo explicando tus razones.

5a 🎧 Escucha la noticia sobre la marea negra en el Golfo de Méjico y contesta a las siguientes preguntas.

1 ¿Cuántos accidentes se citan?
2 ¿Cuántas personas murieron en el Golfo de México?
3 ¿Cuánto tiempo duró el derrame?
4 ¿Cuántos galones de crudo se vertieron?
5 ¿Cuándo lograron poner fin a esta tragedia?

5b 🎧 Escucha otra vez. Decide si las frases 1–5 son verdaderas (**V**), falsas (**F**) o no se mencionan (**NM**).

1 Las mareas negras mencionadas contaminaron la costa mediterránea.
2 La explosión del Golfo causó estragos para la vida marina.
3 El derrame llegó hasta Méjico.
4 La vivienda de mucha gente fue afectada.
5 Nadie quiere admitir la responsabilidad.

6 Lee el texto y haz frases completas emparejando las dos partes. ¡Cuidado! sobran dos segundas partes.

Este es el dilema del gobierno: ¿Actuar para frenar las emisiones, o fomentar la estabilidad económica y el empleo? En el protocolo de Kioto, los países se comprometieron a limitar el aumento de los gases invernadero al 15% de su nivel en 1990. Actualmente, las emisiones han incrementado en un 52%. De no hacer nada, dentro de cuatro años España emitirá un 50% más que en 1990. ¿Existe alguna forma de reconciliar el conflicto de prioridades? Se ha propuesto que España compre las cuotas de emisión a otros países, de forma que podría seguir contaminando, pero a un precio de más de 3.000 millones de euros.

1 El gobierno tiene que resolver …
2 Muchos países hicieron
3 Decidieron imponerse …
4 Hoy por hoy las emisiones …
5 Una posible solución para España es

a comprar cuotas de otros países.
b un compromiso importante en el protocolo de Kioto.
c no hacer nada en el futuro.
d un límite en las emisiones de gases CFC.
e un dilema entre las emisiones y la economía.
f han aumentado más del 50%.
g seguir contaminando el medio ambiente.

7a 👥 Discute en grupo la afirmación de abajo. Escribe tres listas siguiendo el ejemplo de abajo.

'Hay unos problemas que podemos solucionar nosotros con un poco de voluntad y disciplina propia pero hay otros que requieren la cooperación mundial.'

individuales/ locales	nacionales	internacionales
basura doméstica	residuos industriales	desechos nucleares

7b 👥 Explica por qué has incluido cada aspecto en tu lista y cómo se puede o podrá solucionar el problema.

Transporte razonable

▶ *¿Cuál es el precio real que pagamos por la rapidez y la comodidad de nuestros viajes?*

1 Contesta a las preguntas. Compara tus respuestas con las de tus compañeros/as.

1 ¿Cuántas veces a la semana usas el coche?
2 ¿Para qué?
3 ¿Qué distancia recorres?
4 ¿Qué otros medios de transporte usas?

2a Escucha la conversación entre un señor y su esposa. ¿Cuáles son sus quejas acerca de …?

- el tráfico de hoy
- el tren
- el metro
- el autobús

2b Escucha de nuevo. ¿Qué proponen para abordar los problemas del ejercicio 2a? En tu opinión, ¿son ideas sensatas? Explica por qué.

3a Discute con un(a) compañero/a:

1 Los problemas de transporte en tu barrio.
2 El efecto que tienen en la gente que vive allí.
3 Las soluciones que propones.

3b En parejas discutid y planead el sistema de transporte ideal. Preparad una presentación para explicar los problemas actuales y las soluciones que proponéis.

Frases clave

Hay que …
Se debe …
Es necesario … + infinitive
Es imperativo …
Se tiene que …

Gramática ➡ 148 ➡ W53

Present subjunctive

● Remember that the use of the subjunctive mood is very common in Spanish. It is found primarily – although not always – in dependent clauses (not the main verb) and generally expresses likes, dislikes, regret, fear, preference, doubt, probability, purpose, value judgements and influences or conditions on people's actions.

● To form it use the stem of the first person singular of the present indicative and the endings below:

> -AR: camin**e**, camin**es**, camin**e**, camin**emos**, camin**éis**, camin**en**
>
> -ER/IR: sub**a**, sub**as**, sub**a**, sub**amos**, sub**áis**, sub**an**

A Escribe frases completas que acompañen a las señales. Debes utilizar las frases clave.

Frases clave

Es imprescindible que …
No creo que …
Es poco probable que …
Es hora de que …
Basta con que …
Es necesario que …
Es imposible que …
Con tal de que …
A menos que …
Dudamos de que …

4a  Lee el texto y comenta tu reacción con tus compañeros/as:

- (No) me sorprende que …
- (No) me horroriza que …
- (No) me asombra que …
- (No) me choca que …

¿Sabías que …?

- Más del 75% de los desplazamientos urbanos se realizan en vehículos privados con un solo ocupante.
- En la ciudad el 50% de los viajes en coche son para recorrer menos de 3 km. En el 10% de los casos se usa para recorrer menos de 500 metros.
- En España el transporte es el responsable de más del 30% de las emisiones totales de CO_2.
- La conducción eficiente permite conseguir un ahorro medio del 15% de carburante y de emisiones de CO_2.
- La utilización del aire acondicionado en los vehículos incrementa el consumo de CO_2 en un 25%, y una falta de presión de 0.3 bares en los neumáticos lo aumenta en un 3%.
- Un solo coche viajando a 4.000 rpm hace el mismo ruido que 32 coches yendo a 2.000 rpm.

4b  Juego de rol: Es evidente que los jóvenes en la ilustración no son muy conscientes del impacto que tiene su actividad sobre el medio ambiente. Utiliza la información de las afirmaciones para intentar concienciarlos.

5a Haz una lista de las ventajas y desventajas de viajar en tren y en avión.

5b Lee el artículo. Desde el punto de vista ecológico, ¿por qué crees que el AVE no tiene las ventajas del ferrocarril tradicional?

De Madrid a cualquier parte
¿Cuánto más rápido mejor?

El tren ha sido tradicionalmente uno de los medios de transporte más apoyados por aquellos que se preocupan por el entorno. Esto es debido a su mayor eficiencia energética, menor dependencia del petróleo, menor contaminación atmosférica, menor ruido, menor impacto paisajístico y a la baja ocupación del terreno ya que dos vías ferroviarias poseen tanta capacidad de transporte de personas como 16 carriles de autopista.

Pero en la lucha por competir con los bajos precios de las aerolíneas, que ofrecen mayor comodidad y una rapidez similar, el tren de alta velocidad ha dejado de ofrecer las ventajas de los ferrocarriles tradicionales y ha propiciado protestas por parte de todos los grupos ecologistas y aquellos interesados en la preservación del medio ambiente.

6a Escucha este reportaje y contesta a las preguntas.

1 ¿A qué comunidades autónomas llega el AVE?
2 ¿A qué velocidad viaja?
3 ¿Cuánta energía usa?

6b Escucha otra vez y anota las desventajas que se mencionan.

7 Lee las dos afirmaciones de abajo. ¿Con cuál de las dos estás de acuerdo? ¿Por qué? Justifica tus ideas usando las frases clave de la página 10 y las expresiones de 4a de arriba.

'La única solución práctica, eficaz y rápida al problema del transporte tanto local como global es exigir un impuesto desorbitante para todo sistema de transporte.'

'Todos tenemos el derecho de viajar libremente por la ciudad, el país y el mundo. El gobierno debe subvencionar los sistemas de transporte para que paguemos una tarifa moderada.'

¡Atención, examen!

Gramática

⮕144 ⮕W32

The main tenses of verbs

A Follow the example and make a flow chart for the verbs, *hablar*, *comer* and *vivir* conjugating each of the tenses in full.

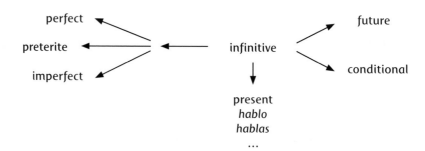

perfect
preterite
imperfect
infinitive
future
conditional
present
hablo
hablas
...

B Use your flow charts to find the correct verb forms:

1 I talk
2 He will eat
3 They were living
4 He has taken (*tomar*)
5 We decided (*decidir*)
6 They will spend (*gastar*)
7 They would contribute (*contribuir*)

C a Identify the tenses of the verbs underlined in the text of exercise 6 on page 9. Explain how each tense is formed and when to use it.

b Listen again to the news item in exercise 5a on the oil spillage on page 9. For each of the verbs in the infinitive below note down the form and tense used and say what it means.

Ejemplo: volver a ocurrir – ha vuelto a ocurrir – perfect tense 3rd person singular – has happened again

| ser | ocurrir | derramar | contaminar | lograr | ser | poder |

Gramática

⮕144 ⮕W34

Radical-changing verbs

● Revise the rules for radical-changing verbs in the present and the small number of verbs which have a radical change in the preterite.

D What is the infinitive of the underlined verbs? Which are not radical changing?

La cantidad de residuos que la industria <u>vierte</u> al mar <u>depende</u> de cuánto <u>invierte</u> en nuevas tecnologías. Los residuos se <u>convierten</u> en bio-combustibles o se <u>desechan</u> de forma eficiente.

Los cambios <u>requirieron</u> incentivos por parte del gobierno, pero algunos <u>siguieron</u> contaminando.

<u>Pensamos</u> que el planeta <u>empieza</u> a sentir los efectos de nuestros excesos y se <u>calienta</u> poco a poco pero de forma inevitable.

E Translate into Spanish:

1 He died from contact with toxic waste.
2 They want to change the law.
3 They say it is a scandal.
4 Companies just move their operations abroad.
5 They can avoid the ecological constraints.

Gramática

⮕144 ⮕W34

Spelling change verbs

● There are verbs which sound completely regular, but where you need to pay attention to spelling changes.

F Give the infinitive of each of these underlined verbs and explain why the spelling has had to change.

1 Es importante que los responsables <u>paguen</u> el coste real de su contaminación.

2 El gobierno requiere que <u>averigüen</u> su nivel de consumo de energía.

3 No es justo que <u>sacrifiquemos</u> nuestro estilo de vida.

4 No <u>creyeron</u> que fuera perjudicial para el medio ambiente.

5 <u>Construyeron</u> en una zona protegida.

Técnica

Translating from Spanish to English

When translating, you need to maintain a balance between carefully conveying the original Spanish, and ensuring it makes sense in good English.

Remember word for word translation rarely works. Try to:

- maintain the unity of the original text
- match the style of presentation
- imitate the register of language
- make sure the final translation flows as a whole

- Do focus on the whole sentence, not individual words:

  No hay que darle vueltas al asunto. Todos tenemos que ponernos a buscar una solución.

- Don't gloss over shades and nuances of individual words:

  Su contribución es importantísima. Sufrió unos 500 incendios forestales.

- Do pay attention to the value of 'little' words:

  ¿De qué te quejas? Lo hicimos sin que se dieran cuenta de lo que pasaba.

- Don't translate them literally:

  De no hacer nada, terminaremos por destruir el planeta.

- Do respect verb tenses:

  El gobierno requirió mejoras.

- Do take care with sequencing tenses that do not always follow a similar pattern in English as they do in Spanish.

  Hace varios años que esto viene desarrollándose.

- Don't write nonsense when Spanish works in a different way to English:

  La nueva planta se ha inaugurado. Genera electricidad desde hace tres meses.

- Do make use of cognates or knowledge of word families:

  La energía solar ofrece una solución alternativa.

- Don't use a cognate when it's not the word you would use in English:

  El incremento de los gases invernadero amenaza el planeta.

- Do watch out for concepts that can't be translated or technical terms which may need explaining:

  El Anfac ha pedido que el gobierno retome el plan Prever.

1 Look back over all the examples above and translate them into natural English.

2 Here are some examples of 'false friends' or tricky words. Translate them, then add as many more to your list as you can remember. As a whole class compile a list and learn them by heart!

comprensivo	actual	
asisitir a	particular	la crítica
consciente	sensible	

3 Learn to identify endings of Spanish words which have a similar ending in English.

Example: *-ción/-sión are similar to the English '-tion'/'-sion'.*

estación, extensión 'station', 'extension'

Now find examples for the following in Spanish and write down the equivalent in English.

-dad	-mente	-aje	-ancia	-encia	-ería
-aría	-or				

4 Translate the text below into English. Look out for examples of the above.

La futura instalación del primer parque eólico en la sierra de Javalambre no ha sido bien recibida por todos. Mientras que los ayuntamientos de los tres pueblos afectados se muestran satisfechos con estas instalaciones energéticas, los ecologistas han mostrado su rechazo por considerar que tienen un "fuerte impacto paisajístico". Aun defendiendo el sistema para la producción de energía, los ecologistas piensan que "se debería usar más el sentido común a la hora de aprobar la instalación de los aerogeneradores, que comienzan a proliferar excesivamente".

5 Translate the texts on page 9 exercises 4a and 6. Note any problems such as word order or technical terms or idiomatic usage you found hard to translate.

Vocabulario

Puntos negros en el mapa	*páginas 6–7*
el almacenamiento	*storage*
la basura	*rubbish*
la contaminación	*pollution*
los desechos	*waste*
las especies	*species*
los incendios	*fires*
las incineradoras	*incinerators*
las inundaciones	*floods*
las medidas	*measures*
el medio ambiente	*environment*
la polución	*pollution*
las refinerías	*refineries*
los residuos	*residue/waste*
la sequía	*drought*
el suelo	*soil*
la tasa	*rate*
un vertedero	*dump*
conllevar	*to lead to*
contaminar	*to contaminate*
emitir	*to emit*
quemar	*to burn*
verter	*to spill/dump*
escalofriante	*horrific*
tóxico/a	*toxic*
emitir sustancias químicas	*to give off chemical fumes*
es el peor caso de …	*it's the worst case of …*
provocar la muerte prematura	*to cause premature death*

Todos somos responsables	*páginas 8–9*
el chicle	*chewing gum*
el entorno	*surroundings*
un horno	*oven*
la marea negra	*oil slick*
los neumáticos	*tyres*
el refugio	*refuge*
abastecer	*to provide*
constituir	*to constitute*
degradarse	*to decompose*
desechar	*to throw away*
malgastar	*to waste*
mascar	*to chew*

reemplazar	*to replace*
nocivo/a	*harmful*
causar estragos	*to cause devastation*
ocasionar fuegos tóxicos	*to cause toxic fires*
sin lugar a dudas	*without a shadow of a doubt*
tener un impacto negativo sobre …	*to have a negative effect on …*

Transporte razonable	*páginas 10–11*
un ahorro	*saving*
el aire acondicionado	*air conditioning*
un carril de autopista	*lane (on motorway)*
la conducción	*driving*
el desplazamiento	*movement/trip*
las emisiones	*emissions*
la vía ferroviaria	*railway line*
abordar	*to tackle*
dejar de	*to stop doing something*
recorrer	*to travel*
cuanto más rápido mejor	*the faster the better*
dejar de ofrecer las ventajas	*to no longer have the advantage of*

¡Entrénate!

Completa las frases con la palabra más apropiada de la lista de arriba.

1 La ciudad de Huelva tiene una tasa (1) _____ de enfermedades como el cáncer a causa de estar cerca de un (2) _____ industrial de (3) _____ tóxicos que (4) _____ sustancias (5) _____.

2 Sin lugar a (1) _____, la gente que masca (2) _____ sabe que es (3) _____ y tiene un impacto (4) _____ sobre (5) _____ porque no (6) _____ y no les importa que el gobierno tenga que (7) _____ dinero escaso limpiando las calles.

3 La vida moderna exige que vayamos cuanto más (1) _____ mejor y con cada (2) _____ el transporte (3) _____ el (4) _____ y si no tomamos (5) _____ para controlar (6) _____ tendremos un problema grave sobre todo en las ciudades.

2 La energía

By the end of this unit you will be able to:

- Discuss different sources of energy: coal, oil and gas
- Talk and write about nuclear energy
- Comment on alternative energy sources
- Discuss changing attitudes to energy consumption
- Differentiate between past tenses accurately
- Understand nuances of meaning in past tenses
- Prepare and present arguments for and against an issue

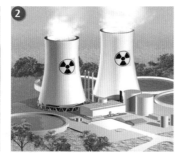

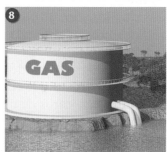

1a Sabes identificar estos tipos de energía. Localízalos en las ilustraciones y luego clasifícalos según sean energías renovables o energías no renovables.

a solar
b de gas natural
c de carbón
d hidroeléctrica
e de petróleo
f nuclear
g eólica
h mareomotriz

1b Discute con tu compañero/a cuál es más limpio, más útil y más accesible entre el carbón, el petróleo y el gas.

2 Escucha este artículo sobre el uso de energía en el hogar.

- ¿De qué trata?
- ¿Te sorprende el porcentaje de energía desperdiciada de este modo? ¿Por qué (no) te sorprende?
- ¿Te supondría un inconveniente el cambio que se menciona?
- ¿Se te ocurren otros cambios que los gobiernos deberían introducir?

OxBox Para más información sobre los diferentes tipos de energía y sus ventajas o desventajas ver la Hoja 2.3.

Energías alternativas

▶ *¿Hay una solución? ¿O varias?*

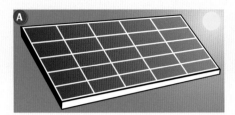

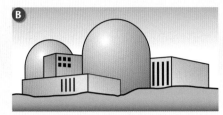

1a Lorem ipsum dolor sit amet, consectetuer adipiscing elit, sed diam nonummy nibh euismod tincidunt ut laoreet

1b Funciona con una turbina o un aerogenerador para convertir el movimiento de las hélices en corriente eléctrica.

1c Funciona mediante paneles fotovoltaicos que aprovechan la tecnología de los semiconductores para generar electricidad.

2a Es un recurso natural, que no produce gases de efecto invernadero ni emisiones tóxicas. Requiere una inversión grande y un periodo largo para amortizar el gasto inicial. La tecnología actual depende de materiales que son difíciles y caros de obtener en grandes cantidades.

2b Recupera la energía empleada en su fabricación en menos de seis meses. No necesita combustible, ni genera gases invernadero. Tiene un gran impacto paisajístico y puede matar a algunas aves.

2c Duis autem vel eum iriure dolor in hendrerit in vulputat velit esse molestie consequat, vel illum dolore eu feugiat nulla facilisis at vero eros et accumsan et iusto odio sent

3c Se podría pensar que por su situación geográfica sería lógico explotar este recurso en España. Pero apenas se empieza a desarrollar este sector ahora. De hecho desde 2006, las casas nuevas tienen que incorporar paneles para calentar agua, y en los edificios grandes se exige que haya paneles fotovoltaicos.

3a En 2010, España espera producir el 15% de la electricidad nacional (o sea 2,1 GW) de esta forma. A escala internacional, ya es el segundo país más importante, después de Alemania.

3b Ut wisi enim ad minim veniam, quis nostrud exerci tation ullamcorper suscipit lobortis nisl ut aliquip ex ea commodo consequat. Duis autem vel eum iriure quis.

1a Empareja el título con el dibujo correcto.

   1 la energía nuclear   **3** la energía solar
   2 la energía eólica

1b Lee y pon los textos 1a–3c en la columna correcta. ¡Cuidado! hay tres textos mal escritos.

1c 🎧 Escucha y verifica. Anota también la información adicional que hace referencia a las 'plantas'.

2 🎧 Escucha y toma apuntes para completar la información que falta:

   ● ¿Cómo funciona?   ● ¿España?
   ● ¿Ventajas e inconvenientes?

3a Compara los dos textos. Identifica ejemplos de:

- diferencias en el orden de las palabras
- dificultades con el lenguaje técnico

> La primera planta europea de concentración de la energía solar se ha inaugurado en Sanlúcar, cerca de la ciudad de Sevilla, en el sur de España. El proyecto genera electricidad mediante 624 helióstatos. La superficie de cada uno mide 120 metros cuadrados y concentra los rayos del sol sobre lo alto de una torre de 115 metros, donde se sitúa un receptor que consiste en una serie de paneles de tubos que operan a muy alta temperatura y por los que circula agua a presión. El vapor que se produce en ellos es enviado a una turbina de vapor para generar electricidad.

> Europe's first commercial concentration solar power station has been opened at Sanlúcar near the sunny southern Spanish city of Seville. The project produces electricity with 624 large movable mirrors called heliostats.

3b Completa la traducción al inglés.

4 ¿Cuál es tu opinión sobre la planta de Sanlúcar?

> la idea   la tecnología   su tamaño
> el coste   su potencial

Frases clave

Yo diría que …

Lo que pasa es que …

Creo que …

No creo que …+ subjunctive

Es increíble que … + subjunctive

5 Completa la frase con la forma correcta del verbo:

a La energía solar (poder) reducir las emisiones.

b La energía del viento se (convertir) en electricidad.

c Los paneles (calentar) el agua.

d Los expertos (decir) que es una fuente de energía limpia.

e Apenas (empezarse) a desarrollar la tecnología.

6a Lee el texto. ¿Qué consideras más importante? Pon en orden de gravedad los efectos de los aerogeneradores.

> Se supone que la energía eólica es una energía limpia. Sin embargo, las instalaciones no son del todo inocuas, en particular para el medio natural y el paisaje. Pueden tener un impacto significativo.
>
> **Fase de construcción:**
> El movimiento de maquinaria, que requiere la construcción de nuevos caminos, puede ocasionar la destrucción de la cubierta vegetal, activar procesos erosivos, la compactación del terreno, emisiones de gases, molestias a los animales …
>
> **Fase de explotación:**
> Además del impacto visual, los aerogeneradores emiten ruido y pueden provocar colisiones con aves. Cabe la posibilidad de que haya pérdidas de aceite en los engranajes, sobre todo a la hora de cambiar el aceite.
>
> **Fase de abandono:**
> Al terminar su vida útil, los aerogeneradores causan otra vez un efecto negativo sobre el paisaje.

6b Justifica tu lista con un(a) compañero/a y discute si los inconvenientes exceden a las ventajas.

El consumo de energía

▶ *Nuestro estilo de vida no es sostenible. Hay que cambiarlo pero ¿cómo?*

¿El lujo es pecado?

Trabajar con chaqueta en agosto, ir de manga corta al cine en enero … ¿es el nivel de confort que exigimos o es un derroche de energía que contribuye muy poco a nuestra calidad de vida? El calentamiento global significa que no debemos seguir abusando de la calefacción o del aire acondicionado en oficinas y lugares públicos.

Somos lo suficientemente ricos como para costearnos el lujo, pero hacemos caso omiso del precio real: la salud del planeta. ¿Más ejemplos de esta locura? Vivir en Barcelona e ir a trabajar a Londres. Hay quien lo hace a diario, gracias a los vuelos 'baratos' de Vueling y otras líneas aéreas que han surgido para satisfacer la 'demanda' de quiénes se empeñan en perseguir un estilo de vida cada vez más ridículo. Otros ejemplos son los coches todoterreno o los deportivos, que transportan cómodamente a una sola persona a paso de tortuga por las calles de una ciudad atascada; las tarifas de la luz que dan descuentos a quien más consuma; y los expertos que nos aseguran que no nos tenemos que preocupar porque llegará un momento en que el desarrollo económico pos-industrial traiga una economía más limpia.

Pero hay señales de que este tren de vida está tocando a su fin, y no porque nos hayamos concienciado de los peligros que entraña, sino como resultado del desplome económico.

Las primeras víctimas de la desaceleración son los vehículos todoterreno. Son uno de los símbolos de la prosperidad económica de los últimos años, pero las ventas están cayendo de forma contundente. En lo que va de año, los precios han bajado un 28%. La crisis del consumo, la menor renta de las familias y el nuevo impuesto que penaliza a los vehículos más contaminantes son los factores determinantes.

1a Lee y busca en el texto las palabras que significan:

> waste   we ignore   nose-dive   boom
> lower income   tax

1b Busca en el texto una palabra que tenga el mismo significado que las siguientes.

> comodidad   pérdida   continuar
> climatización   tontería   electricidad
> rebajas

1c Lee el texto. Decide si las frases son verdaderas (**V**), falsas (**F**) o no se mencionan (**NM**).

a Dice que hace frío en España en verano.

b Dice que el aire acondicionado combate el calentamiento global.

c Todo el mundo disfruta de una mejor calidad de vida.

d El coste real no es sólo económico.

e Hay gente que hace el viaje de Barcelona a Londres en avión todos los días.

f Los coches todoterreno van menos rápido.

g Estamos llegando al final del mundo como lo conocemos hasta ahora.

1d Lee y contesta en español.

a Explica la importancia de los ejemplos "Trabajar con chaqueta en agosto, ir de manga corta al cine en enero".

b Explica la ironía de los todoterreno y los coches deportivos.

c ¿Cuál es el problema con los precios de la electricidad?

d Explica por qué han bajado las ventas de los vehículos todoterreno.

2 Escucha a Loís, Jesús y Ana. ¿Quién dice …?

1 La prosperidad tiene un impacto negativo sobre el medio ambiente.

2 Cuidar del medio ambiente es un lujo que sólo puede darse en una economía próspera.

3 Al querer consumir más, destruimos el medio ambiente.

4 Depende de tu filosofía y estilo de vida.

5 La riqueza no tiene tanto impacto como nuestras ambiciones.

6 Los avances tecnológicos pueden conseguir reducir el impacto medioambiental.

a Capturar la energía que generan los pasajeros del metro. Con un diseño sencillo de tuberías y una bomba, el calor de las estaciones de metro podrá ser transferido directamente a un sistema de calefacción instalado en las oficinas de los edificios del barrio.

b Una alternativa al petróleo: El chocolate. El proceso de fabricación genera cantidades importantes de residuos que, en lugar de tirarse en el vertedero, podrían convertirse en bio-combustible.

c Utiliza micrófonos instalados en las gradas del estadio que absorben energía de los gritos y las canciones de los hinchas. Los impulsos sonoros se convierten en electricidad y suministran luz eléctrica para la iluminación del estadio.

d Los coches son buenos: el sistema consiste en enterrar unos tubos debajo de las calles para absorber el calor de la superficie. El calor del sol y de los coches se transfiere a los apartamentos de esas calles.

3a Lee los textos y haz una lista de vocabulario útil para explicar los procesos que generan energía.

3b De las cuatro ideas, sólo existen tres en la vida real. ¿Cuáles son en tu opinión? Di por qué crees que la otra idea no existe.

3c Haz una lista de las ventajas y los inconvenientes que puedes prever por cada idea. Discute tus ideas con un(a) compañero/a y justifícalas.

Persona A: presenta las ideas a favor.

Persona B: presenta las ideas en contra.

3d Escucha y haz otra lista según lo que se dice en la grabación. Compárala con tu lista.

4 Escoge una de las ideas y prepara una presentación para promocionarla. Luego votad para ver quién ha sido más convincente. De las cuatro ideas, sólo tres existen en la realidad.

5a Lee las frases de abajo y por turnos con tu compañero/a explica en tus propias palabras y en español lo que significan. Di si estás de acuerdo o en contra con los sentimientos expresados.

5b Da unos ejemplos para ilustrar la idea que quiere expresar cada una.

1 El consumo de energía va a sobrepasar el abastecimiento en un futuro no muy lejano.

2 Todos consumimos la energía de una manera poco responsable y eficiente.

3 Es imprescindible conservar y restringir el consumo energético.

4 La energía es el motor que hace funcionar el mundo.

5 Damos por sentado su uso y sólo nos preocupamos de ella cuando escasea.

6 Las energías renovables causan menos daño que las no renovables.

6 Traduce el texto al inglés.

Podemos agrupar las llamadas fuentes de energía en dos grupos: energía renovable y energía no renovable.

Las energías renovables son inagotables y no tienen ningún impacto medioambiental ya que no emiten gases nocivos de efecto invernadero.

Las energías no renovables son aquellas que disponen de reservas limitadas que se reducen al consumirlas. Al disminuir las reservas, la extracción se hace más difícil así que su precio se incrementa.

Es inevitable. Si continuamos con el nivel actual de consumo, las energías no renovables no estarán disponibles, quizás porque se agotarán o porque su extracción no será asequible.

7 Discute con un(a) compañero/a las preguntas de abajo.

El consumo de energía actual no es sostenible: ¿qué debemos hacer para refrenarlo?

¿Cómo debemos cambiar nuestro estilo de vida para conservar la energía?

- Da ejemplos personales.
- Da ejemplos nacionales e internacionales.
- Explica tus preferencias y justifica tus ideas.

¡Atención, examen!

Improving understanding of past tenses

Try to develop an understanding and feel for the way Spanish uses past tenses:

- The preterite is used for a specific action started and completed in the past within a **definite** period of time. Sometimes the time limits are implied rather than explicitly stated.

  Vivimos por siglos sin aprovechar los rayos del sol.

- The imperfect is used for descriptions or actions that continued over an **indefinite** period of time or used to happen regularly or repeatedly in the past.

  Vivíamos sin aire acondicionado durante siglos.

Note:

- The combination of imperfect and preterite shows an interrupted action.

  Cuando paseaba por Sanlúcar vio la planta de energía solar.

- You can also use the continuous past to give an even more descriptive quality.

  Cuando estaba paseando por Sanlúcar vio la planta de energía solar.

A Say what tense each verb is in and explain the difference in meaning between the alternatives offered.

1. La Junta de Andalucía <u>ha fundado/había fundado</u> el Nuevo Centro de Energías Renovables.
2. Almería <u>es/era</u> una de las sedes para este Centro.
3. Siempre <u>es/ha sido</u> una de las regiones más secas de Andalucía.
4. El Centro <u>se ha dedicado/se dedica</u> a investigar energías limpias.
5. La fundación en Almería <u>se encargó/se encargará</u> de la gestión del Centro.
6. La Junta <u>ha invertido/invirtió</u> la suma de 62 millones de euros.
7. La sede en Jaén <u>investigaba/investigará</u> el área de biomasas.
8. Uno de los objetivos <u>era/es</u> reducir la dependencia de España en las energías fósiles de países exteriores.

B The sentences in A form part of a listening passage. Before listening, predict which sequence of verbs would make the most sense of the passage as a whole.

C 🎧 Listen and note which verb tense is used in each case.

- If you use English tenses as a guide to the difference between the preterite and the imperfect in Spanish, watch out for some verbs that behave differently.

  He wanted to help the poor.
  Quería ayudar a los pobres.

  He knew who his enemies were.
  Sabía quienes eran sus enemigos.

- Contrast the following:

  Conocía al doctor.
  (He was acquainted with …)

  En Barcelona conoció a mi hermana.
  (He became acquainted with …)

  Sospechaba que no era culpable.
  (He had a suspicion that …)

  Sospechó que habían escapado.
  (He suspected they had …)

- The imperfect is used in reported speech to represent an original present tense.

  Voy a hacerlo. – Dijo que iba a hacerlo.

D Put the following into reported speech.

1. "I want to see the new wind turbines."
2. "We hope to reduce our carbon emissions."
3. "They intend to buy up other nations' carbon quotas."

E Explain the difference between these two sentences.

Las hélices estaban rotas.
Las hélices fueron rotas por las aves.

F Write these sentences in Spanish.

1. A few people have always been worried about the environment.
2. I once knew a Greenpeace protester.
3. They wouldn't do any more research on nuclear power.
4. My parents thought it was time for us to start recycling.
5. 'ENDESA' the electricity company used to be called 'Sevillana'.

Técnica

Presenting arguments for or against an issue

1 Read the cue card heading carefully to make sure you understand the exact focus. This is usually set out as a question.

2 Study the two speech bubbles. Remember one will be 'for' and the other will be 'against' the question in the heading.

3 Weigh up both sides of the argument; choose the one you feel you can present most convincingly even if it is not what you actually think.

4 Start with one very clear statement setting out your viewpoint. The following expressions might be useful to get started.
En primer lugar me parece esencial constatar que estoy a favor/en contra de …
Estoy al cien por cien de acuerdo con …
A mi juicio no cabe duda que …

5 Choose four more main arguments to support your initial point. Present them logically starting with the most obvious and important points.
Lo más importante es/de igual importancia es …
Además es imprescindible añadir que …
De hecho, mi opinión es que …

6 It may help you to enumerate these points.
En primer lugar; en segundo lugar; en tercer lugar; en cuatro lugar, etc.

7 Don't forget to sum up with a brief conclusion.
En conclusión quisiera indicar que …
Finalmente…
Por último…

8 Speak clearly and pace yourself . Get used to how much you can say intelligibly in **one minute.** Practise timing yourself then use the AQA exam criteria and mark scheme to assess your progress.

¿La energía nuclear es la mejor solución para el nivel de consumo requerido en el siglo 21?

Opinión 1

"Me parece absurdo considerarla como una solución adecuada dado el peligro que conlleva."

Opinión 2

"Es la forma más limpia y sana de proveer toda la energía que se va a necesitar."

① To help you prepare your presentation read the arguments below and decide which are in favour of and which against nuclear power.

a No es necesario y hay que seguir usando lo que ya tenemos.

b La ineficiencia de la energía nuclear no la hace válida como solución al problema.

c Las energías naturales van a agotarse pronto.

d Hace falta determinación política para resolver la crisis del cambio climático.

e La energía nuclear no ofrece una solución adecuada porque es peligrosa.

f Tampoco las energías renovables son la respuesta y por eso creo que hay que resucitar las antiguas centrales.

② a Read the two texts below and decide which text is in favour of and which is against nuclear energy. Find three arguments for and three against and make notes in Spanish in your own words.

A En primer lugar, la energía nuclear es peligrosa. La tragedia de Chernóbil puso punto final al debate sobre la seguridad de las centrales nucleares. En segundo lugar, la industria atómica no ha sido capaz de encontrar una solución satisfactoria al inmenso problema que suponen generar residuos radioactivos cuya vida activa se cuenta en decenas de miles de años. En tercer lugar, la energía nuclear sólo ha podido sobrevivir en los países donde ha contado con fuertes subsidios estatales y con apoyo político cuando surgían los problemas financieros. Abandonar la energía nuclear es una cuestión política, nada más lo impide. Es lo deseable desde la óptica ciudadana y medioambiental.

B Fisión o fusión: en ambas formas de extraer eficientemente la energía del núcleo atómico nos encontramos con una fuente capaz de darnos una energía por unidad de masa hasta millones de veces superior a otras alternativas, tanto para hoy como para las generaciones venideras. Además se elimina el uso de combustibles como el carbón y el petróleo que son factores contribuyentes al calentamiento global. A la larga es menos costoso y más limpio. De manera que aquí y ahora, reconociendo la urgencia del problema, tenemos la energía nuclear de fisión.

b With a partner, group the arguments for and against under these headings:
- el impacto sobre el medio ambiente
- los argumentos prácticos
- las soluciones y conclusiones ofrecidas

③ Decide which is going to be your main viewpoint and then list the others below in order of importance.

④ With a partner, choose one argument for or against and write a paragraph to illustrate and support it. Then share your ideas with the rest of the class and discuss which arguments are presented most effectively and why.

La energía *página 15*

el carbón	*coal*
la energía eólica	*wind power*
la energía hidroeléctrica	*hydroelectric power*
la energía maremotriz	*wave power/tidal power*
la energía nuclear	*nuclear power*
la energía solar	*solar power*
las energías renovables	*renewable energy*
el gas natural	*natural gas*
una lucecita	*little light*
el mando a distancia	*remote control*
el petróleo	*oil*
el porcentaje	*percentage*
los sistemas standby	*standby*
apagar	*to switch off*
consumir	*to consume*
encender	*to light up*
impactar	*to have an impact*
introducir	*to introduce an idea (not a person)*
presentar a	*to introduce a person*
suponerse	*to suppose/think*
limitado/a	*limited/short*
no renovable	*non-renewable*

Energías alternativas *páginas 16–17*

el consumo	*consumption*
las hélices	*propellers*
un recurso	*resource*
la superficie	*surface*
aprovechar	*to take advantage*
desperdiciar	*to waste*
exigirse	*to insist on*
generar	*to generate*
inaugurarse	*to be inaugurated*
paisajístico/a	*scenic*
tóxico/a	*toxic/harmful*
de hecho	*as a matter of fact*
helióstatos	*mirrors which reflect the sun's rays*
mediante	*by means of*
a escala internacional	*on an international scale*
amortizar el gasto inicial	*to recoup the initial outlay*
es una fuente renovable/ no renovable	*it is a renewable/non-renewable source*
explotar un recurso	*to exploit a resource*
los gases de efecto invernadero	*greenhouse gases*

El consumo de energía *páginas 18–19*

los aerogeneradores	*wind generators*
el calentamiento	*warming*
el coste	*cost*
la cubierta	*surface*
el lujo	*luxury*
el pecado	*sin*
absorber	*to absorb*
concienciar	*to make aware/raise awareness*
costearse	*to afford*
empeñarse en	*to be determined to*
enterrar	*to bury*
transferirse	*to transfer*
inocuo/a	*harmless*
es un derroche de energía	*it's a waste of energy*
este tren de vida está tocando su fin	*this way of life is reaching its end*
hacer caso omiso del precio real	*to ignore the real cost*

¡Entrénate!

Completa las frases con la palabra más apropiada de la lista de arriba.

1 Hay dos tipos de (1) _____ las (2) _____ que no (3) _____ sobre el medio ambiente ni (4) _____ gases (5) _____ Las otras son las (6) _____ que tienen reservas (7) _____ y que a medida que las (8) _____ se disminuyen.

2 La energía (1) _____ funciona (2) _____ panales fotovoltaicos que a través de unos semiconductores (3) _____ electricidad y aprovecha un (4) _____ natural que se puede explotar a una (5) _____ internacional.

3 Hay muchos que insisten que la energía (1) _____ no es tan (2) _____ como al principio aparece y hace caso (3) _____ del precio real. La construcción de los (4) _____ impacta sobre el paisaje y sus (5) _____ gigantescas pueden matar a los pájaros.

3

S.O.S. ¡Protejamos nuestro planeta!

By the end of this unit you will be able to:

▸ Discuss ways of minimising environmental damage

▸ Comment on the role of pressure groups

▸ Talk and write about initiatives to improve awareness and change behaviour

▸ Comment on responsibilities towards other nations, especially developing countries

▸ Use the imperative and present subjunctive

▸ Use verbs followed by an infinitive and/or a preposition

▸ Develop and justify your point of view

Página	Tema
24	¡Pon tu granito de arena!
26	Un mundo sostenible
28	¡Atención, examen!
30	Vocabulario

1a Empareja estas ideas con el tema al que hacen referencia.

1 Los bosques

2 El clima

3 La agricultura

4 La contaminación

5 Los residuos

6 La población

a La aparición de productos transgénicos (modificados genéticamente) supone una seria amenaza para la salud y el equilibrio ambiental.

b Al reducirse el índice de mortalidad, en los últimos 50 años se ha producido un crecimiento demográfico sin precedentes.

c Los expertos anticipan que de aquí a 2100 la temperatura podría subir hasta seis grados.

d Por cada tonelada de basura que se genera al final de la cadena de producción, se crean cinco durante el proceso de fabricación.

e Desde la Revolución Industrial, el hombre ha puesto en el medio ambiente más de 100.000 sustancias químicas sintéticas.

f La actividad humana provoca cada año la deforestación de 13 millones de hectáreas.

1b ¿Cuál de los temas mencionados en el ejercicio 1a te preocupa más? ¿Por qué?

2a ¿Crees que las generaciones futuras deberán marcharse a otros planetas o a estaciones espaciales por la mala calidad de vida en la Tierra? Debate con un(a) compañero/a tomando puntos de vista opuestos.

Si continuamos comportándonos como hasta ahora …

Si los gobiernos …

Si los científicos …

Si la población …

Cuando la contaminación …

(No) será necesario que …

Espero que …

(No) dudo que …

2b Ahora escucha la respuesta de este joven y contesta a las preguntas:

a ¿Es pesimista u optimista?

b ¿Qué ejemplos del pasado da el joven para justificar su punto de vista?

c ¿Cuál cree que va a ser la solución?

d ¿Qué nos recomienda?

e ¿Compartes su opinión?

¡Pon tu granito de arena!

▶ *¿Cómo podemos reducir el impacto del ser humano sobre el medio ambiente?*

1a Mira el póster. El editor ha cometido un error y los consejos no cuadran con los dibujos. ¡Emparéjalos correctamente!

1b Completa los consejos con el tiempo adecuado de estos verbos. ¡Atención! Necesitarás utilizar algunos verbos más de una vez.

cerrar	llevar	sustituir	estar	apagar	tener	ponerse
tomar	lavar	sobrepasar	comprobar	evitar	mantener	
mirar	programar		conducir		instalar	ser

1

a ...... las bombillas tradicionales por otras de bajo consumo.

6

f No ...... el límite de velocidad y ...... una velocidad constante cuando ......

2

b ...... que las puertas y ventanas ...... bien cerradas para ...... corrientes.

7

g ...... el modo de hibernación en tu ordenador para después de diez minutos sin uso.

3

c ...... las luces cuando no ...... necesarias.

8

h En invierno ...... un jersey para estar en casa y ...... el termostato de la calefacción a 21°C durante el día y a15°C o menos durante la noche. En verano ...... ropa ligera y ...... el aire a 25°C o más.

4

d ...... transporte público cuando te ...... posible.

9

i ...... duchas cortas e ...... un cabezal de ahorro de agua en tu ducha.

5

e Solamente ...... los platos cuando el lavavajillas ...... lleno.

10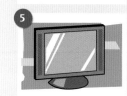

j ...... la televisión cuando nadie la ......

2a ¿Eres consciente de tu huella ecológica? Discute con tu compañero/a cuáles de los consejos del póster sigues, cuáles no, y por qué.

2b ¿Se te ocurren otros consejos? Escríbelos.

3a Escucha. ¿Qué hacen para ahorrar agua? Anota en español las diez soluciones que proponen.

3b Explica sus ideas usando estas frases.

Insisten (en) que	Temen que	Permiten que
Impiden que	Quieren que	Les gustaría que
Nos piden que	Esperan que	No dejan que
Prefieren que		

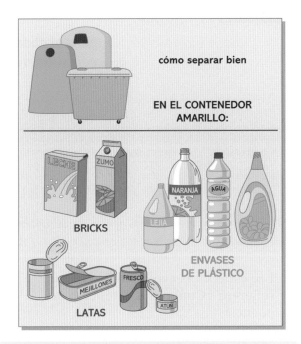

4a Mira la foto y discute con un(a) compañero/a lo que ves. ¿Qué crees que es? ¿Cuál crees que es su propósito?

4b Ahora escucha la lectura del artículo y contesta a las preguntas.

1 ¿Cuántas esculturas fueron trasladadas a Barcelona?
2 ¿Qué las caracteriza?
3 ¿Qué finalidad tiene la exhibición?
4 ¿Cuál es el objetivo del artista?
5 ¿Por qué dice el artista que su obra es un reflejo de nosotros mismos?

4c Debate en dos grupos. Grupo A está de acuerdo con Schult. Grupo B está en contra. Explica tus argumentos y justifícalos.

5a Escucha a esta ama de casa. Anota tres de sus quejas y tres de sus dudas.

5b Escucha otra vez. ¿Qué dice el ama de casa sobre …?

a la gente de hoy
b el tiempo
c su cocina
d las buenas intenciones
e las generaciones venideras

Separar para reciclar

Reciclar es responsabilidad de todos porque separando las basuras se recuperan materias primas que de otra forma irían a un vertedero, se ahorra energía y se evita la degradación del medio ambiente. También se gana en bienestar, porque tu ayuda contribuye a la conservación y mejora del entorno.

Deposita en el contenedor amarillo envases de plástico, latas y envases tipo brick, pero no introduzcas papel, cartón, restos de comida, vidrio ni ropa porque echas a perder el esfuerzo de todos.

Mete los envases de vidrio, como botellas de champán y botes de conserva, en el contenedor verde.

Asegúrate de que pones los cartones, papeles, revistas y periódicos en el contenedor azul.

Deposita los desechos orgánicos, como restos de comida, en el contenedor provisto.

El reciclado es un sistema que precisa de una colaboración ciudadana continua para preservar el medio ambiente. ¡Colabora!

Si tienes alguna duda consulta con tu ayuntamiento o en www.ecomebes.com.

6a Explica en inglés los puntos clave del anuncio de arriba.

6b Y tú, ¿crees que es importante reciclar? ¿Qué (no) reciclas? Escribe un párrafo breve para explicar tu situación y la situación de tu localidad.

Un mundo sostenible

▶ *Para acabar con el deterioro de nuestro planeta es necesario mirar más allá de nuestras fronteras.*

> *"Convertid un árbol en leña y podrá arder para vosotros; pero ya no producirá flores ni frutos."* Rabindranath Tagore

> *"Algún día el árbol que has tronchado te hará falta para respirar."* Iris M. Landrón

> *"Produce una inmensa tristeza pensar que la naturaleza habla mientras el género humano no escucha."* Victor Hugo

1 Lee estas citas eco-poéticas. ¿A qué se refieren? ¿Cuál era la intención de los poetas?

2 Escucha el informativo verde y anota el país/la región, el problema y otro dato más.

3a Lee el artículo y contesta a las preguntas.

1 ¿Qué problema destaca el texto?

2 ¿Cuántas personas viven con ingresos inferiores a 1 euro diario?

3 ¿A qué se debe el incremento desmesurado de la población? Menciona dos razones.

4 ¿Por qué es significativo el año 2070?

3b Debate con tus compañeros/as tus respuestas a las preguntas presentadas en el artículo. Usa las frases clave y da ejemplos y justifica tus ideas.

Frases clave

A mi parecer …	A mi juicio …
A mi modo de ver …	
Bajo mi punto de vista …	

4 Lee el artículo sobre Cuba de la página 27. Completa el texto escogiendo de la lista la palabra más apropiada para rellenar cada espacio.

condición	sostenibilidad	cada	tener
sistema	todos	fórmula	calidad
estado	consigan	haber	supervivencia
delantera	consiguen	buena	

¿Cómo cabremos todos en el planeta?

Actualmente en la Tierra viven 6.000 millones de habitantes y el crecimiento demográfico experimentado no tiene precedentes.

A lo largo de la historia los índices de natalidad y mortalidad han subido poco a poco pero últimamente han crecido de forma alarmante: la población mundial se ha duplicado en los últimos 50 años. No obstante, una quinta parte del total dispone de menos de un euro al día para vivir, de tal forma que la mayoría no logra sino malvivir.

Pese a que en los países desarrollados existe una tendencia a tener familias más pequeñas, en el mundo hay todavía 350 millones de parejas que no tienen acceso a ningún método de planificación familiar. Además, el aumento de la esperanza de vida a medida que los países se desarrollan está provocando el envejecimiento de la población.

Un estudio reciente establece que la población mundial alcanzará en 2070 la cifra de 9.500 millones de personas, para luego descender ligeramente. Por consiguiente, hay muchas preguntas que nos vienen de inmediato a la mente. ¿Cómo cabremos todos en el planeta? ¿Será sostenible nuestra actividad? ¿Habrá recursos para todos? ¿Cuál es la solución?

WWF publica un informe (1) …… dos años sobre el (2) …… de nuestro planeta. Hay una (3) …… bastante clara para establecer la (4) …… del mismo.

Cuba les lleva la (5) …… a otros países porque parece (6) …… encontrado un equilibrio entre la (7) …… de vida y su 'huella ecológica', pero parece triste que los países más desarrollados no (8) …… el mismo resultado.

Cuba, el único país con desarrollo sostenible

Según el informe bianual de WWF, si las cosas continúan como en la actualidad, en unos 50 años la humanidad necesitará el doble de recursos naturales y energía de lo que proporciona nuestro planeta.

La sostenibilidad del planeta se evalúa empleando dos variables: 'la huella ecológica', que mide los recursos y la energía per cápita, y el índice de desarrollo humano, establecido por la ONU.

En los países sumidos en la pobreza, la 'huella ecológica' de los habitantes es mucho menor de lo que nuestro planeta puede sostener, pero la calidad de vida está también muy por debajo de los umbrales que establece la ONU. A medida que estos países se van desarrollando, su impacto ecológico aumenta hasta alcanzar niveles insostenibles.

Sorprendentemente, el único país que encuentra un equilibrio es Cuba, donde hay un buen nivel de desarrollo gracias a una esperanza de vida bastante alta y a un alto nivel de alfabetización, pero al mismo tiempo su 'huella ecológica' no es excesiva, al ser un país con bajo consumo de energía.

5a Lee esta definición y explica con tus propias palabras lo que significa.

> Desarrollo sostenible es el desarrollo que satisface las necesidades del presente sin poner en peligro la capacidad de las generaciones futuras para atender a sus propias necesidades.

5b Reflexiona sobre cómo ponemos en peligro la capacidad de las generaciones futuras para atender a sus propias necesidades. Da ejemplos y defiende tus ideas en discusión con tus compañeros/as. Usa los temas de 1a en la página 23 también.

6 Escucha esta entrevista con un voluntario de la ONG (Organización No Gubernamental) Jóvenes Verdes. Toma notas sobre:

- descripción y objetivos
- campo en el que trabaja
- proyectos
- origen de la financiación
- a dónde va el dinero

Contra el cambio climático: yo soy la solución

En respuesta al calentamiento global, la fundación Tierra, con el apoyo de la Generalitat de Cataluña, ha diseñado una campaña de comunicación para animar a los ciudadanos a hacer gestos desde sus casas que contribuyan a la sostenibilidad.

Uno de los proyectos de esta campaña es la compilación de un mosáico de 10.000 imágenes, proporcionadas por el público, mostrando comportamientos cotidianos de prevención del cambio climático. Algunos ejemplos son el desecho selectivo de basura, la compra de electrodomésticos energéticamente eficientes, la iluminación de bajo consumo, el consumo de productos locales y el uso de la bicicleta y los medios de transporte colectivos.

7a Lee el artículo. ¿Cuál es el mensaje principal de esta campaña? ¿Cuál es su objetivo?

7b Considera cómo los cinco comportamientos mencionados en el texto contribuyen a la sostenibilidad. Prepara una presentación para convencer a tus compañeros/as.

Explica y justifica tus ideas. Consulta la página 29.

¡Atención, examen!

Verbs + preposition and verbs + preposition + infinitive

- In Spanish there are some verbs that require a preposition when preceding another word. The word that follows can be a noun, infinitive or both.
- Here is a list of some examples that you may find useful for your course. They have been grouped according to the preposition that they take.

Note: when the verb takes *a*, this *a* is a preposition. Be careful not to confuse it with the personal *a* placed after all verbs when the stated indirect object is a pronoun.

a	de	en
acostumbrarse a	abusar de	confiar en
arriesgarse a	asombrarse de	consistir en
aspirar a	dejar de	convertirse en
comenzar a	ocuparse de	empeñarse en
decidirse a	quejarse de	molestarse en
limitarse a	tratar de	
llegar a		
negarse a	**con**	
oponerse a	acabar con	
pasar a	dar con	
romper a	soñar con	
volver a		

A Find the meaning for each verb in English then write a sentence in Spanish to show you have understood how to use the verb and the meaning.

conseguir	deber	desear	lograr
merecer	necesitar	ofrecer	olvidar
parecer	poder	procurar	prohibir
prometer	querer	soler	

B In the text below there are ten prepositions missing. Identify where they should come and write out the text correctly then translate the text into English.

> Todos deberíamos comenzar tomarnos el tema del medioambiente más en serio. No podemos aspirar un mundo mejor si nos empeñamos abusar los recursos disponibles. Nuestra responsabilidad individual consiste hacer aquello que está al alcance de nuestra mano como molestarnos reciclar, empeñarnos utilizar medios de transporte más ecológicos y acostumbrarnos apagar luces, teles, ordenadores y lo demás cuando no los usamos. Nuestros descendientes se merecen vivir un mundo mejor del que dejaremos si no nos molestamos cambiar las cosas.

Imperative

- Remember: The imperative form of a verb is used to tell someone to do or not to do something. It only exists for *tú, usted, nosotros, vosotros* and *ustedes*.

	-AR	-ER	-IR
Tú	recicla no recicles	bebe no bebas	vive no vivas
Ud.	(no) recicle	(no) beba	(no) viva
Nosotros	(no) reciclemos	(no) bebamos	(no) vivamos
Vosotros	reciclad no recicléis	bebed no bebáis	vivid no viváis
Uds.	(no) reciclen	(no) beban	(no) vivan

- Positive commands: **Tú** and **Vosotros**

  Tú: Take the present tense and drop the final **S**.

  Vosotros: Take the infinitive and replace the final **R** with a **D**.

  All others are the same as the present subjunctive.

C Work out these imperatives. Remember to watch out for:

- spelling changes: *c– qu – tocar – ¡no toques!*
- radical-changing verbs: *volver – ¡vuelve!*
- irregular verbs: *poner, ser, tener... etc.*
- object pronouns: *¡Tráemelo! – ¡No me lo traigas!*

1 Tú (tirar)
2 Vosotros (no desperdiciar)
3 Nosotros (utilizar)
4 Ud. (no destruir)
5 Uds. (reducir)
6 Tú (no poner)
7 Ud. (resolver)
8 Nosotros (ser)

D Translate these sentences:

1 Recycle paper! (*tú, reciclar*)
2 Let's use less water! (*nosotros, utilizar*)
3 Maximise the use of resources! (*Uds., aprovechar*)
4 Don't throw away the cans! (*vosotros, tirar*)
5 Sort out your rubbish! (*Ud., seleccionar*)
6 Let's be conscious! (*nosotros, ser*)

E Read the advertisement *Separar para reciclar* on page 25 and identify the verbs in the imperative mood.

OxBox For further information about negative commands, see Unit 3 Extra Grammar Sheet.

Técnica

Developing and justifying your point of view

- Remind yourself how to organise and present arguments for or against a topic – see page 21.
  Note: it's often easier to be positive!

- Remember to stick with the point of view you have chosen; do not change sides during the discussion.

A Preparation work

1 Write down a list of technical words and phrases you might need to be able to give definitions and explanations for the four arguments you have written down. For a recycling task you may need words such as:

las materias primas, un vertedero, los envases de vidrio

2 Now write a list of key vocabulary for a task on pollution and another on renewable sources of energy

3 Use key ideas and the language from each of the units 1–3 covered so far.

Por ejemplo, me acuerdo de mi escuela primaria cuando …
A continuación se puede citar el problema del chicle en la calle que …
Además, llega a ser un problema global si tomamos en cuenta los desechos plásticos que flotan en el Océano Pacífico y que …

4 Now reword your examples using a variety of tenses and constructions.

B Developing and justifying your argument

- For the four points you have **(1)** raised, **(2)** explained and **(3)** given examples of, you now need to **(4)** offer justifications for each one.
  For example:

  La energía nuclear → 1 es peligrosa → 2 la radioactividad dura siglos → 3 por ejemplo el accidente de Chernobil → 4 no se puede negar que no solamente mucha gente se ha muerto a causa de esto sino también que Chernobil sigue siendo un sitio contaminado.

  Now follow the four steps above and continue with the rest of the three points raised about nuclear energy on page 21 Unit 2.

- Balance out your justifications.

  No solamente … sino que …
  Por una parte … por otra …

- It sometimes helps to distance yourself by giving an impersonal opinion.

  Bueno, es bien sabido que …
  Por ejemplo, se dice que …
  Sin embargo, se teme que …

7 Try using the subjunctive, especially to express value judgements.

  No es justo que …
  Me choca que …
  Es hora de que …

¿Reciclar es una pérdida de tiempo?

Opinión 1

"A mi juicio es la responsabilidad de todo el mundo y hay que comenzar desde niño en el colegio."

Opinión 2

"En mi opinión el reciclaje es una moda pasajera y no contribuye nada a la protección del medio ambiente."

1 In pairs, select an opposing viewpoint from the recycling question above and prepare your presentation of one minute only. Begin with a clear statement expressing your stance then outline three or four main arguments to support it and don't forget to give a concluding statement. Use page 21 to help you and follow steps 1–4 above.

- Give your presentation to a partner who should note down the points you are making.
  Your partner retells these points to check they have understood.

- Next give your partner specific examples to illustrate each point you have made or to justify these points.

- See if you can give your partner both an example and a justification for one or two of the points.

2 For each of the arguments below give an explanation or an example, then justify it.

- El desarrollo sostenible no es práctico.

- Las acciones individuales son las más importantes para asegurar el reciclaje.

- Las campañas publicitarias no sirven para cambiar nuestra conducta.

Vocabulario

¡Pon tu granito de arena! — *páginas 24–25*

el ahorro	*saving*
la arena	*sand*
el bienestar	*wellbeing*
la bombilla	*lightbulb*
el cartón	*cardboard*
la corriente (de aire)	*draught*
el daño	*damage*
la degradación	*decomposition*
el envase	*container*
la escultura	*sculpture*
la huella	*footprint*
el lavavajillas	*dishwasher*
el vidrio	*glass*
colaborar	*to collaborate*
mejorar	*to improve*
reciclar	*to recycle*
reducir	*to reduce*
provisto/a	*provided*
sostenible	*sustainable*
desempeñar un papel	*to play a part*
mejorar el entorno	*to improve the environment/ surroundings*
precisar de una colaboración ciudadana continua	*to require continuous collaboration from citizens*
recuperar las materias primas	*to recover raw materials*

Un mundo sostenible — *páginas 26–27*

el comportamiento	*behaviour*
el crecimiento	*growth*
el desarrollo	*development*
el envejecimiento	*old age*
un equilibrio	*balance*
los índices	*indexes*
el ingreso	*income*
la sostenibilidad del planeta	*the sustainability of the planet*
la supervivencia	*survival*
alcanzar	*to reach*
caber	*to fit into*
citar	*to quote*
destacar	*to stand out*
cotidiano/a	*daily*
desmesurado/a	*unprecedented/ uncontrollable*

pese a que	*in spite of the fact that*
alcanzar niveles insostenibles	*to reach unsustainable levels/heights*
animar a los ciudadanos a	*to encourage people/ citizens to*
el calentamiento global	*global warming*
la huella ecológica	*carbon footprint*
por debajo de los umbrales	*below the threshold*

Vocabulario extra

no hay la menor duda que …	*there isn't the slightest doubt that …*
lo difícil es …	*the difficult point/thing is …*
teniendo en cuenta todos los hechos	*taking into account all the facts*
debería ser obligatorio por ley	*it ought to be law*
precisa de una colaboración total	*it requires total collaboration*
todo sirve para demostrar que	*all this demontrates that …*
estos factores explican por qué	*these facts explain why …*
eso implica/significa que …	*this implies/means that …*
por consiguiente vuelvo a decir que …	*consequently I will say once again that …*

¡Entrénate!

Completa las frases con la palabra más apropiada de la lista de arriba.

1 El (1) _____ del mundo entero depende del papel que queremos (2) _____ para (3) _____ el entorno nuestro y de cómo (4) _____ para reducir el (5) _____ y fomentar una vida (6) _____ .

2 Si no cambiamos nuestro (1) _____ en unos 50 años la población global necesitará el doble de (2) _____ naturales y de (3) _____ para poder (4) _____

3 Todos debemos medir nuestra "huella (1) _____" para (2)_____ los gases tóxicos y proteger la (3) _____ de las especies; es más debería ser obligatorio (4) _____

porque de no hacerlo la (5) _____ del planeta va a (6) _____ niveles insostenibles.

4 La inmigración

By the end of this unit you will be able to:

▶ Discuss reasons for immigration
▶ Comment on the benefits and problems of immigration
▶ Talk and write about migration within the enlarged EU
▶ Comment on curbs on immigration

▶ Form all tenses of the subjunctive
▶ Use the subjunctive in the present and past tenses
▶ Respond readily and fluently in discussions and debates

Ya hay más de 3.000.000 de extranjeros residentes en España

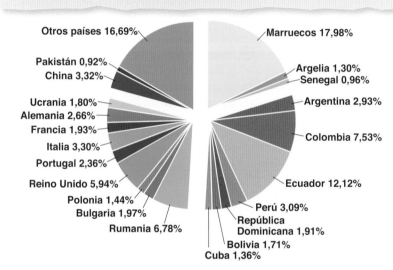

Otros países 16,69%
Pakistán 0,92%
China 3,32%
Ucrania 1,80%
Alemania 2,66%
Francia 1,93%
Italia 3,30%
Portugal 2,36%
Reino Unido 5,94%
Polonia 1,44%
Bulgaria 1,97%
Rumania 6,78%
Cuba 1,36%
Bolivia 1,71%
República Dominicana 1,91%
Perú 3,09%
Ecuador 12,12%
Colombia 7,53%
Argentina 2,93%
Senegal 0,96%
Argelia 1,30%
Marruecos 17,98%

1 Examina el gráfico y discute con tus compañeros/as:

- ¿Cuál es el grupo de inmigrantes más grande?
- ¿Crees que cambiará significativamente el perfil de este gráfico con la continua expansión de la Unión Europea?
- ¿Qué comparación se puede hacer entre estos porcentajes y la inmigración de tu país?
- ¿Cuáles son las diferencias más evidentes?

Frases clave

(No) Me sorprende que …
(No) Dudo que …+ subjunctive
(No) Sabía que …
(No) Me imaginaba que …

Conviene que …
Es fantástico que …
Es ridículo que …+ subjunctive
Es increíble que …
Es normal que …

2a Debate en clase: ¿Qué atrae a los inmigrantes a tu país? Considera estos factores y añade otras ideas tuyas:

- la economía
- la situación geográfica
- el idioma
- la calidad de vida
- la educación
- el mercado laboral

2b Si tú decidieras emigrar, ¿adónde te gustaría ir? ¿Por qué?

3 Traduce el texto al inglés.

Hay más de 36 millones de latinos en los EEUU de unos 22 países diferentes – mexicanos, puertorriqueños, cubanos y colombianos en su mayoría. La población latina ha crecido y sigue creciendo de tal forma que dentro de menos de cincuenta años habrá alcanzado una cuarta parte de la población total de los EEUU.

Un país multicultural

> *Razones de la inmigración: sus beneficios y problemas*

1a Cada año miles de inmigrantes llegan a España por razones diferentes. Observa las fotos. ¿Cuáles crees que son las razones que han llevado a estos inmigrantes a España?

1b Lee lo que dicen. ¿Quién habla en cada caso? Haz apuntes sobre las razones por las que dejaron su país para mudarse a España. Compara sus razones con tus respuestas al ejercicio 1a.

1c Identifica sinónimos para estas palabras en las afirmaciones del ejercicio 1b.

> inseguridad   ricos   equilibrio   obvio
> pobreza   valor   triste   educación
> salarios   inesperados

2a 🔊 Escucha estas opiniones sobre la inmigración. ¿Son positivas o negativas?

2b 🔊 Escucha otra vez. ¿Quién menciona …?

  a el desempleo   **d** la discriminación positiva

  b el fracaso escolar   **e** la gastronomía

  c la inmigración ilegal   **f** la integración

❶ En mi país no hay oportunidades y la crisis económica es muy evidente. Huimos porque la situación política se estaba deteriorando y la incertidumbre era cada vez mayor. En España mis hijos tienen acceso a una mejor educación en un ambiente mucho más estable que debería proporcionarles un futuro laboral con perspectivas. Sin embargo, en mi tierra, sólo los más adinerados encuentran esa estabilidad. Supongo que España, a pesar de la distancia, era la opción más evidente debido al idioma.

❷ Bueno, en mi país reinan la escasez y las guerras. Allí se sobrevive como se puede sin trabajo, sin escuelas, sin luz, sin agua … Por eso aquellos que tenemos salud y osadía intentamos escapar en busca de una existencia mejor y un futuro menos deplorable para nuestros hijos. España es el país desarrollado que más cerca está, así pues es la opción más realista.

❸ No podemos decir que el nivel de vida sea del todo malo en nuestro país. Vivíamos bastante bien y conseguimos una buena formación, pero los sueldos allí son mucho más bajos y la incorporación de nuestro país a la Unión Europea nos abrió puertas y nos dio oportunidades que decidimos aprovechar, porque si no lo hacemos ahora que somos jóvenes, ¡quizás nunca lleguemos a hacerlo!

❹ El tiempo es mejor aquí y, con la edad, los inviernos húmedos de nuestro país se hacen demasiado largos. Además, con la venta de nuestra casa pudimos comprar un apartamento precioso cerca de la playa, suficientemente grande para que nos visiten nuestros hijos y nietos. ¡Hasta nos sobró dinero para hacer un hueco para gastos imprevistos! Aquí la vida cotidiana es más relajada y también nuestra pensión nos da para más.

La inmigración pone fin a la crisis de los mataderos de Guissona

En la provincia de Lérida, en el corazón de la comunidad autónoma de Cataluña encontramos la pequeña localidad de Guissona. En este pueblo de tan sólo 5.000 habitantes la mayor fuente de empleo es La Corporación Alimentaria de Guissona.

Sin embargo, parece que la gente del país no se siente atraída hacia esta comunidad de carácter rural o no quiere trabajar en sus mataderos y la Corporación ha resuelto el problema con medidas para atraer a los inmigrantes.

En su plantilla de casi 3.000 empleados, el porcentaje de extranjeros ha subido del 3 al 37%, atraídos por los contratos estables y facilidades para el acceso a la vivienda. Por ejemplo, en estos momentos la empresa está construyendo casi 250 pisos de protección oficial que espera alquilar a sus empleados por el módico precio de 300 Euros al mes.

La compañía también ha creado un centro médico, facilita instalaciones deportivas, potencia los ciclos formativos nocturnos e imparte clases de catalán y castellano para ayudar a la integración de sus empleados e incluso les ayuda a conseguir hipotecas para la compra de una vivienda si llevan algún tiempo en el país.

La gente de la zona nos cuenta que, aunque no hay guetos cerrados, en la vida cotidiana los inmigrantes se agrupan a menudo según su nacionalidad, pero que no hay problemas serios porque lo importante es que tengan trabajo y a veces incluso se reúnen en jornadas temáticas por países donde aprenden sobre otras culturas y comparten la suya propia.

3a Lee el artículo y decide según el texto si estas afirmaciones son verdaderas, falsas o no hay información para saberlo.

1 La Corporación tiene dificultades para encontrar trabajadores catalanes.

2 La Corporación proporciona viviendas a todos sus empleados por 300 Euros al mes.

3 Los pisos de protección oficial están cerca de los mataderos.

4 Los inmigrantes tienen tendencia a mezclarse con su propia gente.

3b Contesta a las preguntas en inglés.

1 What is the problem faced by the Corporación Alimentaria de Guissona?

2 How has its company profile changed?

3 What two measures attract immigrants?

4 How does the company aid integration?

5 What are the social trends within employees?

6 What opportunities are there to gain understanding of other cultures?

4 Lee el comentario. ¿Crees que existen los mismos sentimientos en tu región? Discútelo con tu compañero/a. ¿Cómo se compara con lo que acabas de leer en el texto 3a?

> **De entre 6.000 escolares de 17 comunidades autónomas (CC.AA) el 51% estima que los trabajadores extranjeros quitan puestos a los españoles y el 42% cree que contribuyen al aumento de la delincuencia: ¿Tópico o realidad?**

5 Con tu compañero/a escribe una lista de razones que favorecen inmigración, luego discute los beneficios y problemas de la inmigración.

Persona A presenta los beneficios de la inmigración: habla a favor.

Persona B presenta los problemas de la inmigración: habla en contra.

Prepara y presenta por lo menos tres argumentos. Da ejemplos y explicaciones para tus argumentos, luego justifícalos.

Movilidad y migración dentro de la UE ampliada

▶ ¿Qué implicaciones trae la libre circulación de personal y comercio dentro de la UE actual?

La Unión Europea

1957
1973
1981
1986
1995
2004

1a Lee el texto y anota el tema central de cada párrafo.

Ejemplo: párrafo 1 = cambios radicales en la inmigración europea

1b Busca en el texto una palabra o expresión que tenga el mismo significado que las siguientes.

1 high birth rate
2 has fallen below the level
3 to counterbalance the loss
4 to fill the labour gap
5 the latter being
6 a high rate of unemployment
7 a young brain drain
8 tensions have arisen

1c Lee otra vez, y contesta a las preguntas en español.

1 ¿Cuál ha sido el cambio más notable durante los últimos sesenta años según el texto?
2 ¿Qué comentario hace sobre la tasa de natalidad?
3 ¿Qué provocó la migración de polacos hacia Francia?
4 ¿Por qué fue adoptada la política de migración interna después de la Segunda Guerra Mundial?

5 ¿Qué significaba el Tratado de Schengen para los Europeos?
6 ¿Cuáles han sido las rutas migratorias más populares?
7 ¿Qué ha sucedido en los países como Polonia, Bulgaria y Rumanía recientemente?
8 ¿Por qué ha sido problemático?
9 ¿Por qué crees que han surgido tensiones?
10 ¿Qué importancia tiene la fecha de mayo 2011?

1d Traduce el segundo párrafo al inglés.

Las tendencias migratorias

La migración dentro de la Unión Europea ha experimentado un cambio radical en las últimas seis décadas. Principalmente varios países han pasado en menos de una generación de ser una sociedad con altas tasas de natalidad y emigración a ver su tasa de natalidad bastante reducida y a ser receptores de inmigración. En muchos casos la fecundidad ha caído por debajo del nivel de renovamiento generacional.

Tras la Primera Guerra Mundial, belgas, polacos e italianos migraron a Francia para contrarrestrar la pérdida de 1.400.000 jóvenes muertos en combate y otros tantos inválidos. Al final de la Segunda Guerra Mundial, Europa adoptó una política de migración interna cuando españoles y portugueses sobre todo, llegaron en olas a Alemania y a Francia para paliar la escasez de mano de obra. Esto se suspendió a partir de 1974 excepto en casos de reagrupación familiar y derecho de asilo.

Como resultado del Acuerdo de Schengen (1985/1990) todo ciudadano de un Estado miembro de la Unión Europea al igual que sus familias, tiene el derecho de vivir y trabajar en cualquier otro Estado miembro. Desde luego una gran proporción de inmigrantes salieron del este hacia el oeste, por ejemplo los polacos en gran parte migraron hacia Irlanda y el Reino Unido mientras que los rumanos escogieron España o Italia. Otra tendencia de migración ha sido del norte hacia el sur sobre todo del Reino Unido a España, siendo éste el destino más favorecido de Europa para los que quieren mudarse de residencia en busca de otra vida dentro de la UE.

Más recientemente países como Polonia, Bulgaria y Rumanía han presenciado una elevada tasa de desempleo que impulsa a los jóvenes más que todo, con o sin cualificaciones, a emigrar a destinos tales como Alemania, Reino Unido o Irlanda. Desde luego en aquellos países el problema más agudo se centra en la 'fuga de jóvenes cerebros' que provoca un saldo migratorio negativo.

Dado que hoy en día contamos con 27 Estados miembros han surgido tensiones entre ciertos países, por ejemplo entre Rumanía e Italia que quiere imponer restricciones en contra de las obligaciones del Tratado.

La libre circulación de todos los trabajadores comunitarios en el conjunto de la UE es efectiva desde mayo de 2011.

EURES – el portal europeo de la movilidad profesional

Libre circulación

Información sobre las normas transitorias que rigen la libre circulación de trabajadores desde, hacia y entre los nuevos Estados miembros.

En el Espacio Económico Europeo (EEE) el derecho de libre circulación es un derecho fundamental que permite a los ciudadanos de cualquiera de sus países miembros trabajar en otro país miembro disfrutando de las mismas condiciones que cualquiera de los ciudadanos de dicho país.

Durante un periodo transitorio de hasta siete años desde la adhesión de diez Estados miembros a la UE el uno de mayo de 2004 y de dos nuevos Estados miembros el uno de enero de 2007, podrán aplicarse ciertas condiciones que restrinjan la libertad de movimientos de los trabajadores con origen en estos Estados miembros y entre ellos.

Estas restricciones solamente se refieren a la libertad de movimientos con el fin de obtener un empleo y pueden diferir de un Estado miembro a otro. En la práctica, esto significa que un trabajador de un país de reciente adhesión probablemente necesite un permiso de trabajo.

Desde 2008 se ha visto la introducción de la 'tarjeta azul' para atraer a la UE a trabajadores extranjeros altamente calificados para tratar de revertir la tendencia de la emigración calificada. Sin embargo los eurodiputados piden a los Estados miembros que no 'roben' cerebros en sanidad y educación especialmente. La tarjeta tendrá una validez de tres años.

2a Lee el texto y escoge las cinco frases correctas según el texto. Corrige las incorrectas.

1 Es un informe sobre el transporte libre.

2 Trata de explicar los reglamentos que rigen sobre quiénes tienen permiso a trabajar en el EEE.

3 Todo ciudadano tiene el derecho de trabajar donde quiera dentro del EEE.

4 Hay un periodo de transición de unos siete años.

5 Desde 2004 ha habido doce nuevos estados miembros en la UE.

6 Estos nuevos estados miembros pueden ser sometidos a ciertas restricciones.

7 Se puede viajar libremente con la nueva tarjeta azul.

8 Quieren atraer a gente con buenas calificaciones para trabajar en la UE.

2b Lee el texto otra vez y contesta a las preguntas en español.

1 ¿Cuál es la idea principal de Eures?

2 ¿Qué países se incluyen en el sistema?

3 ¿Cuáles son las posibles restricciones?

4 ¿Qué es la tarjeta azul?

5 ¿En tu opinión es una buena o mala idea? Explica por qué.

3 Completa el texto escogiendo de la lista la palabra más apropiada para rellenar los espacios. ¡Cuidado! sobran tres palabras en la lista.

El desempleo (1) ...... y seguirá siendo uno de los problemas más preocupantes. Es el (2) ...... motivo para la migración tanto para hombres y mujeres, jóvenes o (3) .... En todos los países europeos los valores y las prioridades son (4) ...... similares: a la hora de determinar la calidad de vida, los (5) ...... más importantes son la renta, la salud y la familia. La mayor parte de los europeos depende del apoyo de la familia para los cuidados y como defensa contra la exclusión social.

En términos absolutos, los ciudadanos de los países adherentes y candidatos son (6) ...... pobres que los de EU-15.

| viejos | más | mejores | sigue | principal |
| bastante | factores | ideas | interesantes |

4a Escucha las cuatro opiniones sobre la ampliación de la UE. Indica si expresan sentimientos positivos o negativos.

4b Escucha otra vez e indica quién (la persona 1–4) dice lo siguiente.

a Por lo visto se teme que no vaya a haber suficiente trabajo en el futuro.

b A mi juicio dudo de que tantas personas se puedan poner de acuerdo.

c Sinceramente es aconsejable que podamos contar a los inmigrantes y emigrantes.

d Creo que es importante que consideremos los beneficios ante todo.

e Francamente no me gustaría que se ampliara demasiado porque habría una situación caótica.

f Para mí es imprescindible que nos olvidemos de los sentimientos nacionalistas que tanto nos han dividido.

4c ¿Con cuál de las actitudes de 4b estás de acuerdo? Explica por qué. Escribe tres ejemplos y justifícalos. Sigue los pasos explicados en las páginas 21 y 29.

4d Con un(a) compañero/a predice y escribe una lista de cinco argumentos en contra de lo que cada uno(a) acaba de escribir para 4c de arriba. Lee la página 39 para ayudarte.

El muro de la inmigración

▶ *¿Es necesario imponer restricciones y límites a la supuesta ola de inmigrantes?*

1a Antes de leer el texto empareja las palabras 1–4 con una definición adecuada a–d.

1 la pobreza	**a** sin restricciones
2 los capitales	**b** personas inocentes pero marginadas
3 libremente	**c** una situación de penuria
4 víctimas	**d** dinero acumulado

El muro de la inmigración

La nueva barrera que divide el mundo no es un muro físico como el de Berlín, es simplemente la barrera de la pobreza.

Los gitanos del Este – sobre todo de Rumanía – son el chivo expiatorio en todas las partes de Europa. Los capitales fluyen libremente por todo el mundo y ahora, más que nunca, en Europa con el euro pero la gente no y menos si son víctimas de persecución o represión, refugiados que solicitan asilo. Para ellos el muro de la prohibición migratoria crece cada día más alto.

En España como en el Reino Unido, ya han sacado nuevas leyes de inmigración y asilo que imponen medidas y condiciones más como respuesta populista a la voz xenófoba, respaldada en parte por la prensa irresponsable, que como medida pensada a fondo para mejorar una situación creada por la desigualdad de bienes en el mercado libre de la economía global.

1b Ahora lee el texto y busca una palabra para cada definición 1–5.

1 el acto de vedar o excluir
2 tratando de complacer a la gente
3 apoyada
4 mejorar
5 disparidad

1c Explica estas frases en inglés.

1 el chivo expiatorio
2 víctimas de persecución
3 como respuesta populista
4 la voz xenófoba
5 pensada a fondo
6 la desigualdad de bienes

1d Traduce al inglés los dos últimos párrafos.

2a 🎧 Escucha el reportaje. ¿A qué se refieren estas cifras?

1 700.000	**4** 12.2%
2 300.000	**5** 73.000
3 5.6 millones	

2b 🎧 Escucha otra vez y contesta a las preguntas en español.

1 ¿Cuál es el problema más grave al que se enfrenta España?
2 ¿Qué otro problema se identifica como parte de ésta?
3 ¿Por qué crees que hay que tener en cuenta otras consideraciones?
4 ¿De dónde son la mayoría de los inmigrantes?
5 ¿El problema se agrava o se mejora? ¿Cómo lo sabes?

2c Completa el texto. Escoge de la lista la palabra más apropiada para rellenar cada espacio.

En total más de 1.7 millones de (1) …… han entrado a formar parte del mercado (2) …… . Pero no hay trabajo para (3) ……, y desafortunadamente la crisis económica golpea doblemente a los inmigrantes que (4) …… el desempleo igual que los nacionales y (5) …… soportan el estigma de que su llegada masiva a (6) …… país contribuye al crecimiento desbocado de la población activa y, por tanto, a que las cifras de paro se disparen.

> inmigrantes   además   tuyo   sufren
> nuestro   todos   pueden   muchas
> laboral   porque

2d Explica en tus propias palabras lo que significa "la crisis económica golpea doblemente a los inmigrantes". Escribe un párrafo breve.

Zapatero intenta frenar la inmigración

Hay que taponar el coladero de la reagrupación familiar

Hasta ahora los inmigrantes que residen legalmente en España pueden traer a sus conyuges, hijos, padres, suegros y hermanos y después de dos años todas esas personas pueden a su vez traer a sus familares de modo que es un proceso que se multiplica en cadena y de manera ilimitada. Está bien en época de vacas gordas cuando por el tirón de la construcción, la hostelería y el servicio doméstico se podían incorporar al mercado laboral pero la crisis económica ha puesto en relieve de forma dramática que, si no se ponen coto a la avalancha de inmigrantes, el paro no dejará de crecer.

Para frenar el flujo incesante de extranjeros, el Gobierno quiere reformar la Ley de Extranjería y acabar con lo que están llamando el 'coladero' de reagrupación familiar.

Ante todo tiene que conseguir el consenso necesario tanto político como social para endurecer esta ley. Con todo esto pretenden limitar la reagrupación familiar al conyugue del inmigrante y a sus hijos menores de edad. Esa modificación de la ley reducirá drásticamente, según los cálculos del Ejecutivo, la abultada cifra de permisos de residencia que se conceden anualmente a través de ese mecanismo. Además se teme que el sistema de prestaciones sociales y los servicios públicos no los aguante ya que, aunque no trabajen, sí van a generar gastos en sanidad, educación o servicios sociales.

A @reyjustomadrid

Me sorprende mucho la actitud del Estado frente al supuesto problema del coladero de la reagrupación familiar. Para mí hay una solución fácil: que no dejen entrar a nadie más en el país porque no hay suficiente trabajo para los que estamos viviendo aquí legalmente.

B @zurdoaragón

El debate sobre las restricciones que se deban o no deban imponer a la 'ola' de inmigrantes me parece exagerado. No se trata de una ola ni avalancha de inmigrantes; estos son titulares xenófobos de la prensa popular. Hay que buscar la manera de procesar a los que quieren entrar en el país rápida y eficazmente y no tener miedo de repatriar a los que no son legítimos.

C @pelucherecto

Declaro mi apoyo total para la nueva Ley de Extranjería. ¡Más vale tarde que nunca! Nuestros hospitales, colegios, y todos los servicios sociales están desbordados. Hay que imponer condiciones de entrada – por ejemplo, si hablan bien el idioma y si tienen suficiente fondos para sobrevivir.

3 Lee el artículo luego completa las frases según lo que dice el texto con una palabra o frase adecuada de la lista de abajo. ¡Cuidado! sobran cuatro palabras en la lista.

1 El gobierno quiere …… la Ley de Extranjería.

2 Parece que cualquier miembro de la …… tiene el derecho de entrar en el país.

3 No se puede limitar a las …… multiples.

4 No hay suficiente trabajo en España para todos los ……

5 Muchos tratan de …… en el servicio doméstico.

6 La crisis económica …… fin al boom de la construcción.

7 En los buenos …… muchos trabajaron en hoteles.

8 Es importante que todos los políticos …… de acuerdo.

9 Actualmente hay demasiado …… en el país.

10 Corre el riesgo de que los servicios públicos no podrán …… a tanta gente.

hijos	incorporarse	entradas	puso
gobierno	reformar	parado	tiempos
familia	mercado	inmigrantes	
desempleo	haga	aguantar	se pongan

4 Lee los emails. ¿Cuál menciona …

1 que está a favor de lo que propone el gobierno?

2 la falta de empleo nacional?

3 una solución al problema?

4 los periódicos de cotilleo?

5 la infraestructura social?

5 🙂 Presenta los argumentos de abajo. Luego practica expresando y rebatiendo opiniones. (Lee la página 39 primero.)

Considera todos los aspectos expuestos en esta unidad.

¿La inmigración sin límites es posible?

Opinión 1

"Es imprescindible que el gobierno contenga la inmigración. Hay que taponar el coladero de la reagrupación familiar e impedir las solicitudes falsas de asilo."

Opinión 2

"Hay que insistir que todos pertenecemos a la misma familia de seres humanos y que tenemos el derecho fundamental de buscar trabajo donde sea posible para poder sobrevivir."

¡Atención, examen!

The subjunctive
Tenses and uses (revision 1)

- Look back at page 10 and revise the main uses of the subjunctive and how to form it.

- Remember that the subjunctive mood has tenses. Here is an example.

Infinitive	Present subjunctive	Imperfect subjunctive	Perfect subjunctive	Pluperfect subjunctive	Immediate future
tener	tenga	tuviese/tuviera	haya tenido	hubiera tenido	vaya a tener

A Follow the example of *tener* above and fill in the rest of the table for the verbs below. Remember to pay attention to spelling changes and irregular verbs.

> hacer   ir   poner   saber   salir   ser   estar

The subjunctive for value judgements

- Remember that when giving value judgements the indicative is used to express emotion: *Siento que* … and the subjunctive is used to say what it is that you or someone else is emotional about: … … *todavía haya tanto prejuicio en contra de los inmigrantes.*

B Here are some value judgements. Match them to their English counterparts.

1 Es una lástima que …
2 Me preocupa que …
3 Es decepcionante que …
4 Es escandaloso que …
5 Es una vergüenza que …
6 Me da asco que …
7 Me parece muy mal que …
8 Estoy harto de que …
9 Me alegra que …
10 Me impresiona que …
11 Estoy orgulloso de que …
12 Es muy interesante que …
13 Es estupendo que …
14 Es una suerte que …

a It's a scandal that …
b It makes me happy that …
c I am impressed that …
d It's great that …
e It makes me sick that …
f What a shame that …
g I am not happy that …
h It's a disgrace that …
i I am proud that …
j It's very interesting that …
k It worries me that …
l I am fed up that …
m It's disappointing that …
n How lucky that …

C Read the sentences and decide which verb is in the subjunctive and what tense it is in. Use the box below to help you decide why the subjunctive has been used.

> wanting   wishing
> requesting   advising
> permitting   approving
> preventing   opposing
> forbidding   doubting
>   fearing

1 Les aconsejamos que no cruzaran la frontera a escondidas.
2 Nos pidieron que les acompañáramos.
3 No quiero que sigas con tu plan de emigrar.
4 Por fin han aprobado que entremos con visa de estudiante.
5 ¿Temes que no vayan a poder conseguir permiso?
6 Pues sí, dudo mucho que sea posible.
7 Siempre pueden oponerse a que lo hagan.
8 La primera vez prohibieron que mis padres obtuviesen visa turística.

D Now translate the sentences above into English.

Técnica

Responding readily and fluently in the oral exam

● Once you have made your **one minute presentation** and developed your arguments with examples and also justified your point of view either for or against you then need to be able to manage the counter-arguments which the examiner will raise.

¿La inmigración es un problema?

Opinión 1

"¡Sí, es un problema! Solamente trae disgustos, delincuencia y racismo. Sería mejor que los extranjeros se quedaran en casa y mejoraran su propio país en lugar de venir a explotar los logros de los demás."

Opinión 2

"¡No lo es! La inmigración contribuye a una sociedad multicultural y eso nos enriquece como personas humanas. Además, con los avances del mundo es normal que los empresarios busquen al mejor postor para cada trabajo, sea de la nacionalidad que sea."

❶ Work with a partner and together write down in Spanish four arguments for each opinion above. Follow the steps set out on pages 21 and 29.

❷ Go through each of the points you have made and try to predict the most likely counter-arguments the examiner could make.

For example you might argue that:
Los inmigrantes quitan puestos y empleo a los nacionales.

Then the examiner could counter this by saying:
Los inmigrantes hacen los trabajos que los nacionales no quieren hacer.

❸ Here are some points of view on aspects from units 1–3. Write counter-arguments for each of the following opinions.

1 Creo que la energía solar puede ser la única solución contra la futura crisis energética.

2 En mi opinión es más importante frenar las emisiones que fomentar la estabilidad económica.

3 Muchos científicos exageran el problema del incremento de los gases invernadero.

4 El gobierno ha aprobado demasiadas instalaciones de aerogeneradores.

5 La falta de agua va a provocar guerras y conflictos en el futuro.

6 Hay que castigar a las personas que no se molesten en reciclar.

● Decide what you can say **to defend** your viewpoint. Remember you have already justified and given examples for your arguments.

You need to learn some useful phrases to challenge, contradict and comment on what the examiner has said.

For example, to defend the statement in 3.3 above you could say:
"Yo sé que los científicos discrepan sobre el calentamiento global y por lo tanto considero que es importante analizar bien a fondo las estadísticas publicadas sobre todo."

❹ How would you classify the expressions below? Do they challenge, agree or disagree with, contradict or simply comment on an opinion?

1 Pues no lo creo

2 No estoy de acuerdo

3 Me parece que usted está equivocado

4 Pues no descarto la idea que …

5 En mi opinión usted se equivoca

6 De acuerdo pero hay que añadir que …

7 Lo dudo mucho porque …

8 Creo que usted me ha entendido mal

9 A lo mejor no me he explicado bien

10 Nada de eso – al contrario es …

11 Vale pero no es eso lo que quería decir

12 Desde luego que sí; coincido con usted en que …

13 ¡Exacto, ese es precisamente mi argumento!

● Don't be afraid to disagree. The examiner will deliberately set out to challenge you, especially if the examination is going well, in order to stretch your abilities and give you the opportunity to shine. However it helps to be polite! Use set phrases such as:
Perdone usted, pero voy a contradecirle porque …
Quisiera contarrestar lo que usted acaba de decir porque me parece que …

❺ Make sure you know what the phrases mean and practise using them to counter the arguments raised in 3 above and when you do 6 below.

❻ Now take opposing sides and prepare the cue card on immigration above. Practise taking the role of the examiner to counter the arguments presented by your partner. Your partner should defend each counter-argument.

Finally when you have rehearsed sufficiently, you might like to record yourselves and assess each other's performance.

Un país multicultural — *páginas 32–33*

el asilo	*asylum*
la convivencia	*coexistence*
la escasez	*lack/scarcity*
las etnías	*ethnicity*
un gueto	*ghetto*
el inmigrante	*immigrant*
el matadero	*slaughterhouse*
el nivel de vida	*cost of living*
el odio	*hatred*
el prejuicio	*prejudice*
la xenofobia	*xenophobia*
aprovechar	*to take advantage of*
huir	*to flee*
mudarse	*to move places*
perseguir	*to persecute*
adinerado/a	*wealthy*
conseguir una buena formación	*to get a good education*
incorporarse a la UE	*to join the EU*
la mayor fuente de empleo	*the main source of employment*
la vida cotidiana	*daily life*

Movilidad y migración dentro de la UE ampliada — *páginas 34–35*

el derecho de asilo	*the right to asylum*
la fecundidad	*fertility*
la fuga de cerebros	*brain drain*
la libre circulación de	*free movement of*
la mano de obra	*workforce/labour*
la reagrupación familiar	*bringing the family together again*
el renovamiento generacional	*replacement of the generations*
la tasa de natalidad	*birthrate*
contrarrestar	*to block/stem/counteract*
llegar en olas	*to come in waves*
paliar la escasez	*to fill the gap*
es hora de	*it's time that*
personal y comercio	*people and commerce*
receptor de	*receiver of*
presenciar una elevada tasa de desempleo	*to witness a high rate of unemployment*

El muro de la inmigración — *páginas 36–37*

la barrera	*barrier*
el chivo expiatorio	*scapegoat*
el gitano	*gypsy*
la otra cara de la moneda	*the other side of the coin*
la penuria	*poverty*
la voz xenófoba	*xenophobic voices/attitudes*
agravarse	*to get/make worse*
aguantar	*to put up with*
mejorar	*to get/make better*
respaldar	*to back up*
solicitar asilo	*to seek asylum*
vedar	*to prohibit/ban*
en época de vacas gordas	*in the good times*
frenar	*to put a stop to/rein in*
taponar el coladero	*to plug the loophole*

¡Entrénate!

Completa las frases con la palabra más apropiada de la lista de arriba.

1 Ciertos (1) _____ quieren (2) _____ a la Unión Europea para (3) _____ la mayor fuente de (4) _____ o conseguir una mejor (5) _____ pero esto no ayuda la fuga de (6) _____ de sus propios países.

2 Por un lado apoyo a la nueva Ley de Extranjería porque creo que es (1) _____ de (2) _____ la libre (3) _____ de personal europeo por que en mi país estamos (4) _____ una elevada tasa de (5) _____

3 Por el otro lado aunque es imprescindible taponar el (1) _____ al mismo tiempo hay que permitir que la gente (2) _____ pueda pedir (3) _____ sin temor y libre del miedo de la (4) _____ y del (5) _____

5 La integración

ESPAÑA

1a ¿Cuántos de estos sustantivos reconoces? Emparéjalos con su definición y tradúcelos al inglés. ¡Atención! Sobran cuatro.

integración	tolerancia	pacifismo
racismo	discriminación	xenofobia
convivencia	solidaridad	prejuicio
asilo	igualdad	segregación

1 La separación de etnias o grupos culturales dentro de una sociedad o un país.

2 Hostilidad u odio hacia los extranjeros.

3 Idea preconcebida respecto a algo o alguien que se adopta sin fundamento.

4 Lugar de refugio para los perseguidos.

5 Vivir en compañía de otros de manera armónica y desde el respeto.

6 Proceso de disfrutar de las mismas oportunidades que el resto de la comunidad y tener acceso a los mismos bienes y servicios.

7 La oposición a cualquier forma de violencia expresada a través de un movimiento político, religioso o ideológico.

8 Unión circunstancial a la causa de otros.

1b Escribe una definición para las cuatro palabras sobrantes.

1c Lee tus definiciones a un(a) compañero/a para que adivine de qué palabra se trata.

2 Haz una lista de posibles verbos y adjetivos relacionados con los sustantivos del ejercicio 1a.

Ejemplo: integración → integrar → integrado

41

¿Inclusión o exclusión?

▶ *¿Qué factores facilitan y dificultan la integración?*

1a 🎧 Escucha a estos jóvenes hablando sobre el ambiente multicultural en el que viven. Contesta a las preguntas.

1 ¿Qué indica, según ellos, que es un grupo multicultural?

2 ¿Qué grupo se integra con más facilidad? ¿Por qué?

3 ¿Qué contribución ha hecho el deporte según el profesor?

4 ¿Qué diferencia se menciona entre los adultos y los adolescentes?

5 ¿Qué comentario hace el chico polaco sobre su color?

6 ¿Cómo responde el otro chico?

1b ¿Cómo definirías tú la integración? ¿Cuáles son sus claves?

2 Lee los principios básicos de la integración según el plan europeo y completa el párrafo con las palabras adecuadas.

entidades	desacato	organismos
responsabilidad	dimensiones	valores
condición	medidas	mercado
respeto		

El plan establece que la integración no sólo es la (1)...... del inmigrante sino también la de los residentes y las (2)...... del país de acogida, que deben elaborar (3)...... para que los inmigrantes accedan al (4)...... laboral, al idioma, a la educación y a los (5)......, bienes y servicios sin discriminación alguna por su (6)...... de inmigrante.

Los inmigrantes pueden contar con el (7)...... de su cultura y su religión y a cambio se espera de ellos que respeten los (8)...... básicos de la Unión Europea.

[OxBox] Se puede encontrar más información sobre el tema de la integración y cómo resolver el problema de la lealtad a dos culturas diferentes en Hoja 5.1.

Plan Europeo Estratégico de Ciudadanía e Integración. Principios Básicos:

1 La integración es un proceso bidireccional de ajuste mutuo entre inmigrantes y residentes.

2 La integración implica el respeto de los valores de los Estados miembros.

3 El empleo constituye una parte fundamental del proceso de integración.

4 El conocimiento básico del idioma, la historia y las instituciones de la sociedad de acogida es indispensable para que la integración tenga éxito.

5 Se deben realizar esfuerzos en la educación para preparar a los inmigrantes y a sus descendientes para que puedan participar más activamente en la sociedad.

6 Para una mejor integración, los inmigrantes deben tener acceso a las instituciones y a los bienes y servicios en las mismas condiciones que los ciudadanos nacionales.

7 Para lograr la integración es esencial la interacción frecuente entre inmigrantes y ciudadanos de los Estados miembros.

8 A menos que la cultura y religión de los inmigrantes entren en conflicto con los derechos europeos o la legislación nacional, estas deben ser salvaguardadas.

9 Para favorecer la inmigración se debe permitir la participación de los inmigrantes en el proceso democrático y en la formulación de políticas y medidas de integración, especialmente a nivel local.

10 Se deben establecer objetivos, indicadores y mecanismos de evaluación claros para el ajuste de políticas y la valoración de los avances en la integración.

3a Según tu parecer, ¿qué significa el primer punto del plan estratégico de integración?

3b Lee de nuevo el plan estratégico y haz una lista de las responsabilidades y derechos de los inmigrantes y de las responsabilidades y derechos de los ciudadanos nacionales. ¿Hay muchas diferencias? ¿Crees que debería haberlas?

La cohesión social exige políticas estructuradas e integrales

Sin lugar a dudas, es imprescindible adoptar y articular políticas públicas contra la exclusión social. Se requiere un diseño sociopolítico innovador y riguroso que ataje los grandes problemas generales y al mismo tiempo que prevenga los riesgos.

En primer lugar es necesario actuar preferentemente en el plano de las políticas de empleo y vivienda y en segundo lugar se requiere potenciar y hacer más eficaces las políticas sociales propias del Estado de Bienestar.

Para atajar la exclusión social es necesario poner en marcha actuaciones de carácter estructural y que el estado social recupere su papel, articulando políticas que tiendan a la equidad y a la garantía de los derechos sociales. Es fundamental una enseñanza pública de calidad que actúe como vacuna preventiva contra la exclusión. Además, los poderes públicos deben invertir eficazmente contra el trabajo precario, la carestía de la vivienda y la explotación de los trabajadores inmigrantes. El reforzamiento del estado social es fundamental y no debemos aceptar 'apechugar' como sistema adecuado.

4a Lee el texto y busca sustantivos que estén relacionados con estos verbos.

Ejemplo: 1 excluir = la exclusión

1 excluir
2 arriesgar
3 vivir
4 actuar
5 enseñar
6 poder
7 reforzar

4b Busca en el texto una palabra o expresión que tenga el mismo significado que las siguientes.

1 without a shadow of doubt/undoubtedly
2 stop from getting worse/keep in check
3 in second place/secondly
4 take on board/embrace equality
5 to make do with/to grin and bear it

4c ¿Cuál de las dos posibilidades en 4b traduce mejor el sentimiento del texto en tu opinión?

4d Ahora contesta a las siguientes preguntas en español.

1 El texto cita 'los grandes problemas': ¿Cuáles son, en tu opinión?
2 También menciona 'los riesgos': explica cuáles son en tu opinión.
3 ¿Cuáles son los dos pasos que se proponen para comenzar?
4 ¿Cuál es el papel del estado social?
5 ¿Cómo crees que se puede 'enseñar al público'?

5 Traduce estas cinco frases al español. Lee la página 47 y usa el texto de al lado para ayudarte.

1 There is no doubt that we need to take innovative measures to control social exclusion.
2 There should be a clear policy on housing and employment.
3 It is essential to educate the public to adopt a more positive attitude.
4 The State must insure against the exploitation of immigrant workers.
5 We should not accept putting up with the present situation.

6 Con un(a) compañero/a, primero discute, luego escribe una lista de cinco aspectos de la vida en una sociedad multicultural que facilitan la integración y cinco aspectos que la dificultan.

"A donde fueres, haz lo que vieres"

▶ La experiencia de pertenecer a dos culturas trae sus propios problemas. ¿A cuál de las dos debes ser leal?

Entre la espada y la pared

Los gitanos españoles o calé son la principal minoría étnica autóctona del país, es decir, no surgida de recientes procesos migratorios. En la actualidad su modo de vivir está cambiando rápidamente debido a las transformaciones del Estado español. Mientras emerge una clase media con identidad de elite, sigue existiendo una amplia base de familias necesitadas, empobrecidas y excluidas.

En los últimos veinte años se ha reducido enormemente la infravivienda y el chabolismo, pero se ha cambiado por guetos, como en el caso de Las Tres Mil Viviendas de Sevilla que a su vez fomenta la miseria, la delincuencia y la drogadicción. Tal realojamiento ha generado nuevas formas de exclusión tanto física por estar en la periferia de la ciudad, como de exclusión emocional, por estar aislados dentro de un edificio alto.

1a Lee el texto y haz frases completas emparejando las dos partes. ¡Cuidado! Sobran dos segundas partes.

1 Los gitanos españoles también
2 Hoy en día su estilo de vida
3 Sin embargo existe todavía
4 Siguen viviendo marginados
5 Parece que han cambiado la chabola antigua

a viven transformándose.
b pero ahora en guetos en las afueras.
c se llaman calé.
d por una torre moderna.
e muchos inmigrantes nuevos.
f cambia poco a poco.
g bastante pobreza entre ellos.

1b 👥 Comenta con un(a) compañero/a el significado del titular. ¿Es apto para el texto? ¿Por qué sí/no?

1c ¿Hasta qué punto ha logrado resolver el problema de la vivienda la construcción del barrio en Sevilla llamado *Las Tres Mil Viviendas*?

Busca en Internet más información sobre *Las Tres Mil Viviendas de Sevilla*.

2a Lee el texto y contesta a las preguntas.

1 ¿Qué sentimientos expresa?
2 Describe la actitud del autor.
3 ¿Qué conclusión saca?

¿Qué sabes tú acerca de mi vida? Apuesto a que unas estadísticas nada más: que hay alrededor de 500.000 gitanos en este país; que la mayoría vivimos en chabolas en poblaciones; que somos pobres; que estamos marginados y discriminados; y que somos el blanco de comentarios racistas – ah sí, y que hacen estudios y películas sobre nuestro modo de vivir.
Lo que no sabes de verdad es el hambre, el frío, lo que es no tener ni un céntimo en el bolsillo. Todo esto lo aguanta uno hasta cierto punto, pero lo que duele en el alma es la falta de dignidad y el rechazo.
Soy español de pura cepa – mi familia ha vivido aquí desde hace siglos – pero aún así no tengo derechos, o eso me parece a mí, y nadie quiere aceptar nuestro modo de vivir. Quieren encarcelarnos en edificios altos como Las Tres Mil de Sevilla, ¡donde no quisiera que viviera ni mi peor enemigo!

2b Traduce al inglés el último párrafo del texto.

2c 👥 Discute con un(a) compañero/a cuáles son las dificultades que enfrentan los gitanos para integrarse en la sociedad actual española. ¿Cómo pueden reconciliar su modo de vivir de hace siglos con los requisitos de hoy en día?

3a Lee el testimonio de Abdulah y busca una palabra o expresión que tenga el mismo significado que las siguientes.

Nombre: Abdulah
Edad: 43
Nacionalidad: argelino

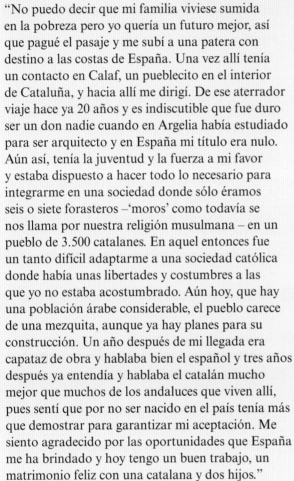

"No puedo decir que mi familia viviese sumida en la pobreza pero yo quería un futuro mejor, así que pagué el pasaje y me subí a una patera con destino a las costas de España. Una vez allí tenía un contacto en Calaf, un pueblecito en el interior de Cataluña, y hacia allí me dirigí. De ese aterrador viaje hace ya 20 años y es indiscutible que fue duro ser un don nadie cuando en Argelia había estudiado para ser arquitecto y en España mi título era nulo. Aún así, tenía la juventud y la fuerza a mi favor y estaba dispuesto a hacer todo lo necesario para integrarme en una sociedad donde sólo éramos seis o siete forasteros –'moros' como todavía se nos llama por nuestra religión musulmana – en un pueblo de 3.500 catalanes. En aquel entonces fue un tanto difícil adaptarme a una sociedad católica donde había unas libertades y costumbres a las que yo no estaba acostumbrado. Aún hoy, que hay una población árabe considerable, el pueblo carece de una mezquita, aunque ya hay planes para su construcción. Un año después de mi llegada era capataz de obra y hablaba bien el español y tres años después ya entendía y hablaba el catalán mucho mejor que muchos de los andaluces que viven allí, pues sentí que por no ser nacido en el país tenía más que demostrar para garantizar mi aceptación. Me siento agradecido por las oportunidades que España me ha brindado y hoy tengo un buen trabajo, un matrimonio feliz con una catalana y dos hijos."

1 la penuria	5 en esa época
2 espantoso	6 numerosa
3 no valía nada	7 no tiene
4 extranjeros	8 asegurar que me aceptaran

3b Contesta a las preguntas en español.

1 ¿Por qué se fue de su país?
2 ¿Qué comenta sobre su vida allí?
3 ¿Parece una persona positiva o negativa?
4 ¿Qué dificultades encontró? Menciona tres.
5 ¿Qué comenta sobre la diferencia de culturas?

Nombre: Gheorghe
Edad: 34 años
Nacionalidad: rumano

Nombre: Linda
Edad: 54
Nacionalidad: inglesa

4a Escucha a estos otros dos inmigrantes y anota lo que dice cada uno sobre:

- cuánto tiempo hace que están en España
- el lugar donde viven
- su situación laboral
- por qué eligieron España
- cuál ha sido su experiencia de integración
- información adicional

4b Escucha de nuevo y encuentra las palabras o expresiones españolas que significan:

- to legalise my situation
- to leave the nest
- to make a good living
- to fall in love
- to be self-employed
- a final influence

5 Con un(a) compañero/a contesta a la pregunta de abajo. Tomad papeles opuestos y presentad vuestros argumentos dando explicaciones y ejemplos, luego discutid las dos opiniones de abajo.

¿La integración es un ideal imposible sobre todo para los adultos?

Opinión 1

"La gente mayor tiene demasiados prejuicios y por eso no puede integrarse fácilmente a una nueva vida extranjera."

Opinión 2

"Los jóvenes tienen menos prejuicios y por eso su integración a una nueva vida extranjera es más rápida y fácil."

5 ¡Atención, examen!

Gramática

141 W22

Pronouns

- A pronoun is a word that can be used instead of a noun, an idea or even a whole phrase to help avoid repetition.

1 Subject or personal pronouns are not often used in Spanish because the subject is indicated by the ending of the verb. You might use them to avoid ambiguity or for emphasis.

   a *¡Lo siento pero yo no fui; fue él o ella pero yo no!*

- Don't forget that when you refer to a group of people with one or more males in it you have to use the masculine plural form.

   b *Tanto hombres como mujeres, todos vosotros estais detenidos por ser ilegales.*

2 Reflexive pronouns are not often translated except when they mean 'each other' or refer to oneself.

   c *Se culparon el uno al otro.*

   d *No quiso verse pero él sí se miró en el espejo.*

3 Direct object pronouns replace the noun (either a person or a thing) that is the object of a verb.

   e *El policía nos vio a todos pero solamente me detuvo.*

4 Indirect object pronouns replace the noun that is linked to the verb by a preposition.

   f *¿Quién te dio permiso para entrar en el país?*

   g *Me dieron la visa en el Consulado.*

- When two pronouns beginning with the letter *l* come together, then the indirect object pronoun changes to *se* (*se le/se lo/se la/se les/se los/se las*).

   h *¿Preguntas por la visa de José? Pues ya se la entregaron en el Consulado.*

Ⓐ Now translate the examples a–h above into English.

Order and position of pronouns

- When there are several pronouns all linked to the same verb in a sentence they go in this order: reflexive – indirect object – direct object = RID

- Reflexive, direct object and indirect object pronouns generally go immediately before the conjugated verb or they are attached to the end of an infinitive, gerund or command form as part of the whole word.

5 Disjunctive pronouns are used after a preposition.

para mí	*delante de nosotros/as*
enfrente de ti	*entre vosotros/as*
junto a él/ella/usted	*cerca de ellos/ellas/ustedes*

- with the preposition *con* use *conmigo, contigo, consigo.*

- you sometimes use a subject pronoun in set phrases: *entre tú y yo, según ellos.*

6 Relative pronouns are never left out of the sentence as they often are in English. They are used to link two parts of a sentence or to refer to something or somebody that has already been mentioned.

   El pasaporte que acabas de entregarme es colombiano.

- After the prepositions *a, de, con* and *en* you need to use *que* for things and *quien/quienes* for people.

   María es la chica con quien viajaba desde Argentina.
   La región de que hablas se llama Murcia.
   ¿De quiénes son estos papeles?

- After other prepositions use *el cual, la cual, los cuales, las cuales.*

   La playa cerca de la cual llegan las pateras está en la costa sur.

- *Lo que* and *lo cual* refer to a general idea or phrase rather than a specific noun.

Ⓑ Learn these examples then write a sentence of your own to illustrate each one.

Ⓒ Identify the pronouns in these sentences then translate the whole sentence into English.

   1 Les identificaron como ilegales después de años buscándoles.

   2 Le robaron lo poquito que ganaba como jornalero ilegal.

   3 Me subí en la patera, arriesgándolo todo por una vida mejor.

   4 A los inmigrantes de países no europeos no se les permite votar.

   5 Mi hermano ya tiene su nuevo pasaporte pero el mío no ha llegado todavía.

   6 Estos documentos son para ti no para ellos.

   7 Ahora tú y yo podemos irnos a Barcelona legalmente.

   8 La Ley de la que hablas es la nueva Ley de Extranjería.

   9 Bueno pues, es algo que no me gusta a mí.

   10 Vale, pero no me hables más de eso.

OxBox For further information about pronouns, see Hoja 5.4 and Unit 5 Extra Grammar Sheet.

Técnica

Translating from English into Spanish

In the exam you will be required to translate five sentences from English into Spanish. These are marked very precisely so you need to think about every detail in order to pick up as many marks as you can.

Each sentence is divided into four sections each worth one mark. This gives a total of 20 marks which is divided by two to give a final mark out of ten.

- Read the whole sentence and think it through in the target language. For example 'I want you to jump in the lake!' makes perfect sense in English but it doesn't if you translate it word for word into Spanish.

1 Translate the sentence above into Spanish.

- Think of the overall **sentence construction**. Is it active or passive, and does it require a subjunctive?

2 Write an example of each type in English and ask a partner to decide which they are.

- Take each **verb** and decide – is it irregular, radical changing or does it have a spelling change? Does it take a preposition after it? Then ask yourself if you have written it in the correct tense. Finally check the person and the ending.

3 Write the following verbs in Spanish and analyse them.

1 We will come.   4 I began to eat.
2 I was going to write. 5 She is sleeping.
3 They play hockey.   6 They asked us to leave.

- Look carefully at **nouns** and make sure you have the correct gender then check for singular and plural and nouns which don't follow the rule.

4 Write the correct gender for the following nouns then write sentences to illustrate their meanings.

1 orden 2 problema 3 guía 4 turista

- When adding **adjectives** or **replacing nouns with pronouns** check they agree – masculine, feminine and plural – and make sure they are in the correct position.

5 What is the difference between *es un hombre grande* and *es un gran hombre*?

- Check for **spelling and accents.**

6 What is the difference between *si* and *sí; solo* and *sólo; hacia* and *hacía?*

- Check if there is an equivalent set phrase such as *acabar de* – 'to have just done something' which matches.

7 What do the following expressions mean? *Darse cuenta de* and *realizar un sueño.*

8 Check out the difference between the following and write an example to illustrate each one:
- preguntar - pedir - rogar

- It sometimes helps to learn a model sentence for constructions you find difficult:

Si me lo hubieras dicho no se la habría dado.
If you had (only) told me, I wouldn't have given it to him/her.

This helps you to remember the sequence of tenses and the position of pronouns.

- Think carefully about 'false friends' – words such as *real, sensible* and *actualmente* for example.

9 Make a list of the most common examples and write their 'false' meanings in red and their 'true' meanings in green.

- Leave enough time to check the sentences more than once.

10 Analyse these sentences and correct the deliberate mistakes. Explain what the mistakes are and how you have corrected them.

1 Ustedes no sabe algo acerca de mi vida del pobreza y hambre.
2 Hacías más de dix años que llego a españa.
3 No ha quiere ni ha podido adaptarte a la nuevo vida.
4 En tu país estudiaron como arquitecta pero aquí son un doña nadie.
5 Ahora me sentimos más integrada porque habláis major la idioma.

11 Translate the following sentences into Spanish. Think about each section carefully to ensure you get a full mark for it.

1 Pollution / from oil refineries / is a major problem / along the Spanish coast.
2 With the opening / of the Sanlúcar solar power station / Spain has a new source / of renewable energy.
3 Recycling / is everyone's responsibility / because that way we do our bit / to preserve the environment.
4 Many people have / a wrong idea / about the number of immigrants / arriving in their country.
5 Integration / is a two-way process / between those seeking entry and / the host country.

Vocabulario

¿Inclusión o exclusión? *páginas 42–43*

el ajuste	*adjustment*
la carestía	*high cost of living*
un/a chaval/a	*kid/dude*
la equidad	*equality*
un/a latino/a	*Latin American*
un/a moro/a	*Moor/North Arab*
una palabrota	*rude/swear word*
una pandilla	*gang*
acceder a	*to have access to*
apechugar	*to grin and bear it/put up with*
atajar	*to keep in check*
canalizar	*to channel*
echarse a reír	*to burst out laughing*
exigir	*to demand/require*
lograr	*to manage/achieve*
potenciar	*to empower*
relegar	*to ostracise/reject*
rondar	*to hang about*
salvaguardar	*to safeguard*
ecuatoriano/a	*Ecuadorean*
marroquí	*Moroccan*
polaco/a	*Polish*
me siento muy acogido	*I feel much more at home*
no sólo … sino también	*not only … but also*
sin lugar a dudas	*without a shadow of doubt*
sin rumbo fijo	*aimlessly*
adaptarse a una cultura nueva	*to adapt to a new culture*
establecer objetivos/metas	*to establish objectives/aims*
fomentar la integración	*to encourage integration*

"A donde fueres haz lo que vieres" *páginas 44–45*

capataz de obra	*foreman*
la chabola	*slum/hut*
un forastero/a	*foreigner*
el gueto	*ghetto*
la infravivienda	*living below the poverty line*
una mezquita	*mosque*
una patera	*raft*
el realojamiento	*relocation*
el rechazo	*rejection*
apostar (ue)	*to bet*
brindar	*to offer*
carecer de	*to lack*
encarcelar	*to imprison*

agradecido/a	*thankful*
aterrador/a	*terrifying*
autóctona	*ethnic*
calé	*gypsy*
empobrecido/a	*poor*
marginado/a	*marginalised*
necesitado/a	*needy*
nulo/a	*worthless*
a su vez	*in turn*
de pura cepa	*true blood stock/through and through*
en la actualidad	*today/nowadays*
entre la espada y la pared	*between a rock and a hard place*
hace siglos	*for centuries*
aguantar el ostracismo	*to put up with being shunned*
brindar oportunidades para	*to offer opportunities to/for*
doler en el alma	*hurts most of all (in my soul)*
ser el blanco de	*to be the butt of/target*

Vocabulario extra

entrar en conflicto con	*to conflict with*
tener éxito	*to be a success*
a menos que	*unless/except when*
para lograr la integración	*in order to achieve integration*
se debe permitir	*ought to be allowed*

¡Entrénate!
Completa las frases con la palabra más apropiada de la lista de arriba.

1 Debemos permitir que los inmigrantes (1) _____ su cultura y religión a menos que vayan en contra de las leyes europeas pero al mismo tiempo hay que (2) _____ que (3) _____ a la cultura nueva para (4) _____ la (5) _____

2 Es importante establecer (1) _____ para que los recién llegados no se sienten (2) _____ no sólo al reconocer que cada persona se siente muy (3) _____ a su cultura (4) _____ también al (5) _____ oportunidades para que la celebren.

3 En la (1) _____ nadie debe tener que (2) _____ el ostracismo ni ser (3) _____ del (4) _____ social debido a ser (5) _____ y sufrir de la (6) _____.

6 Racismo

1 Haz este test.

¿Tú eres racista?

1 ¿Tendrías algo en contra de casarte o vivir en pareja con una persona de otra etnia?
Sí o no.

2 ¿Te molestaría que tu vecino fuera de otro color o etnia?
Sí o no.

3 ¿Te molesta que en ciertos empleos se permita a gente llevar ropa o accesorios a causa de su religión?
Sí o no.

4 ¿Te incomoda cuando otros hablan otro idioma entre sí en tu presencia?
Sí o no.

5 ¿Has utilizado una palabra racista o insultado a alguien por su raza o etnia?
Sí o no.

6 ¿Has participado en o te has reído de una broma racista entre amigos o en la tele?
Sí o no.

7 ¿Has evitado enfrentarte a un grupo o a un individuo por un incidente racista que has presenciado?
Sí o no.

8 ¿Prefieres viajar a países similares al tuyo para no experimentar la cultura y comida ajena?
Sí o no.

Cada respuesta afirmativa vale 1 punto.

De 6 a 8 puntos: Aunque quizás no seas consciente, tienes un grave problema de intolerancia. Debes cambiar tu actitud.

De 4 a 5 puntos: Pese a que tal vez te cueste admitirlo, tienes un problema leve de intolerancia, aunque no hace falta que te alarmes porque en el fondo todos somos algo intolerantes. No obstante tenemos que aprender a potenciar la tolerancia frente al pequeño inquilino intolerante que habita en nuestro interior.

De 0 a 3 puntos: Tu actitud es un ejemplo a seguir. Tu tolerancia puede ser de gran ayuda para aquellos que aún no se han dado cuenta que el problema lo tienen ellos y no los demás.

● ¡No te olvides!
¡Si ves las cosas en términos raciales a la exclusión de otros factores entonces sí, eres racista!

2a ¿Cuáles son las razones del racismo? Usa las ideas expresadas en el test de arriba y con un(a) compañero/a discute y escribe una lista de cinco razones por las que se da el racismo.

2b Comparte tus ideas con el resto de la clase y escribe una lista definitiva de razones por las que se da el racismo.

49

El rechazo a lo desconocido

▸ *¿Quiénes son las víctimas del racismo y cuáles son sus experiencias?*

1a Lee estas declaraciones oficiales de varias personas sobre un incidente racista y decide de quién es cada una.

- un Guardia Civil
- un temporero marroquí
- el alcalde
- un vecino
- un representante del Sindicato de Obreros del Campo (SOC)

1b ¿Quién implica …?

1 Cuando tenía que caminar por la calle de noche, siempre me sentía inseguro.

2 Si no detenemos a estos agresores, pronto van a acabar matando a alguien.

3 Con tal de que nos quedemos callados, nadie nos denunciará a la policía.

4 Si hubieran interpuesto denuncias antes, tal vez hubiéramos podido evitar tantos problemas.

5 Si fuera hijo mío, le daría una paliza.

6 Como lo vuelvan a hacer, la población entera tendrá mala fama.

7 Si se hubieran empadronado, tendrían más derechos.

1c Busca las palabras o frases en los textos que signifiquen:

- lo mismo que …
- lo contrario de …

1 deplorable
2 comprender
3 serio
4 tiraron

5 lo siento
6 los agresores
7 emigrantes
8 nadie

1d Traduce las frases subrayadas al inglés.

1e Traduce estas cinco frases al español.

1 I can't believe that there are people who could be so intolerant towards foreigners.

2 A lot of the victims of racism don't dare to complain for fear of being deported.

3 If only they had denounced such acts of violence then we would be able to do something about it.

4 The attacks have become more and more violent going from verbal abuse to stone throwing.

5 The three suspects have a reputation for being violent and have had run-ins with the police since a very young age.

1 Cualquier agresión, venga de donde venga y se produzca como se produzca, es lamentable. No puedo entender que haya personas que se dediquen a hacer estas cosas sin ni siquiera dar la oportunidad de defenderse. Es muy grave: me alegro de que los hayan detenido, aunque en el pueblo nadie sabe nada.

2 No hay una connotación racista en el sentido de que haya una organización racista detrás. Aquí no hay grupos fascistas, pero claro que los que hacen esto son racistas. Muchas de las víctimas no han presentado una denuncia por temor a ser repatriados por carecer de papeles.

3 Éste se ha criado en un ambiente donde cojeaba la educación; apalear a inmigrantes se convirtió en una expresión de subidón hormonal que acompañaba a las juergas de los colegas. De niño fue muy violento y ha tenido varios encontronazos con la policía por sus locuras motorizadas cuando aún era menor de edad.

4 Hace unos meses nos lanzaron piedras desde un coche que pasaba y esto volvió a ocurrir varias veces hasta que las piedras dieron paso a ataques más preparados con palos de hierro y bloques de hormigón, lo que resultó en fractura de mandíbula y contusiones en el hombro. Todo el tiempo se estaban riendo a carcajadas.

5 Las primeras agresiones se produjeron en agosto y se repitieron en septiembre y octubre, aunque no se interpusieron denuncias hasta el pasado día 5 de noviembre. No se ha podido actuar con anterioridad por carecer de 'indicios fehacientes' que incriminaran directamente en los hechos a los tres sospechosos.

2a Escucha la primera parte del monólogo de Tarek y escoge las seis frases correctas según lo que oyes. Corrige las frases incorrectas.

1 Llegó en un buque a Algeciras.

2 Su tío llegó primero.

3 Llegaron a media noche.

4 Por la mañana se encontró en una playa.

5 Decidieron quedarse en Tarifa.

6 Al día siguiente se fue a Algeciras acompañado por su tío.

7 Su tío vive en la calle de Almería.

8 Su tío quiso encontrar trabajo temporal.

9 Su tío repara coches en las huertas de la costa.

10 Tarek se encontró con unos amigos de su tierra.

11 Le gusta tirar piedras por la calle.

12 Lleva una vida muy precaria.

13 Tiene miedo que le cojan y le expulsen.

14 Las autoridades tratan de encarcelar a los jóvenes.

2b Escucha la segunda parte del monólogo de Tarek. Luego selecciona la terminación adecuada (a, b o c) para completar las frases.

1 Después de un rato Tarek
   a se sintió físicamente cansado.
   b se cansó de recibir tanto abuso.
   c tuvo que aguantar su cansancio.

2 Se dio cuenta de que
   a su tío le había abandonado.
   b su tío se había equivocado.
   c había hecho mal en abandonar a su tío.

3 Al dejar atrás a sus amigos pensó que
   a su vida iba a mejorar.
   b se escondería en el camino.
   c el camino sería largo.

4 Cuando se encontró con su tío, éste
   a vivía bajo un túnel de plástico.
   b ganaba una vida miserable.
   c no tenía su brazo derecho.

5 Tarek presenció
   a un dolor de cabeza.
   b un enfermo mental horrendo.
   c un incidente racista terrible.

6 Como resultado de esto
   a Tarek asesinó a una joven.
   b Tarek parecía a un ilegal sin papeles.
   c la gente de El Ejido protestó en contra de los inmigrantes.

3a Lee el tributo a Floro Tunubalá y busca en el texto una palabra o expresión que tenga el significado opuesto a las siguientes.

1 vida   3 ciudadanos   5 último
2 vejez   4 trajera   6 apoyado

El triunfo de Floro Tunubalá, "Taita Floro"

Apesar de las amenazas de muerte, el gobernador del Cauca, Colombia, ha recorrido veintiún países en busca de ayuda para sus compatriotas indígenas y los desplazados, y por fin le han otorgado el premio de Derechos Humanos de la Organización de las Naciones Unidas.

Desde su adolescencia participó en movimientos de ocupación de tierras que los terratenientes habían expropiado a los campesinos. Unos años más tarde su gente le pidió que llevara el mensaje y la cruzada "al mundo de los blancos para recuperar sus derechos ancestrales". Después de haber logrado estudiar ciencias agrícolas llegó a ser el primer senador indígena elegido por voto popular y con otros consejeros lideró la aprobación de tres leyes que garantizan la autonomía de los pueblos indios. No sólo tuvo que luchar contra los narcos, los Farc y los paramilitares sino también contra las familias oligarcas de la política colombiana pero al final, realizó su sueño al ser elegido gobernador.

Amenazado por todos lados – ultraderecha e izquierda – ha trabajado sin cesar por su plan de desarrollo integral. Ha buscado y recibido ayuda internacional; vestido de traje típico se ha dirigido al Congreso norteamericano; voces internacionales como Noam Chomsky y el juez español Baltasar Garzón le apoyan; en fin como él mismo dice," hace veinte años no figurábamos ni en el mapa".

3b Léelo otra vez y decide si las frases que siguen son verdaderas (**V**), falsas (**F**) o no se mencionan (**NM**).

1 Mucha gente dependía de su éxito.

2 Era una persona bastante decidida.

3 Le expropiaron el premio deseado.

4 Fue un estudiante de primera.

5 Triunfó en el senado.

6 Luchó con los paramilitares.

7 Trabajó incansablemente para su gente.

3c Traduce el último párrafo al inglés.

4a Discute tus ideas con un(a) compañero/a y contesta a la pregunta oralmente.

¿Por qué crees que todas las personas mencionadas en estas páginas se sienten vulnerables?

4b Imagina la vida de una de estas personas y escribe un párrafo breve. Lee lo que has escrito a la clase.

La lucha contra el racismo

▶ *¿Las medidas implementadas para combatir el racismo son verdaderamente efectivas?*

1a 🎧 Escucha la entrevista con Jesús Blanco, el portavoz de SOS Racismo de Barcelona. Haz frases completas emparejando las dos partes. ¡Cuidado! Sobran segundas partes.

1 SOS Racismo es un grupo que

2 La organización se estableció

3 Según ellos el racismo institucional se nota

4 Explica que esta misma ley ha logrado

5 Asimismo añade que hay otro tipo de racismo

6 Un ejemplo de este tipo de racismo es cuando

7 Los gitanos siempre han sido el blanco

8 A pesar de que hoy tienen los mismos derechos que todo ciudadano

9 El grupo prefiere no llamar a los inmigrantes, ilegales

10 El portavoz Jesús Blanco insiste en que

a sobretodo en la nueva Ley de Extranjería.

b se empeña en combatir la xenofobia en España.

c hay varias víctimas día tras día en todos los barrios.

d de la discriminación no solo en España sino que en toda Europa.

e España tiene una de la leyes más dura y represiva de Europa.

f que se puede llamar racismo social.

g imponer restricciones de libertad y reducir sus derechos.

h sino que les llaman irregulares por falta de documentos correctos.

i para defender los derechos de la gente marginada en la sociedad.

j todavía les faltan muchas oportunidades como acceder a la universidad.

k la gente se opone a la construcción de una mezquita en su barrio.

l no hay que darles documentos legales.

1b 🎧 Escucha la entrevista otra vez y contesta a las preguntas en español.

1 ¿Cuáles son los tres objetivos de la entrevista?

2 ¿Qué entiendes por el 'racismo institucional'?

3 Explica por qué dice que las personas irregulares pueden ser explotadas más fácilmente.

4 ¿Cuál es el método que utilizan para concienciar al público de lo que pasa?

5 Dice que la migración no es un problema sino una fuente de enriquecimiento. ¿Qué crees que quiere decir con esto?

2 Lee el texto y rellena los espacios con el verbo adecuado.

educar	prever	fomentar	respetar
superar	conseguir	observar	propiciar

Coexistir en armonía

Para (1) ...... una convivencia más armónica es importante (2) ...... unas reglas simples como (3) ...... a la población en el respeto a los derechos humanos y a (4) ...... el derecho a la propia identidad compaginándolo con la igualdad de oportunidades.

Asimismo, es importante poder (5) ...... y entender las propias emociones y las de aquellos que nos rodean y también (6) ...... la tendencia tan arraigada de buscar certezas absolutas, aprendiendo así a relativizar el significado que le concedemos a la realidad.

3a Un eslogan debe ser breve, emotivo y fácil de recordar. Lee este slogan utilizado por el Injuve (Instituto de la Juventud). ¿Cuál es su mensaje?

Somos diferentes, somos iguales

3b Reflexiona sobre los cuatro temas de abajo y haz una lista de palabras e ideas clave relacionadas con ellos. Utiliza tu lista para elaborar un eslogan para cada uno.

● La importancia de la tolerancia

● La diversidad y el pluralismo

● La convivencia cultural   ● El diálogo intercultural

Ponerse en la piel de otro ...

... es un ejercicio que favorece el entendimiento. Educar para la solidaridad es un programa organizado por la ONG Intermón – Oxfam. Se está desarrollando en unos dos mil centros en diferentes Comunidades Autónomas por el país entero. Trata de inventar juegos simuladores en los cuales los jóvenes desempeñan papeles diferentes a los que tienen en su vida real, por ejemplo asumen el rol de un extranjero de visita o un residente en un país lejano o puede ser que sean de un color diferente al suyo. A veces los juegos tienen un toque más realista cuando se encuentran en un ambiente ajeno donde no saben hablar el idioma o tratan de sentir lo que siente un subsahariano que atraviesa el Estrecho en patera.

Los profesores resaltan que el miedo a lo desconocido es lo que guía nuestros sentimientos y que una vez que nos familiarizamos con las costumbres y la cara del "otro" este miedo disminuye o se desvanece. Lo más importante, añaden, es potenciar los valores y actitudes de respeto a la diversidad.

4a Busca una palabra o expresión que tenga el mismo significado que:

1 la comprensión	5 forastero
2 se lleva a cabo	6 distante
3 ingeniar	7 de vez en cuando
4 los adolescentes	8 diferente

4b Escribe antónimos para estas mismas palabras.

4c Léelo otra vez y completa las frases que siguen con una palabra adecuada de la lista de abajo. ¡Cuidado! Sobran palabras.

1 El ejercicio pretende fomentar ......

2 Se lleva a cabo en muchos ...... de las diferentes regiones.

3 Se trata de inventar ...... de rol simulando a situaciones actuales.

4 Puede interpretar el rol de ...... que visita un país bastante diferente al suyo.

5 Otro ejemplo podría ser literalmente de ...... en la piel de otro.

6 Tratan de sentir lo que ...... no hablar el mismo idioma.

7 Lo que se destaca de todo esto es nuestro ...... ante lo desconocido.

8 Los profesores afirman que es imprescindible ...... el respeto a la diversidad.

> juegos   los sentimientos   miedo
> centros   potenciar   regiones
> significa   un extranjero   asumir
> ponerse   el entendimiento

---

http://www.blogoesfera.net

Fútbol: Espejo de un mundo racista

¿Qué se debería hacer para acabar con este tipo de comportamientos?

El incidente reciente en el que el delantero camerunés del FC Barcelona, Samuel Eto'o, amenazó con abandonar el terreno tras recibir "gritos simiescos" de un grupo de espectadores ha centrado la atención del público español sobre el racismo. Tal incidente se remonta al amistoso internacional entre España e Inglaterra durante el cual, jugadores ingleses de color recibieron similares gritos abusivos en el estadio Santiago Bernabeu.

Desgraciadamente, los estadios de fútbol a menudo atraen grupos radicales con opiniones extremas. Menos mal que hoy por hoy tal racismo se está abordando mediante campañas en varios países. Estas campañas se centran en actividades de sensibilización y educativas que pretenden influir en el comportamiento de ciertos grupos y crear consenso para no aceptar el racismo en el deporte, o en la sociedad en general. De rebote, añaden, el deporte contiene las mejores herramientas para combatir el racismo, porque los jóvenes pueden aprender a través de él valores como tolerancia, trabajo en equipo, honestidad y respeto hacia los otros.

5 Traduce el texto al inglés.

6 Con un(a) compañero/a toma opiniones opuestas y prepara los argumentos dando ejemplos y explicaciones. También justifica tus argumentos. Usa las ideas de todos los textos de esta unidad para debatir el tema del título de abajo.

> **El racismo es un fenómeno normal y no vale la pena tratar de combatirlo**

Opinión 1

"De acuerdo. El racismo ha existido siempre y siempre ha de existir. Es normal que las personas sientan desconfianza hacia las personas de otro color, cultura o religión porque siempre hay temor a lo desconocido."

Opinión 2

"Rechazo por completo esta noción. Con hacer un poco de énfasis en el civismo, el racismo debería dejar de existir. Las leyes están ahí para protegernos y la seguridad ciudadana es responsabilidad de las autoridades. Nadie puede justificar las agresiones verbales o físicas a otros por ningún motivo puesto que no es sino tomarse la justicia por su mano."

Gramática

149 W72

More subtle uses of the subjunctive

Study these examples of alternative ways to ask someone to do something.

- use the subjunctive of the *nosotros* form of the verb to say 'let's' or 'let's not'

  Seamos más tolerantes. No seamos tan prejuiciados.
  But: Vámonos a protestar contra los racistas – no vayamos a tolerar esto.

- use *que* plus the subjunctive form of the person involved

  Que hagan más esfuerzo para apreciar la cultura ajena.

- use *quisiera* + infinitive to make polite requests

  Quisiera pedirle el favor de no hacer burlas racistas.

A Translate the examples above.

Use the subjunctive when **the subject** of the two verbs is **different** with conjunctions expressing:

- purpose (so that … in order to …) – but not result

  Te llamé para que fueras a la manifestación contra el racismo.
  Te llamaré a fin de que me avises cuando te vayas.

  Escribí el aviso para que todos se dieran cuenta del incidente racista
  But: Así que todos se dieron cuenta de ello.

B Translate the examples above then write two more sentences of your own in Spanish to illustrate the difference between purpose and result.

- concessions and conditions – provided that, unless

  con tal de que, a menos que, sin que, siempre que

- with impersonal verbs which do not indicate certainty

  Basta (con) que …   *Es (será, sería) mejor que …*
  Es hora de que …   *Puede ser que …*

- with impersonal verbs with adjectives

  Es importante que …   *Es necesario que …*

- with relative clauses where there is an element of doubt because the person referred to has not yet been identified and maybe doesn't even exist.

  Consider the difference between 1 and 2:

  1 *¿Conoces a alguien que me pueda ayudar?*
  Busco una persona que sepa traducir quechua.
  (No personal *a* is required here.)

2 *Sí conozco a alguien que puede ayudar.* (you know the person exists)
Busco al traductor que sabe hablar quechua. (you know the translator who speaks quechua)

Don't forget when you make a sentence negative this often gives it an element of doubt so use the subjunctive and in this case you also need a personal *a* as well.

No, lo siento pero no conozco a nadie que pueda ayudarte/que sepa traducir.

You also use the subjunctive in main clauses after: *ojalá, tal vez, quizás, como si, aunque*

- with words ending in *-quiera*

  cualquiera, dondequiera, comoquiera

- with set phrases

  digan lo que digan, pase lo que pase, sea como sea

C Decide whether the subjunctive is required in each of the following sentences and write the verb in brackets in the correct form.

1 Te lo dije para que …… (saber, tú) lo que es un comentario racista.

2 Es hora de que todos nosotros …… (enfrentarse) con el problema de la xenofobia.

3 Quisiera …… (asistir) a la manifestación contra el racismo.

4 Creo que es importante, así que todo el mundo nos …… (ver) allí.

5 Nombra un país que no …… (tener) problemas de racismo.

6 Dondequiera que …… (ir) uno en el mundo existe ese problema.

D Translate these sentences into Spanish.

1 I will not go on the march unless you all come with me.

2 Perhaps it isn't a good idea to get involved in such a protest.

3 Whatever you say I am determined to go.

4 I need someone to accompany me.

5 Sorry but it's time we all reported such racist incidents.

OxBox For information on the use of *por* and *para*, see Hoja 6.4.

Técnica

Developing Internet research skills

- Always try to access information from a Spanish source by typing .es at the end of the website instead of .co.uk or .com into the search engine. If you are looking for information about Latin American countries, try .co (Colombia), .cl (Chile) or .ar (Argentina).

- Be precise when you type in key words in Spanish and you will find this usually brings up a useful Spanish website.

- By using Spanish sources you will broaden the scope of your Spanish vocabulary and grammar.

- Use several sources of information so that you can compare information and check facts.

- Official Spanish government websites are useful for statistical information.

- Check the date on all documents to make sure they have up-to-date information.

- Keep a bibliography of all website addresses and sources of information with dates and page references. Bookmark and add to your online favourites.

- Beware of plagiarism. Acknowledge all quotations with footnotes. Do not copy and paste large chunks of text into your own work.

- Practise skim reading and reading for gist to pinpoint key words or phrases relevant to your research.

- Practise using 'find' tools to search for key words within texts. To search for exact whole phrases you can put + in between words or put them in between inverted commas (" ....").

1 Use a Spanish language search engine to find out information about Spanish gypsies. Focus on the following points and use the words in the box to help you in your search. Make notes in Spanish.

1 their origins – where they come from
2 when they arrived in Spain
3 where they have mostly settled in Spain
4 their language
5 their music
6 name three famous gypsies

orígenes	llegada	región
vivienda	idioma/lengua	
cultura	música/flamenco	

2 Find an official site which gives statistics on ethnic minorities in Spain and answer the questions.

1 How many gypsies are there in Spain compared to Europe?

2 What percentage is literate?
3 What is the most numerous ethnic minority in Spain?

3 Now find out more information about the riots that took place at El Ejido near Almería in Spain.

- When did they take place?
- What caused the riots?
- Who was involved?
- What did the protesters do?
- What was the reaction of the press and the politicians?
- What is the situation today?

4 There are lots of ethnic minorities and indigenous populations in Latin America. Using a Spanish language search engine, match the people and countries (A–E) with facts and incidents (1–5).

A Los indios Mapuche de Chile
B Rigoberta Menchú Tum, Guatemala.
C Bartolomé de las Casas, España/Méjico.
D Oscar Romero, San Salvador.
E Los Zapatistas de Chiapas, Méjico.

1 Aventurero en 1502, tratado En defensa de los Indios 1552
2 Arzobispo asesinado 1980
3 Premio Nobel de la Paz, 1992 los Maya Quiché
4 Marcos, guerrilla encapuchado, enero de 1994
5 el gobierno de Pinochet, 1979–86

5 **a** Use the internet to find information to answer these questions.
For each one:

a write down the words or phrases you keyed into the search engine

b write a few sentences in your own words in Spanish to answer the question.

1 ¿Por qué la fecha de 1492 es una fecha simbólica y muy importante en la historia de España?

2 ¿Qué pasó el once de marzo de 2004 y cómo reaccionó el pueblo español?

3 ¿Qué es la Ley de Extranjería y cuándo se publicó?

b Find two more pieces of information about each one and write it down in Spanish.

El rechazo a lo desconocido *páginas 50–51*

la angustia	anguish
la ansiedad	anxiety
el cauce	river bed
los derechos	rights
la devolución	devolution/giving back
la etnia	ethnicity
los gitanos	gypsies
un incidente racista	racist incident
el rechazo	rejection
la reivindicación	claim/demand
el sentimiento	feeling
desatarse	to unleash
esquilar	to shear/clip
incomodarse	to make you feel uncomfortable
molestarse	to upset
ajeno/a	alien
distinto/a a	different from
indígena	indigenous
antaño	formerly/olden days
ahondar la desagregación	to worsen the disintegration
enfrentarse con un grupo	to face up to a group
ser el blanco de	to be the target of
tener algo en contra de	to hold something against
tener remedio	to have a remedy

La lucha contra el racismo *páginas 52–53*

la convivencia	living in harmony
la discriminación	discrimination
las leyes	laws
un mal endémico	deep-rooted/-seated harm/wrong
la piel	skin
el racismo	racism
un remedio	remedy
un toque	touch
aterrorizar	to terrorise
combatir	to combat

compaginar	to combine
concienciar	to raise awareness
desarrollarse	to develop
desvanecerse	to fade away/faint
potenciar	to empower
prever	to anticipate
propiciar	to favour/bring about
relativizar	to make something real
resaltar	to underline/highlight
asimismo	also
arraigado/a	deepseated/-rooted
asumir un rol	to take on a role
desempeñar un papel	to play a part
favorecer el entendimiento	to help to understand/understanding
inventar juegos simuladores	to invent role plays

Vocabulario extra

ahondar en un tema	to go into detail about a topic
cada vez más	more and more
digan lo que digan	whatever they may say
hoy por hoy	in this day and age
por si fuera poco	as if that weren't enough
sea como sea	be that as it may

¡Entrénate!

Completa las frases con la palabra más apropiada de la lista de arriba.

1 El (1) _____ institucional es un mal (2) _____ que se revela en las (3) _____ y restricciones que regulan (4) _____ y la libertad de los inmigrantes.

2 No sólo aquí en España sino que en toda Europa los (1) _____ siempre han sido el blanco de la (2) _____ y aun (3) _____ por hoy muchos sufren del (4) _____ y siguen viviendo al margen de la sociedad.

3 A mi ver lo principal es (1) _____ al público a través de la educación y la propaganda para favorecer el (2) _____ y fomentar la (3) _____ tanto entre los inmigrantes como los nacionales.

La riqueza y la pobreza

By the end of this unit you will be able to:

- Discuss the causes of poverty in Europe and developing countries
- Comment on the work of charitable organisations and governments
- Discuss attitudes to wealth and poverty
- Talk and write about the link between wealth and health

- Use sentences with *si*
- Defend and justify your point of view

1a Mira los mapas.

1 ¿Cuáles son los países más grandes?

2 ¿Cuáles son los países más ricos?

3 ¿Cuáles son los países más pobres?

1b Escucha y mira los mapas. Decide si las afirmaciones son verdaderas o falsas.

1c Completa la clave con los nombres de los países que faltan. Búscalos en el Internet.

Clave

A = Argentina
B = Bolivia
C = _____
CH = Chile
CR = Costa Rica
E = Ecuador
ES = _____
G = Guatemala
H = _____
M = México
N = Nicaragua
P = Perú
PA = _____
PAR = Paraguay
RD = _____
U = Uruguay
V = _____

1d Traduce al español.

1 The average income in Bolivia is higher than in Nicaragua, but Nicaragua doesn't have as many people living in poverty.

2 Peru has as many people in poverty as Nicaragua, but it is a richer country.

3 Costa Rica isn't the richest country, but it does have the fewest people living in poverty.

Causas de la pobreza

▶ *¿Cómo definir un país pobre? ¿Hay pobreza en los países ricos?*

México – ¿rico o pobre?

a México ocupa el décimo lugar en la lista mundial de países importadores/exportadores.

b Casi un tercio de la población trabaja en la economía "sumergida".

c El valor de los bienes exportados es superior al de países como Grecia o Irlanda.

d Un niño de cada cuatro vive en la pobreza absoluta.

e La tasa de mortalidad infantil es de 52 por 1.000 entre los más pobres, 13 por 1.000 entre los más ricos.

f Las 25 familias más ricas ganan más que los 25 millones de mexicanos más pobres.

g México es uno de los productores más importantes de coches y piezas para coches, textiles y ropa, acero y productos manufacturados.

h Los más pobres cursan un promedio de dos años en la escuela.

i México ha sobrepasado a Japón como exportador a los Estados Unidos.

j Uno de cada cuatro mexicanos gana menos de dos dólares al día.

k La zona San Diego-Tijuana-Mexicali produce el 70% de los televisores del mundo.

l Un 10% de la población (los más ricos) recibe casi el 50% de los ingresos.

m El sueldo medio es de 8.500 dólares anuales.

Técnica

Arguing your point

Whether **presenting** or **defending** your point of view, you will need some useful phrases to make your language sound authentic and fluent.

A mi juicio	A mí no me lo parece
A mi parecer	Bajo mi punto de vista
Sí, pero no te olvides de	
Yo no comparto la misma opinión	

Classify these phrases as either **presenting** or **countering** an argument. Try to use each at least once in activity 1b. Note how many your partner uses.

1a Separa los hechos sobre México en positivos o negativos.

1b  ¿México es un país rico o un país pobre? Utiliza la información para presentar un lado del argumento a un(a)compañero/a. Utiliza las frases clave de la página 7.

2 Completa el siguiente texto, escogiendo de la lista la palabra más apropiada para rellenar los espacios.

La vida por debajo de la línea de la pobreza

Mientras la pobreza (1) _____ miles de personas se verán obligadas de aceptar una (2) _____de comestibles o quedarse hambrientas este invierno. El espectro de familias que subsisten a base de cestas de alimentos (3) _____ se ha generalizado tanto que el gobierno proporcionará cupones de comida a las personas en situación más desesperada. Por eso existen los bancos de alimentos.

Ana María, de 19 años, recibió una (4) _____ alimentativa de emergencia esta semana. Dijo 'No nos quedaba nada, ni alimentos ni dinero. Estaba nevando, y dormíamos todos en una habitación para no gastar dinero en (5) _____. Todo lo que teníamos, lo gastábamos en leche y pañales para la niña. Nos frustra tanto no poder dar lo mínimo a nuestra niña.'

Paulo, de 23 años, visitó un banco de alimentos por primera vez la semana pasada. Nos comentó 'He estado cuatro días sin comer. Sin el banco, probablemente me hubiera puesto (6) _____, o hubiera tenido que (7) _____ algo. No tengo empleo, y no tengo más remedio. Mi familia y mis amigos ya están hartos de ayudarme.'

Raimondo, de 39 años, es un padre con cuatro hijos. Nos explicó 'Los niños se (8) _____ de hambre. Es horroroso. No sabía que hacer. Mi mujer y yo, comíamos porciones pequeñitas, pero aún así no había suficiente. Siempre he trabajado, y nunca hubiera pensado que fuera posible encontrarme en tal situación. Sin el banco de alimentos, no tengo ni idea de lo que nos hubiera sucedido.'

¿Hablamos del siglo diecinueve? ¿De la Somalia (9) _____ por la hambruna? ¿Quizás de los pobres de Rumania? En absoluto. Estas son las historias de habitantes del Reino Unido en el siglo XXI.

asolada	aumenta	calefacción	caritativas
cesta	desamparo	disminuye	enfermo	hurtar
limosna	maleta	quejaban	regalo	sano

3 Explica por qué esta caricatura es relevante a la economía de un país como México.

Si tomamos su temperatura media, su salud es excelente.

4 Lee los dos textos y decide si las políticas mencionadas a continuación son típicas del paternalismo o del libre comercio.

> un sistema de seguridad social   la eficiencia
> el consumismo   la protección de la industria
> la modernización   los subsidios   el mercado
> libre   la agroindustria   las importaciones/
> exportaciones   la inversión extranjera   la
> industria nacionalizada   las tarifas sobre
> bienes importados

El paternalismo

Bajo un gobierno paternalista, el estado se hace responsable del bienestar de sus ciudadanos. Salud, educación, vivienda, agricultura, industria: Todo cuenta con la ayuda o la protección del gobierno. El estado garantiza precios fijos a los agricultores, luego distribuye los comestibles básicos a la población a un precio asequible. Grandes sectores de la industria son manejados directamente por el gobierno: Teléfono, electricidad, correo, agua, ferrocarriles, coches, líneas aéreas … El sector público crea trabajos estables: burócratas, profesores, médicos – todos son funcionarios. Tarifas y cuotas limitan las importaciones de bienes extranjeros, y favorecen la compra de productos nacionales.

5a Traduce el texto al inglés.

> Yo compro tortillas para dar de comer a mi familia. El precio está fijado por el gobierno. Así los agricultores reciben un precio justo, para poder vivir, y nosotras pagamos un precio razonable. Si no pudiéramos comprar tortillas, ¿qué comeríamos?

5b Discute con un(a) compañero/a. ¿Es un ejemplo de paternalismo o de comercio libre?

5c Escucha a Santiago explicar el texto. Apunta ejemplos de cómo él …

- describe el contexto
- explica la idea principal
- ilustra la idea con ejemplos/consecuencias
- adapta la persona/el tiempo/voz de los verbos
- utiliza sus propias palabras

6a Toma la información de las páginas 58 y 59 para escribir un párrafo sobre el tema: "Las estadísticas sobre la riqueza o pobreza de un país no demuestran cuál es la realidad de vivir allí."

6b ¿Qué hace un país pobre? ¿Y uno rico? Debátelo con tus compañeros.

OxBox Se puede encontrar más información sobre el tema de la pobreza en Europa en Unit 7 Extra Listening Sheet.

El libre comercio

El libre comercio favorece la competencia y la eficiencia. No gasta los recursos públicos en industrias atrasadas, ni fomenta la dependencia en los subsidios gubernamentales.Una economía moderna depende del libre comercio, de importaciones que dan opciones al consumidor y que obligan a las empresas a competir para ofrecer un producto mejor y más barato. Permite a los campesinos vender sus terrenos a las grandes compañías agrícolas eficientes y rentables. El país se hace más atractivo a las inversiones extranjeras y los grandes intereses públicos se venden al sector privado. Ofrece oportunidades de grandes cambios en la sociedad, donde el individuo es responsable de su destino.

La sociedad civil

▶ *Sector público, sector privado … ¿o el tercer sector?*

Pat Lenheiser

Mi interés en el microcrédito data de 1999 cuando leí que había un 'banco de pobres' en Tijuana. Yo estaba viviendo en San Diego y esa misma tarde fui a verlo y a conocerlo … Esta experiencia cambió mi vida.

Pensaba que las mujeres serían muy pobres, y en eso tenía razón, pero lo que me llamó la atención fue su actitud. Tenían un espíritu de confianza y de auto-suficiencia. aEse optimismo fue lo que me convenció. Invertí tiempo y mi propio dinero en proyectos al otro lado de la frontera. En diez años hemos prestado más de $800.000 a mujeres y familias.

Déjame explicar cómo funciona: El microcrédito presta entre 50 y 100 dólares a los más pobres, sobre todo a mujeres, para que establezcan un pequeño negocio. Por ejemplo, en México las mujeres hacen tortillas, cosen o venden ropa y crían cabras, gallinas o cerdos. Hay reuniones cada mes para hacer cuentas con el 'banco' que también sirven para juntar a las mujeres, así comparan experiencias y colaboran entre ellas.

Más que el dinero, lo que se valora es la dignidad que conlleva tener un trabajo y un papel en la comunidad y el hecho de 'ser alguien'. El 'banco' ofrece la oportunidad de independizarse, de lanzar un negocio y ganarse la vida.

¿Y el banco? El banco va muy bien, pero invertimos los intereses que recibimos en más proyectos. Resulta que los pobres son una inversión muy segura, ya que entre ellos es donde hay más potencial para la transformación y el crecimiento.

1 Lee el texto y contesta en español.

1 Explica lo que motivó a Pat a invertir en los pobres.

2 Explica cómo un banco de microcrédito es similar/diferente a un banco normal.

3 Según Pat, ¿cuáles son las ventajas del sistema?

4 ¿Qué piensas tú del microcrédito?

2 🔊 Escucha y contesta en inglés.

a What was her attitude to start off with and why?

b How much did she borrow, and how did she invest it?

c How much does she owe now?

d How is her business going? How can you tell?

Los comedores populares son una iniciativa propia de las mujeres de los barrios de Lima, la capital del Perú. Permiten a las mujeres trabajar sin tener que preocuparse por dar de comer a sus hijos, pudiendo así contribuir al presupuesto familiar. Se organizan por turnos en la cocina para preparar la comida para las familias de todas ellas. Las que preparan la comida ese día comen gratis y las demás contribuyen con una cuota para cubrir el coste de los ingredientes. El no tener que estar a la fuerza en la cocina libera la potencia económica de la mujer y estimula la generación de ingresos.

3 👤 Lee el texto sobre los comedores populares. Explica a un(a) compañero/a:

● ¿Qué son?

● ¿Cómo funcionan?

● ¿Quién participa y cómo generan beneficios?

La supuesta oposición entre el sector público y el sector privado se ha exagerado. Los dos sectores tratan a los ciudadanos como actores mudos en el drama entre gobierno e intereses comerciales. Vemos los polos divergentes de la provisión estatal y de la oferta y demanda del mercado. La sociedad civil puede intervenir entre los dos sectores para mejorar las condiciones de vida. Esta actúa muchas veces sin afán de lucro y sin que los otros dos sectores perciban su existencia.

Las organizaciones no gubernamentales, las empresas cooperativas, los sindicatos independientes, los movimientos de mujeres, las universidades y las iglesias, todos fomentan la democracia en lugar de la autocracia o la explotación. Un proyecto de investigación, una galería de arte, un comedor social, una guardería, un programa de alfabetización o de higiene no tienen que ser ni capitalistas ni estatales.

4 Lee el texto sobre la sociedad civil e interpreta las opiniones del autor. Utiliza estas frases para completar la tabla:

a da voz a los ciudadanos
b no quiere explotar a los ciudadanos
c fomenta la explotación
d se centra en las necesidades básicas
e fomenta la autocracia
f hay muchos ejemplos pequeños pero importantes
g se representa como la única alternativa a la intervención del gobierno
h no llama la atención

Desventajas del sector público	Desventajas del sector privado	Ventajas de la sociedad civil
		a

5a 🎧 Escucha. ¿Verdadero o falso? Corrige las frases equivocadas.

1 La fortuna personal de Carlos Slim es la tercera más importante en el mundo.
2 La familia de Slim emigró a Estados Unidos.
3 Slim empezó a comprar casas y terrenos.
4 El padre de Slim estaba paralizado.
5 Slim es muy patriota.
6 Slim hizo fortuna con la revolución informática.
7 Los mexicanos utilizan el móvil más que el teléfono fijo.

5b Lee las afirmaciones y decide si son positivas o negativas.

1 Slim es un ejemplo de cómo cualquier mexicano puede superarse.
2 Slim ha explotado la crisis económica para enriquecerse.
3 Slim ha invertido en su propio país para modernizarlo y mejorarlo.
4 Slim ha creado empleo y ha puesto en marcha servicios importantes.
5 En un país con tanta pobreza, es chocante tener tanto dinero.
6 Slim ha establecido varias fundaciones filantrópicas.
7 Slim se ha hecho rico, pero el país no ha cambiado.

6 💬 Escoge la opinión 1 o 2. Prepara tus argumentos. Haz un debate con tus compañeros/as.

> **¿Quién tiene la responsabilidad de ayudar a los pobres?**

Opinión 1

"Las organizaciones no gubernamentales tienen una independencia y juegan un papel importante en el apoyo de los desamparados."

Opinión 2

"Es una vergüenza que todavía nos haga falta el apoyo de las organizaciones caritativas. El gobierno debe proveer lo necesario para sus ciudadanos."

▶ *¿Más pobre, menos sano?*

Las enfermedades de los ricos y los pobres

Al contrastar las listas de las causas principales de muerte de América Latina y de Estados Unidos, los resultados son idénticos pero a la inversa. Las enfermedades intestinales transmisibles encabezan la lista en América Latina, seguidas por accidentes o muerte violenta. El cáncer y el infarto se relegan al tercer y al cuarto puesto. Todo lo contrario en el país norteño: Las enfermedades cardíacas y el cáncer son los responsables de la mayoría de las muertes; la violencia casi no figura, y la diarrea simplemente da lugar a chistes de mal gusto.

En los países menos desarrollados la diarrea no tiene nada de risible, porque las infecciones transmisibles por el agua matan cada año a millones, sobre todo entre los más jóvenes. El Banco Mundial ha reconocido el problema de la falta de acceso a agua limpia y ha animado a los gobiernos a otorgar la responsabilidad de la suministración del líquido vital a empresas privadas para que inviertan en la infraestructura requerida.

Empresas estadounidenses, francesas y británicas intervinieron en países como Bolivia y Argentina pero encontraron que aunque hay mucho trabajo que hacer, es difícil que los más pobres paguen la conexión al sistema, o que se permitan consumir el producto en grandes cantidades.

1a Lee el artículo y decide si las siguientes frases son verdaderas (**V**), falsas (**F**) o si no se mencionan (**NM**).

1 En América Latina las principales causas de muerte son evitables.

2 En América Latina las infecciones intestinales no son cosas de risa.

3 El Banco Mundial pide permiso a los gobiernos para instalar la infraestructura necesaria.

4 Las empresas a las que dieron las concesiones son extranjeras.

5 Es difícil sacar ganancias de los pobres.

1b Completa las siguientes frases con tus propias palabras según las ideas del artículo.

1 Las causas de muerte en América Latina y en Estados Unidos son …

2 La diarrea en Estados Unidos se reduce a …

3 En América Latina la diarrea …

4 Los que más sufren son …

5 El Banco Mundial quiere que los gobiernos …

6 El resultado de involucrar a empresas extranjeras ha sido …

1c Traduce el segundo párrafo del artículo al inglés.

2 Escucha a las personas 1–3. Decide a cuál corresponden las siguientes ideas.

Ejemplo: a = 2

a Se invierte para luego sacar beneficios financieros.

b Activa la economía local.

c La falta de agua limita las oportunidades de mejorar.

d Tiene en cuenta las necesidades de la población.

e Si cuesta demasiado, los pobres no beben el agua del sistema.

f La inversión es insuficiente.

g Puede causar protestas violentas.

h Puede superar problemas posteriores después de la inversión inicial.

i Beneficia al centro, pero no a la periferia.

3a Imagina las circunstancias de la vida de esta mujer. Escribe apuntes breves sobre su casa, su familia, su trabajo, su educación, sus posesiones, sus intereses, su pasado, su futuro …

3b Haz preguntas a un(a) compañero/a para descubrir lo que él/ella se imaginaba acerca de la foto.

3c ¿Cuáles de los siguientes factores crees que ayudarán a garantizar un futuro mejor a esta señora? Discútelo en grupos.

una cooperativa para vender artesanías
inversión del gobierno en el sector agrícola
alfabetización para adultos
la construcción de autopistas y aeropuertos
tener muchos hijos
su país se incorpora a una zona internacional de comercio libre
un sistema de seguridad social
una revolución
emigrar a los Estados Unidos

4 Escucha el informe. ¿Cuáles son las frases verdaderas? Corrige las frases falsas.

1 No hay ninguna correlación entre la educación y la salud.

2 Si no tienes un nivel educativo muy alto, es muy probable que no tengas buena salud.

3 Hicieron el estudio en 2005.

4 Hicieron el estudio en una universidad en Colombia.

5 El estudio descubrió que con educación mejoran las posibilidades de estar sano.

6 Si terminas la educación secundaria, a lo mejor vivirás hasta los sesenta y nueve años.

7 No hay ninguna diferencia en la salud de la gente con educación secundaria y la gente con un título universitario.

8 La gente con educación superior tiene más dinero para pagar los gastos médicos.

Ser culto te hace rico, ser rico te hace sano

Según los estudios ya comentados, si la gente tiene un nivel educativo más bajo:

- resultará improbable que tenga seguro médico
- lo más probable es que reciba cuidados médicos insuficientes
- será susceptible de obtener peores resultados de salud
- se expondrá a riesgos para la salud trabajando
- será más probable que tenga un empleo por turnos que afecta al ciclo de sueño
- a lo mejor tendrá un estilo de vida menos saludable

Por consiguiente, según el estudio de la universidad de Columbia, "es más probable que los adultos que no han logrado un nivel educativo alto mueran de repente de una enfermedad cardiovascular, de cáncer, de una infección, de enfermedad pulmonar o de diabetes".

5a Lee el informe y busca palabras o frases que signifiquen:

1 health insurance **4** health hazards
2 healthcare **5** shift work
3 health outcomes **6** unhealthy lifestyle

5b Lee el informe otra vez e debátelo con tu compañero/a. Explica qué correlación hay entre educación y salud como se describe aquí, y propón soluciones al problema. Utiliza las ideas de esta página para ayudarte con la discusión.

Gramática ➡ W58

'Si' clauses and sequence of tenses

Usually or probably:

If you do this ...

The verb in the 'si' clause will be in the **present** tense. The verb in the consequential clause will be **present**, **future** or **imperative**.

si + present tense + imperative, future or present tense

A Analyse the tenses of these examples, then translate them into English:

1 Si no ganas lo suficiente, tus hijos tendrán que trabajar para ayudarte.

2 Si trabajan, no van al instituto.

3 Si no estudian, no conseguirán un buen trabajo.

4 Si tienes la oportunidad, ¡estudia!

B Translate these sentences into English:

1 Si mi padre no trabaja, pasamos hambre.

2 Dime si puedes ayudar.

3 Si no hay políticas de seguridad social, los más vulnerables no reciben atención.

4 Hay que preguntar a los políticos si creen que es justo.

C Write these sentences in Spanish:

1 If you can buy maize cheaper than you can grow it, you can't survive as a farmer.

2 If you move to the city you will lose contact with your community.

3 If you can't feed your family, sell your land.

4 You can buy an imported car, if you have the money.

Remember:

If A happens, then B will happen = present indicative + future

If A happened/were to happen, then B might/could/would happen = imperfect subjunctive + conditional

Doubt or hypothesis:

If you did this ... If you were to do this ...

The verb in the 'si' clause will be in the **imperfect subjunctive** or the **pluperfect subjunctive**. The verb in the consequential clause will be in the **conditional**, the **conditional perfect**, or the **pluperfect subjunctive**.

Si + imperfect subjunctive + conditional

Si + pluperfect subjunctive + conditional perfect or pluperfect subjunctive

D Analyse the tenses and then translate these examples into English:

1 Si fuera a la ciudad, ganaría más dinero.

2 Si hubiera podido, habría ido a la ciudad

3 Si hubiera ido a la ciudad, hubiera ganado más dinero.

E Translate these sentences into English:

1 Si hubieran invertido más, habrían evitado la crisis.

2 Si lo hubiera sabido, no hubiera ido a la ciudad.

3 Si volviera a hacerlo, no cambiaría mi decisión.

4 No podría ayudarles, aun si quisiera.

F Write these sentences in Spanish:

1 If I had the money I would move to the USA.

2 The rich would have to eat money if the poor didn't give them food.

3 If I hadn't sold my land, I wouldn't be cleaning windscreens in the city.

Other hypothetical expressions:

There are several more conditional conjunctions which take the subjunctive when they have the meaning of *si* (if).

Como lo vuelvas a hacer, te castigaré.

Como si lo supiera todo ...

Con tal de que trabajes, podrás salir adelante.

Con que me presten el dinero, podré poner mi negocio.

Siempre que haya riqueza, habrá pobreza.

G Now translate each example into natural English.

Técnica

Defending and justifying your point of view

You have already begun to learn how to prepare an argument for the oral exam. Here's a reminder of what you have to do:

- **State your opinion.** State which opinion you are going to support, make an initial statement, give about four points supporting this standpoint and a one-sentence conclusion. Speak for no longer than one minute. (See page 20).

- **Support your argument.** Be ready to discuss your viewpoint with the examiner. You need to prepare reasons, examples and arguments to support your points (see page 29).

- **Defend your argument.** Predict the counter-arguments your examiner is likely to come up with and prepare your response, building up a bank of useful vocabulary to make this part flow smoothly. (See page 39). Here are some more useful phrases for responding to the examiner:

Yo no soy de la misma opinión, porque …
Sí, pero no hay que olvidar que …
¡En absoluto!
A lo mejor es verdad, pero …
Creo que ha habido un malentendido …
Incluso así …
No es eso lo que quería decir …

1 Read the two opposing opinions below and say which one you favour.

¿Cómo definir un país pobre?

Opinión 1

"México es uno de los países más ricos de Latinoamérica."

Opinión 2

"México es un país pobre porque un porcentaje importante de la población todavía vive en pobreza."

2 Do these arguments support opinion 1 or opinion 2?

a Más o menos, los niños de las familias más pobres pasan solamente dos años en la escuela.

b El sueldo medio es bastante alto comparado con otros países de Latinoamérica.

c Ahora exporta más a los Estados Unidos que Japón.

d Es uno de los productores de coches, piezas para coches, textiles, ropa, acero, etc. más importantes del mundo.

e El 52 por 1.000 de los niños de las familias más pobres mueren en la infancia.

f Veinticinco por ciento de los mexicanos ganan menos de dos dólares al día.

3 Read these counter-arguments for each of the two opinions. How will you respond? Remember to use some of the useful phrases given above.

Opinión 1

a Veinticinco por ciento de niños viven en la pobreza absoluta.

b Los 25 millones de mexicanos más pobres ganan menos que las 25 familias más ricas.

c Los niños más pobres tienen menos acceso a la educación.

Opinión 2

a La economía mexicana depende de su comercio con los Estados Unidos.

b El número de estudiantes en el sistema de educación se ha multiplicado por ocho desde 1950.

c Produce 70 por ciento de los televisores del mundo.

- **Research.** Although it is not necessary to quote large numbers of statistics to be able to present a good argument, it is helpful to have thoroughly researched the different topics you have studied, and have lots of information at your fingertips, before you go into the exam. You have learnt about research skills in Unit 6 and will learn more about using the internet for research in Unit 8.

4 Work with a partner. Each choose one of the opinions expressed below. Work through the steps above, practise presenting and defending your opinions, and countering arguments.

1 Es casi imposible salir de la pobreza absoluta – sin la educación adecuada, cuidados médicos y un empleo bien remunerado, ¿cómo puede mejorar la vida?

2 Aunque sea difícil, en un sistema económico que da la responsabilidad de su destino a sus ciudadanos, cada uno tiene la oportunidad de mejorar.

Vocabulario

Causas de la pobreza — *páginas 58–59*

el libre comercio	*free trade*
un fracaso	*failure*
el funcionario	*government employee*
la generación "ni-ni"	*NEETs (Not in Education Employment or Training)*
los ingresos	*income*
los intereses públicos	*public investments*
un postulante	*applicant*
un precio asequible	*affordable price*
el sueldo medio	*average salary/wage*
la tasa	*rate*
afincado en	*living in*
rentable	*profitable*
acabar con los sueños	*to ruin someone's dreams*
cursar un promedio de dos años en la escuela	*to spend an average of two years in school*
fomentar la democracia	*to promote/encourage democracy*
(algo) no tener nada de risible	*there's nothing funny about (something)*

La sociedad civil — *páginas 60–61*

las acciones	*shares*
la auto-suficiencia	*self-sufficiency*
los bienes raíces	*real estate*
un comedor social	*community kitchen*
el crecimiento	*growth*
la generación de ingresos	*income generation*
los inversiones	*investments*
el microcrédito	*microcredit*
los polos divergentes	*differing positions*
un programa de alfabetización	*literacy programme*
la sociedad civil	*the population/citizens/the man in the street*
invertir	*to invest*
prestar	*to lend*
superarse	*to better oneself*
filantrópico	*philanthropic*
sacudido	*shaken to the foundations/ rocked to the core*
actuar sin afán de lucro	*to act without the aim of making a profit*
contribuir al presupuesto familiar	*to contribute to the family budget/income*
hacer fortuna	*to make one's fortune*
lanzar un negocio	*to set up/launch a business*

La salud y la riqueza — *páginas 62–63*

el ciclo de sueño	*sleep cycle*
los cuidados de salud	*health care*
un empleo por turnos	*shift work/job*
la enfermedad pulmonar	*lung disease*
las enfermedades cardíacas	*heart disease*
las enfermedades intestinales transmisibles	*infectious diseases of the intestine*
la enseñanza superior	*higher education*
los gastos médicos	*medical costs*
el infarto	*heart attack*
una licenciatura	*degree*
los resultados de salud	*health outcomes*
la suministración	*administration*
los titulados universitarios	*graduates*
lograr	*to attain*
otorgar	*to grant/award*
evitable	*avoidable*
risible	*humorous*
a la inversa	*the other way round*
al contrastar	*on comparing*
adecuar el servicio al mercado local	*adjust one's service to the local market*
encabezar la lista	*to head/top the list*
ver ganancias	*to see a profit*

¡Entrénate!

Completa las frases con la palabra más apropiada de la lista de arriba.

1 Aunque México parezca bastante rico, una proporción alta de su población es (1) _____ en pobreza. Veinticinco por ciento de sus habitantes gozan de un (2) _____ de menos de dos dólares al día. El sueldo (3) _____ de 8.500 dólares al año no refleja la realidad actual. Parece un (4) _____ del (5) _____ libre.

2 Más que los gobiernos, la sociedad (1) _____ se interesa a invertir en la (2) _____. Desde las organizaciones de mujeres que empiezan un (3) _____ social, hasta las organizaciones no gubernamentales que inician programas de (4) _____, el objetivo es ayudar a la gente (5) _____.

3 En los países en vías de desarrollo, los problemas de salud son a la (1) _____ de los países más ricos, donde el cáncer y las (2) _____ cardíacas (3) _____ la lista. En los países más pobres la gente sufre más de las infecciones intestinales (4) _____, y el diarrea, porque faltan (5) _____ de salud adecuados.

8 Ley y orden

By the end of this unit you will be able to:

- Give examples of crime, especially committed by or affecting young people
- Discuss reasons for criminal and anti-social behaviour
- Debate measures to reduce crime and their effectiveness
- Consider alternatives to imprisonment, their appropriateness and effectiveness

- Use and avoid the passive voice
- Work with text from the Internet

¿No tendrá un diccionario?

1a Haz corresponder estas palabras con su equivalente en inglés.

> la policía   el crimen   recluso   jurado
> libertad bajo fianza   instrumento contundente
> el policía   delito menor   juez   culpable
> la cárcel   libertad condicional

> bail   crime   the police   the policeman
> prison   misdemeanour   parole   prisoner
> guilty   blunt instrument   judge   jury

1b Busca las palabras de la lista que corresponden a estas definiciones:

1 Es donde se envía a los condenados para castigarles, privándoles de su libertad.

2 Es un arma con la que se golpea.

3 Un persona que está internada en una cárcel.

1c Escribe la definición de tres palabras más.

1d Lee tus definiciones a un(a) compañero/a para que adivine la palabra correcta.

2a Escucha el reportaje. Escribe la cifra apropiada que corresponde a las distintas categorías.

1 El número de jóvenes que tienen miedo de ver un crimen.

2 La proporción de entrevistados que temen ser víctimas de un crimen.

3 El porcentaje de personas que ven los desechos en las calles como un problema grande.

4 El porcentaje de encuestados que temen ser víctimas de una agresión.

5 El porcentaje de jóvenes que piensan que el problema más grande es los grupos que andan por las calles sin hacer nada.

6 El número de personas a quienes no les gusta salir de noche solos.

7 El porcentaje de jóvenes que se sintieron inseguros de noche en el transporte público.

8 El porcentaje de entrevistados que prefieren salir con amigos o familia para sentirse seguros.

2b Escucha la primera parte otra vez. En orden de importancia, ¿cuáles son los problemas que más preocupan a los jóvenes entrevistados?

3 Discute con un(a) compañero/a. ¿Os preocupan las mismas cosas que a las personas entrevistadas en el sondeo?

Motivos para el crimen

▶ *¿Por qué algunos jóvenes se involucran en actividades criminales?*

LAS PANDILLAS DE MADRID

Tanto la Policía española como el público en general <u>tienen en el punto de mira</u> a dos pandillas juveniles de origen latino. En los suburbios de Barcelona y de Madrid, <u>se ha visto</u> un aumento constante en el número de delitos cometidos por integrantes de grupos como los Latin Kings y La Ñeta. Las pandillas comenzaron a <u>ocupar espacio</u> en la prensa después del asesinato del colombiano Ronny Tapias de 17 años. Fue confundido con un miembro de los Latin Kings al salir de un colegio en Barcelona. Fue asesinado por tres dominicanos vinculados a La Ñeta.

Después del asesinato de Ronny, fue creado un grupo especializado en controlar y reprimir la actividad de las pandillas. Según datos recientes, entre el 2% y el 5% de todos los delitos cometidos en la ciudad los fines de semana los <u>protagonizan</u> integrantes de los Latin Kings y La Ñeta. Entre ellos, el 80% son riñas con grupos rivales.

Los Latin Kings existen desde los años 40 en los Estados Unidos y La Ñeta surgió de las prisiones de Puerto Rico hace 40 años. Las pandillas españolas están vinculadas a sus homónimos extranjeros, pero entre ellas hay inmigrantes de diferentes orígenes, principalmente ecuatorianos y colombianos.

1a Lee y contesta en inglés. Intenta dar respuestas detalladas.

  a Who is worried about gangs in Spain?

  b What brought the problem to public attention?

  c What are the police doing?

  d What do the statistics show?

  e What do the gangs have in common with their American counterparts?

1b Explica en español las frases que contienen palabras subrayadas sin utilizar estas palabras.

1c Busca tres frases con verbos en voz pasiva. Escribe estas frases en voz activa.

  Ejemplo: *Fue condenado: Le condenó el juez.*

2a Escucha el programa con llamadas del público sobre los jóvenes y el crimen. ¿Cuáles son las nueve razones para involucrarse en el crimen que se mencionan? Escribe una lista.

2b Escucha el programa otra vez. Luego, selecciona la alternativa que mejor convenga para completar la frase, A, B o C.

  1 David piensa que
    a los jóvenes no respetan a los otros miembros de la comunidad.
    b los padres controlan suficientemente a sus hijos.
    c se puede echar la culpa completamente a los profesores.

  2 Según David, en vez de pasar tanto tiempo en la calle,
    a los jóvenes deben quedarse en casa.
    b sería mejor hacer deporte.
    c se debe poner los jóvenes en prisión.

  3 Lorena opina que
    a el asunto es muy claro.
    b los jóvenes no tienen muchas alternativas al crimen.
    c hay bastante trabajo para todos los jóvenes.

  4 La doctora Espinosa dice que los delincuentes juveniles
    a maltratan a sus madres.
    b a menudo vienen de familias con múltiples problemas.
    c imitan a sus padres.

  5 Según la doctora, a los jóvenes les gusta
    a tomar riesgos.
    b escuchar a sus padres.
    c emborracharse.

Así recluta el narco a niños y jóvenes

Desde los nueve años, algunos niños mexicanos ya están <u>escalando la pirámide criminal</u>. Empiezan como informantes, ganando entre dos mil y cinco mil pesos; una vez comprobada su lealtad, se vuelven reclutadores, distribuidores de droga y después ayudantes en levantones. Pueden ascender todos estos puestos en menos de tres meses y convertirse en sicarios. "Siempre y cuando aguanten el peso de la pistola, hay lugares del país, en la zona norte por ejemplo, en donde niños de nueve a 12 años ya están en el circuito del sicariato" describió Pedro José Peñaloza, doctor en ciencias penales y política criminal. Los reclutados son niños, niñas y jóvenes, expulsados de las instituciones, <u>carentes de oportunidades sociales y económicas</u>. Víctimas de la desatención social, y el motor que los empuja se llama: rencor social.

Así, advirtió el doctor Peñaloza, están en riesgo de <u>caer en el entramado del crimen organizado</u> a los que él llama "desafiliados institucionales", los conocidos como 'ninis', jóvenes que ni estudian, ni trabajan. Y aquí el ancla que ata a los jóvenes en las redes del crimen organizado es precisamente, detalló el doctor, el sentido de pertenencia que les otorga, ese que no les dio ni la familia, ni la escuela, ni la comunidad.

3a Lee el informe y traduce las palabras subrayadas al inglés.

3b Lee otra vez y contesta a las preguntas en español.

1 ¿Cuántos años tienen los jóvenes mexicanos cuando empiezan a involucrarse en actividades criminales?

2 ¿Cómo entran en esta vida?

3 Identifica dos de las tareas que hacen los jóvenes.

4 Identifica dos de las razones para involucrarse en la vida criminal.

5 ¿Ser parte de las bandas le da al joven cuál beneficio?

3c Haz frases completas emparejando las dos partes. ¡Cuidado! Sobran segundas partes.

1 Los niños se involucran en actividades criminales …

2 Después de mostrar que son leales …

3 Los asesinos …

4 Los jóvenes 'ni-nis' …

5 Los niños no se sienten a gusto …

a son niños muy jóvenes.

b desde los nueve años.

c pueden repartir drogas.

d ganarán más dinero.

e ni tienen trabajo ni van al colegio.

f en sus familias y comunidades.

g desde los doce años.

h son siempre personas mayores.

4a Escucha el reportaje sobre los crímenes de arma blanca en Gran Bretaña. Responde a las preguntas con la cifra apropiada.

1 El número de jóvenes asesinados por arma blanca en Londres el año pasado.

2 La proporción de muertes en Londres comparado con el Reino Unido en total.

3 El número de ataques con arma blanca en todo el país en 2007.

4 El número de personas heridas con objetos punzantes tratados en hospitales.

5 La posición de prioridad de casos de armas blancas para la policía.

6 El número de agentes de la Unidad Antiterrorista que ahora trabajan en estos casos.

4b Escucha el reportaje otra vez y completa el siguiente texto, escogiendo la palabra o frase más apropiada para rellenar los espacios.

A algunos jóvenes les (1) …… necesario llevar un arma blanca. Por eso han (2) …… un gran número de (3) …… mortales el año pasado, la mayor parte en Londres. La situación está (4) …… como muy grave por la policía; aún los (5) …… han sido (6) …… a esta operación desde la Unidad Antiterrorista ella misma.

agentes	apuñalamientos	asignados
considerada	despedidos	informado
jóvenes	parece	resulta	sucedido

5 Debate con un(a) compañero/a. Explica y justifica tu argumento en favor de uno de estos puntos de vista. Responde a las preguntas de tu compañero/a.

Portar un arma blanca: ¿es un crimen o una medida de seguridad?

Opinión 1

"Los jóvenes tienen miedo a salir por los lugares peligrosos de su ciudad. Por lo tanto, es mejor llevar un arma blanca para poder defenderse."

Opinión 2

"Para los jóvenes, llevar un arma blanca es una mala idea porque no te protege sino que hace más probable que te ataquen."

Cómo reducir el crimen

▶ *¿Son efectivas las contramedidas al crimen?*

1a 🎧 Escucha los dos reportajes. ¿Cuál (A o B) trata sobre …?

1 la ineficacia de cámaras de vigilancia

2 nuevos poderes contra el crimen

3 la explicación del índice bajo de detección

4 establecer límites al poder de las autoridades

5 la vigilancia en los lugares públicos

6 la diferencia entre sentirse más seguro y estarlo

1b 🎧 Escucha otra vez. Estas frases son el resultado de un malentendido. Explica lo que quieren decir realmente:

1 Las estatuas del museo serán destruidas dentro de una semana.

2 El museo tiene obras de arte que representan a gente en situaciones íntimas.

3 Hay placas que explican las obras de arte.

4 Las cámaras en el centro de Málaga han detectado 18 delitos.

5 Han escrito un libro sobre los robos.

6 En cuanto te sientas seguro, vendrá la policía.

Vida loca – 'videojuego' nuevo para luchar contra la violencia

A Con la intención de llegar a un público adolescente una ONG hispanoamericana ha escogido la apariencia de 'Gran Theft Auto' (GTA), un juego de ordenador y consola protagonizado por pandilleros, para un nuevo 'videojuego' que se llama "Vida loca".

B Para conseguir alcanzar a esta audiencia, la ONG presenta campaña como si se tratara del anuncio televisivo de una verdadera novedad en la industria de los videojuegos. Pero tras el nuevo videojuego "Vida loca" se esconde un mensaje dirigido a describir la realidad de la violencia callejera. Una realidad que se ha convertido, según la organización, en la "razón de ser y morir de muchos jóvenes en América Latina".

C "Vida loca" relata la historia de un menor que presencia el asesinato de su hermano a manos de una pandilla. Para ejecutar su venganza, decide ingresar en el grupo adversario de los pandilleros que acabaron con la vida de su familiar. Pero con esta decisión sólo consigue contagiar su rabia a otras personas.

D Los miembros de las bandas suelen tener entre 16 y 21 años. El 95% de ellos no alcanza la treintena. Por eso Intervida ha decidido dirigir la campaña a adolescentes entre los 14 y 17 años.

E A través de un 'teaser cómic' en blanco y negro – donde el color solo aparece para destacar la sangre de los disparos – la ONG describe la espiral de venganza y violencia que conduce a los jóvenes a ingresar en estas bandas.

2a Lee el reportaje. Decide en cuál de los párrafos se menciona la siguiente:

1 La edad, por término medio, del público meta.

2 El significado oculto del videojuego.

3 La razón de crear Vida loca.

4 Cómo la ONG promocionaba Vida loca.

5 El único momento en que se usa color en el video.

6 La historia del protagonista de Vida loca.

7 Cómo los jóvenes caen en el entramado de los grupos criminales.

2b Lee el reportaje de la página 70 otra vez y corrige los errores en las frases siguientes.

1 "Vida loca" es un videojuego parecido a Gran Theft Auto.
2 "Vida loca" es un verdadero videojuego nuevo.
3 "Vida loca" describe una batalla ficticia entre pandillas.
4 "Vida loca" cuenta la historia de un joven que mata a su hermano.
5 Para vengar la muerte, el joven se hace miembro de la pandilla que mató a su hermano.
6 La campaña publicitaria tiene por audiencia los jóvenes de entre 16 y 21 años.
7 95% de los miembros de tales grupos mueren después de cumplir treinta años.

2c Traduce las siguientes frases al español. Utiliza el reportaje para ayudarte.

1 In this video, the violent reality of gang life is described.
2 To avenge the killing of his sister, the youth joined a gang.
3 The publicity campaign was aimed at young people under 17 years old.
4 The road to joining a gang is seen as a downward spiral of violence.

3 ¿Cuáles de las medidas siguientes son las más eficaces para combatir el crimen? ¿Hay otras? Discútelo con un(a) compañero/a.

programas de deporte

campamentos para jóvenes maleducados

videojuegos como Vida loca

circuito cerrado de televisión (CCTV)

comunidades cerradas

el toque de queda para los jóvenes

aumentar el precio de las bebidas alcohólicas

OxBox Se puede encontrar más información sobre el tema de contramedidas alternativas al crimen en Hoja 8.1.

4a Lee el texto y traduce el último párrafo al inglés.

Otra muerte, otra vergüenza (otro escándalo)

Adam apenas tenía 14 años cuando se ahorcó, convirtiéndose en la persona más joven en morir bajo custodia policial en Gran Bretaña. Desde 1990, 25 chicos han muerto en estas circunstancias. Un total de 2.637 menores de 18 años están retenidos en centros de detención supuestamente seguros; el número se ha duplicado en tan sólo una década. Tales estadísticas, combinadas con el alarmante número de suicidios, han provocado muy pocas respuestas y reacciones oficiales. Bajo una orden que pronto será ley, estará permitido someter a los jóvenes a registros rutinarios en los que tendrán que estar desnudos, se les podrá encerrar en sus celdas durante más horas y tendrán acceso a menos educación.

A los niños menores de 14 años no se les debería juzgar bajo un sistema criminal diseñado para adultos. Si es necesario mantenerles bajo vigilancia, deberían ser custodiados por las autoridades locales y no por unas instituciones que imiten a las cárceles para adultos, donde los adolescentes se sienten desesperados y están lejos de sus familias. Cuando la diferencia entre vulnerabilidad y criminalidad no es más que un hilo, sólo puede haber un principio que lo guíe … El deseo de castigar a los jóvenes jamás debe eclipsar su derecho a la vida.

4b Contesta a las preguntas en español.

1 ¿Por qué es tan chocante el caso de Adam?
2 ¿Qué demuestran las estadísticas?
3 ¿Qué van a hacer las autoridades?
4 ¿Cuáles piensas que pueden ser las consecuencias?
5 ¿Qué dice de los menores de catorce años?
6 ¿Qué importancia tiene la localidad de la institución?
7 ¿Los jóvenes delincuentes son víctimas?
8 ¿Cuál piensas que puede ser la solución?

5a Escucha y contesta a las preguntas.

1 ¿Cuáles son los cuatro motivos para denunciar el crimen?
2 ¿Cuáles son los tres motivos para no hacerlo?

5b Discute en grupos los motivos a favor o en contra de denunciar a las autoridades el crimen descrito en la actividad 5a. Considera:

● Si tú fueras la víctima, ¿irías a la policía?
● ¿Conocer a tu agresor cambiaría tu decisión?

Da por lo menos cuatro razones que justifiquen tu decisión. Prepárate para responder a los puntos de vista de tus compañeros/as.

El crimen y el castigo

▸ ¿Cuáles son las alternativas a la cárcel?

¿Qué tiempo hace en Alcatraz?

1a Haz corresponder los párrafos del texto con los argumentos siguientes:

1 Encarcelar a los criminales es un concepto anticuado.
2 Es necesario que enseñemos a los criminales cómo vivir honestamente.
3 Las cárceles no rehabilitan a los criminales actualmente.
4 Aunque sea importante castigar al criminal, también hay que evitar que reincida.
5 Necesitamos un nuevo enfoque.
6 Los criminales deben poder volver a considerarse miembros de la sociedad.
7 Necesitamos una solución que cree una sociedad más civilizada para todos.

1b 🖾 Lee otra vez los párrafos a y b. Explica con tus propias palabras a un(a) compañero/a bien el problema bien la solución sugerida.

a Hemos heredado el sistema carcelario de los tiempos más primitivos. Se dice que las cárceles existen para rehabilitar a los trasgresores, pero todos sabemos que no sirven para eso. Las actitudes del público y de la prensa demuestran su verdadera función: Son un instrumento de castigo y venganza hacia los que amenazan a la sociedad. Claro, a corto plazo, ponen bajo siete llaves a los infractores, pero es más importante satisfacer la indignación moral de una sociedad insegura.

b En lugar de prisiones, necesitamos inaugurar pequeñas comunidades, quizás con gente que viva voluntariamente con los presos, con personas dispuestas a compartir su vida con ellos. Sea por vocación o por dinero, pondrían las pautas de una sociedad honesta, decente, compartida, una sociedad que se extiende más allá de los centros de detención, y nos hace a todos más comprensivos, más civilizados.

c Tenemos que cambiar la filosofía del castigo. Aunque la mayoría de la población cree que los criminales merecen ser castigados, el objetivo de la justicia debería ser el de neutralizar, en la medida de lo posible, los efectos de los crímenes cometidos y reducir la probabilidad de que se repitan.

d En primer lugar, el delincuente tiene que ver el sistema judicial no como su enemigo contra quien lleva una batalla constante, sino como un proceso que le permita reintegrarse en la sociedad.

2a Escucha la entrevista. Escoge una frase adecuada para completar cada frase.

1 La justicia restaurativa es
  a un concurso de restaurantes.
  b una manera nueva de hacer la justicia.
  c una teoría.

2 Durante el proceso el ofensor
  a debe disculparse ante su víctima.
  b estar sentado enfrente de su víctima.
  c ser consciente de las consecuencias de sus actos.

3 El ofensor y la víctima
  a se saludan dándose la mano.
  b se enfrentan con sus partidarios.
  c participan en una reunión ordenada.

4 El ofensor
  a pide perdón para sus acciones.
  b aclara las razones por las que cometió sus acciones.
  c explica la historia de su vida.

5 La víctima
  a explica el efecto que ha tenido el crimen en su vida.
  b pronuncia sentencia contra el ofensor.
  c tiene un impacto en la vida del ofensor.

6 El proceso
  a ha tenido bastante éxito en el Reino Unido.
  b fue evaluado en 1998.
  c se originó en el Reino Unido.

2b Escucha otra vez e identifica las palabras o frases españolas que significan las siguientes palabras en inglés.

1 justice system
2 confront
3 offense
4 offender
5 supporter
6 re-offend

2c Explica a un(a) compañero/a las diferencias entre la justicia restaurativa y la justicia penal tradicional. Discute la eficacia de los dos métodos. Utiliza las ideas de la entrevista para ayudarte.

Los Módulos del Respeto

"Hogar, dulce hogar" dice el mensaje en la alfombra, pero se trata de la puerta de una celda en la cárcel de Mansilla de las Mulas en León. Aquí el gobierno ha implantado los 'módulos del respeto' donde los reclusos ganan calidad de vida a condición de cumplir con sus responsabilidades hacia los demás. El programa incluye trabajo, estudio y ocio. Los internos firman voluntariamente un contrato. Se comprometen a respetar las reglas. Los horarios son estrictos, pero los presos lo prefieren así. "Sabes que estás en la cárcel, pero la actividad te alivia" señala Santiago Jiménez. Condenado por narcotráfico, ahora ha comenzado a estudiar Derecho y quiere "cambiar de bando". Quiere dejar de ir en contra de la justicia y empezar a estar con ella.

3 Lee y contesta en inglés.

1 What is surprising about the door mat?
2 Why are they called *módulos del respeto*?
3 Why do the prisoners not mind the strict timetable?
4 How has Santiago changed sides?

4a Haz corresponder las palabras con las descripciones.

> control telemático   táctica de tolerancia cero
> una sentencia para realizar servicios comunitarios
> una sentencia suspendida

1 Un delincuente, en vez de cumplir una sentencia en la cárcel, tiene que hacer trabajo en beneficio de la comunidad.
2 El ofensor tiene que llevar un brazalete electrónico controlado mediante GPS para regular su posición.
3 El ofensor no ingresa en la cárcel a cambio de controles rigurosos de su situación.
4 El enfoque de la policía en los crímenes 'pequeños' que tienen un impacto en la calidad de vida de los ciudadanos como la borrachera y el vandalismo.

4b Traduce las palabras en el cuadro de la actividad 4a al inglés.

5 Escoge una de las medidas alternativas a la justicia tradicional. Prepara una presentación de un minuto explicando por qué es una solución preferible. Responde a las preguntas de tus compañeros/as.

¡Atención, examen!

Gramática

The passive

- The passive voice is formed using the verb *ser* and the past participle. Once *ser* has been put into the right form, the past participle is added. However, as the verb 'to be' is being used, the past participle may have to be changed to agree.

  El ladrón fue detenido.   La niña fue secuestrada.

- Remember that *se* can be used to avoid the passive in many cases in Spanish:

  Prison is presented as the only solution.
  La cárcel se presenta como la única solución.

A Complete the Spanish version of the explanation, using the passive voice. Notice how *se* has been used to avoid the passive in two cases.

La voz pasiva __(formar)__ utilizando el verbo 'ser' y el participio pasado. Una vez se haya puesto el verbo 'ser' en su forma correcta, se agrega el participio pasado. Sin embargo, puesto que el verbo 'ser' __(utilizar)__ , el participio pasado puede tener que __(cambiar)__ para acordarse.

B Which of these are examples of the passive voice? Which past participles have had to agree? Where the example is not the passive voice, what tense is it?

1 Fue condenado a diez años de cárcel.
2 Fueron acusados por abuso de menores.
3 Han sido detenidos por la policía.
4 La policía ha detenido a dos sospechosos.
5 Al haber sido detenido, llamó a su abogado.
6 Ser encarcelada fue una etapa importante en su proceso de reforma.

C Translate these sentences into Spanish:

1 He was detected by the FBI.
2 The recordings will be destroyed.
3 The attack was committed by a door to door salesman.

D Use the passive and the '*se* construction' to rewrite these sentences in two different ways.

Ejemplo: Condenan a los infractores. *Los infractores se condenan./Los infractores son condenados.*

1 Describen los crímenes con detalles espantosos.
2 Asaltan a los que abandonan las pandillas.

3 Vigilan a los jóvenes en la calle.
4 Han detenido a un sospechoso.
5 Iban a repartir una foto de la víctima.

- Note the usage of *ser* and *estar*:

  La ventana fue rota (por el niño que lanzó una piedra contra ella) = action

  La ventana estaba rota (porque un niño había lanzado una piedra contra ella) = state

- You can also avoid using the passive by using the third person plural with an active verb:

  Los criminales fueron condenados a cadena perpetua.
  Condenaron a los criminales a cadena perpetua.

E Rewrite these sentences, avoiding the passive.

1 El crimen fue resuelto por medio de psicología y ciencia forense.
2 El delincuente fue detenido y luego, desgraciadamente, se suicidó en su celda.
3 La violencia es explotada hipócritamente mientras es pretendido hacer campaña en contra.
4 La amenaza de las pandillas es vista como lo más grande que es mostrado por las estadísticas actuales.
5 Las actividades de las bandas de narcotraficantes fueron trasladas a nuevos territorios.

F Translate this paragraph into Spanish in two ways, first using the passive, then avoiding it.

The criminal was detained by the police whilst the robbery was in progress. He was taken to the police station and charged with the crime. During the trial he was sentenced to five years in prison by the judge. Under the new scheme operating in the prison his rehabilitation was effective, and his aim of becoming a sports instructor was realised.

- The passive can also be avoided by using *se* where in English we would use 'one' or 'you/we'.

  Se ruega no fumar.
  Aquí se habla español.
  Hay que, meaning you have to do something, is a very useful impersonal expression.
  Hay que cumplir con la ley.

G Write a list of rules for a prisoner on parole using the following impersonal expressions.

se debe	se prohibe
se puede	se ruega
no se puede	hay que

Técnica

Working with texts from the Internet

Internet texts can be valuable sources both of information about a subject, and of new vocabulary and structures to increase your language knowledge. Here are some 'dos' and 'don'ts' on how to make the most of a text from the Internet (refer to page 55 for how to search the net for information).

✗ Don't copy and paste without reading it first!

✔ Skim-read the whole text before copying and pasting it into a Word document. You need to make sure it is appropriate for your purpose. Remember to copy the web address so that you can return to it if you need to.

✗ Don't spend time trying to understand every single word of the text. Some of it might not be relevant anyway.

✔ Look for key words or phrases, identify which sections are relevant to you and highlight them in your document. Try and guess the meaning of words from context. Only use a dictionary to look up:

- unfamiliar vocabulary that prevents you from understanding the gist of the text
- unfamiliar link words (you need to make sure you understand how sentences relate to each other as this might determine meaning).

✔ Do use a good online dictionary with a discussion forum to double-check nuances of meaning, and to ask other native speakers about current usage.

✗ Don't copy whole passages from the text into your own document, unless you are quoting from it, in which case, use quotation marks and name the author.

Como dice (author's name), en un texto que trata de (topic): 'los criminales juveniles a menudo vienen de familias disfuncionales … etc' (quote)

Not quoting your source is plagiarism, in other words passing off another author's work as your own, which is a very serious academic crime.

✔ When using a text for its ideas, make a note of its main points in your own words.

Según (author's name), el Cubano Luis Felipe inventó las reglas de los Latin Kings en la cárcel …

✗ Don't believe everything you read! Cross-check by searching again if you are in doubt.

✔ Be critical, cross-reference with other texts and be aware that meaning can be implied as well as explicitly stated. Read 'between the lines' to pick up information or deduce the author's point of view and opinions. Consider the use of tenses for instance (e.g. the conditional).

Finally, don't forget that, even if you are using information from the Internet or other sources, what the examiner is interested in are your views and opinions. Don't forget to make them clear!

Coincido con el autor en que …
Al contrario del autor, opino que …

❶ You have been asked to research reasons for youth participation in crime in Mexico and to present your findings in a short text. Practise the advice given above to present the information from this text in your own words. It has been taken from a news item on the Internet.

> #### El crimen organizado, el único que ofrece alternativas a los jóvenes
>
> *Ciudad de México (CNN México)*
>
> *Por Diana Amador, Miércoles, 25 de agosto de 2010 a las 18:41*
>
> No existen cifras exactas sobre el número de jóvenes mexicanos que no estudian ni trabajan, pero lo cierto es que el crimen organizado les está dando las oportunidades que la sociedad y el Estado les han negado, según los especialistas.
>
> Carlos Cruz, director de la asociación *Cauce ciudadano*, señala que la población de entre 14 y 29 años que no ha encontrado espacios en las instituciones educativas ni en el mercado laboral "se han convertido en la carne de cañón de esta guerra (contra el narcotráfico). Son jóvenes los soldados, son jóvenes los sicarios, son jóvenes los que mueren por balas perdidas, son jóvenes los que tienen miedo de salir de sus casas … son los más afectados".
>
> En conferencia de prensa, Nashieli Ramírez, de la organización *Ririki*, detalló que en los últimos años se ha visto un descenso en la edad de quienes son captados por el crimen. "Cada vez son más niños. Antes estaban en un rango de entre 17 y 20 años, y ahora están entre los 12 y 15 años de edad", detalla Ramírez.
>
> Refirió que, según la encuesta de *Desigualdad y exclusión educativa* realizada por la SEP, en 2009 un 20% de los jóvenes decía que tenía acceso a las drogas en su escuela, mientras que este año la cifra es de 50 por ciento. "Esto obviamente habla de un incremento en el pandillerismo, relacionado también con la deserción escolar. Es un círculo vicioso que sólo con programas integrales puede combatirse".

❷ Now carry out your own research using the Internet. Select a text to sum up in your own words following the above advice and that on page 55.

Vocabulario

Motivos para el crimen — *páginas 68–69*

un arma blanca	*knife or sharp weapon*
armas de filo	*sharp-edged weapons*
un asesinato	*murder*
un delito	*crime/offense*
un distribuidor	*dealer*
los encuestados/ entrevistados	*interviewee*
un integrante	*member*
un levantón	*abduction*
un modelo a imitar	*role model*
un reclutador	*recruiter*
un sicario	*assassin*
un/una sinvergüenza	*shameless person/scoundrel*
un testigo	*witness*
ansiar	*to long for*
involucrarse en	*to get involved in*
merodear	*to hang around*
acuchillado	*stabbed*
alborotador	*rowdy*
vinculado	*connected/linked*
a las piñas	*with fisticuffs*
a navajazos	*with knife blows*
pertenencia	*belonging*
travesura	*mischief*
perder la vida acuchillado	*to be stabbed to death*
recibir una paliza	*to get beaten up*

Cómo reducir el crimen — *páginas 70–71*

agravio	*insult*
el agresor	*assailant*
las cámaras de videovigilancia	*CCTV cameras*
la contramedida	*countermeasure*
un disparo	*shot*
el familiar	*relative*
la fechoría	*misdemeanour*
el índice	*index/rate*
un núcleo	*centre*
un registro rutinario	*routine search*
el toque de queda	*curfew*
la ubicación	*location*
la violencia callejera	*street violence*
ahorcarse	*to hang oneself*
destacar	*to emphasise*
ingresar	*to join*
presenciar	*to witness/be present at*
atendido por	*helped by*
por doquier	*everywhere*

conseguir alcanzar a esta audiencia	*to manage to reach this audience*
ejecutar su venganza	*to carry out one's revenge*
mantener bajo vigilancia	*to keep under surveillance*
el poder de disuasión	*deterrent power*

El crimen y el castigo — *páginas 72–73*

el brazalete electrónico	*electronic tag*
el delincuente	*criminal*
el infractor	*offender*
el interno	*inmate*
el ofensor	*offender*
el partidario	*supporter*
el preso	*prisoner/inmate*
el recluso	*inmate/prisoner*
una revisión	*review*
el sistema cárcelario	*jail system*
el transgresor	*lawbreaker*
meterse en un lío	*to get into trouble*
poner bajo siete llaves	*to hide away*
poner las pautas de una sociedad honesta	*to set the standards of an honest society*
una sentencia para realizar servicios comunitarios	*community sentence*
la sentencia suspendida/ libertad condicional	*suspended sentence*
táctica de tolerancia cero	*zero tolerance policing*
tocar fondo	*to hit the bottom*

¡Entrénate!

Completa las frases con la palabra más apropiada de la lista de arriba.

1 Los casos de (1) _____ perpetrados por (2) _____ de bandas juveniles es un factor alarmante en el aumento de crimen en España. Los jóvenes (3) _____ por una vida más emocionante, y (4) _____ en las pandillas les dan un sentido de (5) _____

2 Las (1) _____ al crimen como las cámaras de (2) _____ no son una (3) _____ completamente efectiva. Los pandilleros, cuando saben la (4) _____ de las cámaras, simplemente trasladan su violencia (5) _____ a otro sitio.

3 El sistema (1) _____ crea criminales. Ponemos un grupo de (2) _____ con problemas similares y los aislamos de la sociedad civil. Mejor que los (3) _____ hagan una sentencia para realizar (4) _____, quizás llevando un (5) _____, y que aprendan a vivir en la comunidad civil.

9

Avances científicos, médicos y tecnológicos

By the end of this unit you will be able to:

- Talk about technology in the home and workplace, including IT
- Discuss the developments in space and satellite technology
- Understand the importance of medical research
- Discuss the ethical issues linked to scientific and technological progress

- Express yourself using a variety of future tenses
- Use strategies while debating

1 Escucha y relaciona cada pasaje con una imagen.

2a Lee esta lista de palabras. Adivina el significado y luego búscalo en un diccionario. Anota el equivalente en inglés y aprende las diferencias de ortografía y pronunciación.

a la clonación
b el ordenador/internet
c el ADN
d la energía nuclear/solar/eólica
e el pequeño electrodoméstico
f las prótesis
g la nanotecnología
h el móvil
i los alimentos transgénicos (OMG)
j la reproducción asistida
k las misiones espaciales

2b Escucha y relaciona cada opinión con un tema de la lista. ¡Ojo! sobran tres.

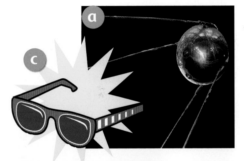

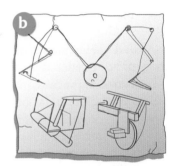

En el hogar y en el trabajo

▶ *¿Son útiles los avances tecnológicos, o simplemente nos fascinan?*

1a Lee las descripciones. Decide cuál se refiere a:

a la bioquímica   **b** las compras   **c** el transporte   **d** la cocina   **e** la moda

1 El troncomóvil del siglo XXI – el primer superdeportivo con carrocería y chasis realizado íntegramente en madera se llama Splinter. Alcanzará una velocidad máxima de 380km/h y podrá pasar de 0 a 100km/h en poco más de tres segundos. ¿Cómo reaccionará en caso de choque, fuego o termitas? ¡Son unas preguntas que los expertos dicen tener controladas!

2 Un tercer brazo imprescindible – el artilugio que revolucionó la forma de hacer mayonesa data de 1959 y es obra del diseñador industrial Gabriel Lluelles de Barcelona.

3 Hay plantas modificadas genéticamente que pueden detectar el TNT y otras sustancias químicas contenidas en minas antipersona escondidas bajo tierra. La planta cambia de color o de forma avisando de la presencia de este arma horrorosa que se cobra la vida de unas 20.000 personas al año.

4 Es un paraguas que no se da la vuelta, un ingenioso dispositivo que se llama 'la nubrella'. Este paraguas es plegable y está hecho de nailon, aluminio y poliuretano. Lleva un sistema de varillas especial que impide que se dé la vuelta con el viento.

5 Los supermercados británicos Tesco han diseñado el primer carrito de la compra que ayuda a hacer deporte mientras se empuja. El Tesco trim trolley incorpora un monitor que controla las calorías consumidas, las pulsaciones, la velocidad y el tiempo.

1b 🧑 Clasifica los aparatos del más útil al menos útil en tu opinión. Luego compara tu lista con la de un(a) compañero/a.

1c 🄳 Busca sinónimos para las siguientes palabras.

> unas preguntas   imprescindible
> artilugio   sustancias   escondidas
> impide   diseñado   controla

1d Completa las siguientes frases relacionadas con los textos.

1 Cuando (ir) de compras podrás hacer ejercicio al mismo tiempo.

2 La planta cambiará de color en cuanto (detectar) la presencia de una mina.

3 Dentro de un siglo la ciencia ficción (convertirse) en realidad.

4 Supongo que ya (comprarte) el último modelo de paraguas.

5 Sírveme la mayonesa en cuanto la (hacer).

2a Escucha los anuncios e identifica el tema.

1 la moda

2 los parques temáticos/el turismo científico

3 la lectura

4 la telecomunicación

5 la salud (medicina)

6 la biomecánica

7 un juguete

8 los materiales químicos

2b Escucha otra vez y decide cuál de las opiniones 1–8 de abajo corresponde a cada anuncio.

1 ¡Qué buena idea la del profesor Hawking que ha escrito una novela infantil para que los niños se apasionen por la ciencia!

2 Me parece fenomenal que los museos de hoy en día tengan una tecnología capaz de entretener hasta al chico más travieso de la clase y enseñarle un montón de cosas.

3 Tales juguetes no enseñan nada ni valen la pena – son una pérdida de tiempo.

4 Los tejidos ecológicos ya han subido a las pasarelas y pronto se llenarán nuestros armarios de tejidos reciclados y libres de pesticidas.

5 Cualquier artilugio que permita que un discapacitado se desenvuelva más fácilmente en la vida diaria merece toda la inversión posible.

6 Todo lo que pueda ayudar a remediar enfermedades hasta ahora incurables tiene que ser un beneficio para la sociedad.

7 Cada vez más, la ciencia ficción se hace realidad.

8 En menos de cien años los plásticos han cambiado la sociedad, al poner al alcance de todos muchos productos que antes eran caros o no podían comercializarse.

3a Escucha esta noticia sobre el taller del siglo XXI. Mira la lista y escoge las cuatro frases correctas según lo que oyes.

1 El taller tradicional pronto desaparecerá.

2 El ordenador ya puede reparar el coche.

3 El mecánico se viste de blanco.

4 Es más importante ser un buen mecánico que saber manejar el ordenador.

5 Cuesta menos cuando se usan los chips.

6 Nadie sabe cómo funcionan los coches nuevos.

7 Las grandes empresas tienen el monopolio sobre la tecnología.

8 El dueño del coche queda en manos de las agencias oficiales.

9 Hoy día los motores son irrompibles.

10 Los países pobres sufren porque no pueden usar los coches último modelo.

3b Escucha otra vez. Corrige las frases falsas o ambiguas.

4a Escucha y anota cinco cambios para cada persona. Escribe frases completas en español y en tus propias palabras.

4b Decide si los cambios mencionados en 4a son completamente beneficiosos, o si hay desventajas también. Escribe unas notas.

5 Debate con tus compañeros/as. Explica y justifica tu argumento en favor de uno de estos puntos de vista. Responde a las preguntas de tus compañeros/as.

¿Son las nuevas tecnologías completamente beneficiosas?

Opinión 1

"Las nuevas tecnologías han cambiado la vida para mejor. La vida es más fácil, nos podemos comunicar sin problemas, hay avances científicos y médicos increíbles."

Opinión 2

"Las nuevas tecnologías nos alejan de la realidad. No hablamos con otras personas sino a través del ciberespacio, y vamos olvidándonos de cómo sobrevivir sin tecnología. ¿Qué nos pasaría si nos apagasen la electricidad?"

▶ *Para llegar a donde ningún otro hombre ha llegado jamás – ¿un gran salto para la humanidad?*

Ratones a la conquista del Planeta Rojo

La misión Mars Gravity Biosatellite, constituirá una valiosa fuente de información sobre la forma en la que los mamíferos se adaptan a la gravedad parcial de Marte.

Durante cinco semanas quince ratones, cada uno dentro de su propio sistema de soporte vital, serán monitorizados constantemente por vídeo. En realidad, el biosatélite no tendrá que ir hasta el Planeta Rojo. La sonda se situará a 400 km de la Tierra, girando sobre su propio eje para crear una fuerza centrífuga que generará la gravedad deseada.

El satélite será lanzado en 2010 desde Cabo Cañaveral y será recuperado con todos sus viajeros en Australia. El proyecto, que ayudará a planificar las futuras expediciones tripuladas al Planeta Rojo, no sólo ofrecerá una idea de los retos físicos que les esperan a los primeros astronautas que viajen a Marte, como osteoporosis o degradación muscular, sino que será una magnífica plataforma de entrenamiento para la nueva generación de ingenieros.

1a Lee el texto y pon los puntos clave en orden. Luego añade un detalle a cada uno.

Punto clave	Detalle
Ratones	*adaptarse a la gravedad parcial de Marte*
El biosatélite	*retos físicos*
Australia	*a 400 km de la Tierra*
La misión	*Cabo Cañaveral*
Primeros astronautas	*viajeros recuperados*
2010	*quince/monitorizados*

1b Busca donde puedas palabras o frases alternativas para los puntos clave y los detalles.

1c Busca ocho ejemplos de futuro en el texto.

1d Escribe un resumen del texto de unas 90 palabras usando tus puntos clave. Asegúrate de que usas el futuro cuando escribas el resumen.

2a Escucha el informe. ¿Cuáles de estos inventos y desarrollos científicos son resultado de experimentos para el programa espacial?

> catafaros   el velcro
> equipo de gimnasio   estimuladores cardíacos
> herramientas sin cables
> investigaciones de cáncer
> investigaciones de asma   las cremalleras
> máquinas de diálisis   mantas reflectantes
> máquinas de radiografía
> máquinas de tomografía   ratones sin cables
> sistemas de climatización
> tecnología para la purificación del agua
> vídeos de ejercicio

2b Escucha otra vez. Decide si las frases son verdaderas (**V**), falsas (**F**) o no se mencionan (**NM**).

1 Mucha de la tecnología de uso cotidiano fue desarrollada al principio para el programa espacial.

2 Las mantas reflectantes fueron desarrolladas durante la misión Apollo.

3 Los astronautas se mantienen en forma con vídeos de ejercicio.

4 Se utiliza el velcro para que los astronautas no se caigan de sus literas mientras duermen.

5 Gracias a la misión Apollo, se puede ahora purificar agua en todas las partes del mundo.

6 Las primeras herramientas sin cables no se usaron por entusiastas de bricolaje sino por astronautas.

2c Habla con un(a) compañero/a. ¿Cómo reaccionas a este informe? ¿Necesitamos un programa espacial?

LA TELARAÑA ELECTRÓNICA

Con el apodo de "Internet en el cielo" llegó una nueva era internet. A unos 1.500 kilómetros de la superficie terrestre vuelan 288 satélites que cubren toda la Tierra. Cada satélite pesa unos 700 kilogramos y tiene una vida útil de 10 años. Además disponen de un panel solar siempre apuntado hacia el sol con el que cargan sus baterías.

Con todo esto es posible navegar por Internet más rápidamente que nunca, conectarse por videoconferencia más nítidamente en tiempo real, transmitir fax o comunicarse por voz de altísima fidelidad, bajar transmisiones de televisión interactiva como y cuando se quiera, participar en juegos "en línea" a una velocidad impresionante, transferir grandes ficheros en segundos. El sector de los medios

de comunicación se halla inmerso en una revolución que está cambiando sus capacidades y ámbito de actuación. Conviene destacar cómo se transforman los estilos de vida de las personas, de los mercados y de la economía, pero ¿qué ventajas tiene para la humanidad? Por lo que respecta la asistencia sanitaria, hará posible la transmisión de radiografías entre hospitales a distancia en tan sólo siete segundos.

3a Lee el artículo y busca la(s) palabra(s) española(s) que significa(n):

1 nickname
2 the earth's surface
3 a shelf life
4 faster than ever
5 it's important to point out

3b Lee otra vez y escoge una frase a–h para completar las frases 1–5.

1 La cobertura electrónica …
2 Los satélites …
3 Las conexiones …
4 La nueva era …
5 Los medios de comunicación …

a aumenta las capacidades de los medios.
b ha transformado el modo de ser de las personas.
c se extiende por todo el mundo.
d favorecen a la economía.
e funcionan gracias a la energía del sol.
f duran unos diez años.
g ofrecen muchas ventajas personales.
h se llevan a cabo velozmente.

3c Escribe una frase para completar las tres que sobran.

4a Escucha el reportaje. Escribe la cifra apropiada que corresponde:

a al año en que los EEUU desarrollaron un sistema de navegación para uso militar.
b al año en que comenzó el uso civil del sistema.

c al número de satélites de que disfruta el sistema GPS.
d a la altitud de los satélites.
e al error de posicionamiento de equipos normales.
f al número de satélites del sistema Galileo en funcionamiento a la vez.
g a la altitud de los satélites Galileo.

4b Escucha otra vez. Traduce estas frases al español.

1 GPS systems were originally developed for military purposes from 1964.
2 Nowadays you can get personal GPS devices relatively cheaply.
3 The GPS system consists of 24 satellites, of which at least four are used at any one time to plot a position.
4 Europe is developing its own system which will consist of 30 satellites called Galileo.

5 ¿Qué opinión está a favor del desarrollo de la tecnología espacial y cuál está en contra? Trabaja con tu compañero/a y desarrolla cuatro argumentos más a favor y en contra. Comparte tus ideas con la clase.

> **La tecnología de los satélites – ¿un salto espectacular o un paso muy lejano?**

Opinión 1

"Ser seguido y observado por satélites todo el tiempo es una violación de nuestra intimidad."

Opinión 2

"Los satélites son muy importantes porque nos permiten comunicarnos y viajar con facilidad.'"

Investigaciones médicas y científicas

▶ *¿Cómo resolver las controversias éticas y morales?*

La clonación

1 El 26 de noviembre de 2001 anunciaron la primera clonación de un embrión humano. Lo que pretenden es poner a punto la obtención de tejidos y órganos para trasplantes y no para la reproducción humana. Lo que pasa es que el método es el mismo en ambos casos.

2 Paso 1 – Una vez obtenido un óvulo se le extrae el núcleo para eliminar toda su información genética.

Paso 2 – A este óvulo se le inserta el núcleo de una célula del individuo que se quiere clonar para que obtenga sus genes. Luego se activa por el proceso de fusión.

Paso 3 – Una vez activado, el óvulo comienza a dividirse y se convierte en un blastocito, o preembrión, con células madre indiferenciadas.

3 En el laboratorio ya pueden convertir estas células madre indiferenciadas en células diferenciadas tales como intestinales, cardíacas, sanguíneas, etc. Estas mismas células forman el tejido listo para ser trasplantado a los enfermos y sin peligro de rechazo, ya que son genéticamente exactos al receptor. Muchos científicos están estudiando este proceso con el deseo de poder curar enfermedades como la de Parkinson o la diabetes. En España se está investigando cómo trasplantar tejidos obtenidos de este proceso al pancreas para que vuelva a producir insulina.

4 En poco tiempo se dice que será posible producir un órgano completo que sustituya al órgano enfermo, evitando así el problema de la escasez de órganos, porque para poder realizarlo se mezclarán órganos animales con humanos.

5 Sin embargo, si el embrión se implanta en el útero de una mujer y el embarazo llega a término, lo que nacerá será un clon humano. Hasta hoy, nadie ha logrado detener a la ciencia y es improbable que ésta sea la primera vez. ¿Habrá pronto clones humanos?

1a Lee el texto sobre la clonación. ¿Qué párrafos (1–5) se pueden resumir con las siguientes afirmaciones?

a Se espera curar enfermedades hasta ahora incurables con este proceso.

b Es difícil detener el progreso.

c Quieren aliviar el problema de la falta de órganos.

d Los científicos buscan una forma segura de trasplantar órganos.

e El proceso es similar para la reproducción y para el trasplante.

1b Lee otra vez y contesta a las preguntas en español.

1 ¿Cuál es el problema central de este proceso según el texto?

2 ¿Para qué pueden usarse los tejidos obtenidos?

3 ¿Qué pretenden hacer los científicos españoles?

4 ¿Cuál es 'la otra cara de la moneda'?

1c Traduce al inglés los párrafos 1 y 5 del texto.

2a Escucha los cinco puntos de vista. ¿Cuál menciona …?

a un futuro inseguro

b el supuesto combate sin víctimas

c la rapidez de los avances

d la utilidad de proyectos

2b ¿Cuál es el tema y la opinión del último?

2c Lee las opiniones en el foro y emparéjalas con lo que acabas de escuchar.

Comentarios recientes

Enlaces/Info/Añadir

Palmas y pitos para la supertecnología

3euros

Hace poco, muchas cosas que hoy en día aceptamos como comúnes y corrientes fueron conceptos de pura ciencia ficción.

viki29

Lo más preocupante de todo esto es que en la mayoría de los casos no hay leyes que rigen nuestro comportamiento.

gema68

Es importante mantener un equilibrio entre la seguridad y la libertad personal.

luis_real

Poder acondicionar la teoría a un sistema móvil real es sólo cuestión de tiempo en cuanto a los músculos artificiales se refiere.

gatitaflores

Los robots minúsculos suponen un gran avance para la cirugía ya que gracias a ellos el paciente no sufre tanto y se recupera con mayor rapidez.

alex_100

Imagínense lo que significa para la gente hambrienta. Por eso no quiero ni pensar en los peligros de la modificación genética, sólo quiero aplaudir los nuevos hallazgos.

madrileño

Parece ser que ya hemos pasado a una nueva era de combate que se asemeja a un videojuego en el cual sistemas de computación y satélites dirigen los nuevos ataques guiados por GPS. Eso sí parece ciencia ficción hecha realidad y todos debemos desconfiar de ello.

2d Escribe tu opinión sobre el último punto de vista.

3a Escucha el informe sobre Monsanto en España y contesta a las preguntas.

1 ¿Cómo comenzó Monsanto a trabajar en España?

2 ¿Qué significa "no-laboreo"?

3 ¿En qué tipo de agricultura destaca este grupo?

4 ¿Qué otra cosa atrae a los agricultores?

5 Explica en una frase estas cifras.

    a 1969   **c** 1/3

    b 40   **d** 50%

3b Escucha otra vez. Selecciona la alternativa (A, B o C) que mejor convenga para completar las frases.

1 Las semillas modificadas genéticamente …

    A contaminan los cultivos no modificados.

    B resisten mejor a las enfermedades.

    C se utilizan para tratar enfermedades.

2 Los sistemas de mínimo laboreo …

    A protegen los suelos agrícolas de la erosión.

    B quitan trabajos a los agricultores pobres.

    C aceleran la evaporación del agua.

3 Durante los últimos cuarenta años …

    A hemos aumentado un tercio el área de los suelos agrícolas.

    B hemos perdido casi la tercera parte de tierras agrícolas productivas.

    C un tercio de los agricultores ha dejado sus tierras.

4 La agricultura de conservación aporta …

    A gastos más altos para el agricultor.

    B más trabajo para los agricultores.

    C beneficios para el medio ambiente.

4 Lee los titulares y debate con tus compañeros/as. Explica y justifica tu argumento en favor de uno de estos puntos de vista. Responde a las preguntas de tus compañeros/as.

Fertilización in vitro de una mujer de 62 años

¿Hasta qué punto estás a favor de la fertilización in vitro?

Opinión 1

"Jugamos a ser Dios. No es nada natural que una mujer tan vieja llegue a ser la madre de un bebé."

Opinión 2

"La edad de una mujer no tiene nada que ver con su capacidad de ser una buena madre. Son muchos los abuelos que tienen que criar a sus nietos."

OxBox Se puede encontrar más información sobre el tema de los avances científicos y los problemas éticos en Hoja 9.1.

Gramática   146   W48

Expressing the future

The future perfect and conditional perfect

- Sometimes the best way to remember these more complex/compound tenses is to learn an example by heart and use it as a guide and model your own sentences on it. Look at these two examples and analyse how to form the tenses and when you would use them.

  future perfect:
  Dentro de dos años habrán terminado la investigación.
  Within two years they will have finished the study.

  conditional perfect:
  Habría llamado por teléfono, pero mi móvil no tenía cobertura.
  I would have called, but my mobile didn't have a signal.

A Write two more examples of each tense in Spanish.

- Both tenses can also be used to express supposition.

B Translate these two sentences into English then write another set of examples in English and give them to a partner to translate into Spanish.

  1 Supongo que habrá llegado a tiempo.
  2 Me imagino que ya habría comido antes de salir.

Subjunctive of futurity in temporal clauses

- The subjunctive is used in all temporal clauses which refer to the future after conjunctions such as *cuando, hasta que, en cuanto (que), tan pronto como.*

C Translate these examples into English.

  1 Cuando tú hayas desayunado yo ya habré almorzado.
  2 Cuando termines de comer yo ya habré salido.
  3 Apenas llegues a casa, yo me habré acostado.
  4 En cuanto se despierte, avísame.

D Continue the idea above and write out more examples.

- Note the 'future' idea may be in reported speech:
  Dijo que en cuanto terminará el ensayo de la nueva vacuna, haría público sus resultados.
  He said that as soon as he finishes the new vaccination trial he will publish his results.

- or taken from a 'past' point of view.
  Los científicos iban a retrasar el experimento hasta que tuvieran datos nuevos.
  The scientists were going to delay the experiment until they had new data.

E Explain the difference.

  1 Siempre pongo la alarma cuando salgo.
    Cuando salgas no te olvides de poner la alarma.

  2 En cuanto llegó a casa le dije lo que había pasado.
    En cuanto llegue a casa dile lo que ha pasado.

  3 Siempre espero hasta que suena el despertador.
    Espérame aquí hasta que suene el despertador.

- Note: *Antes (de) que* is always followed by a subjunctive.
  El astronauta se puso su traje espacial antes de que empezara el paseo espacial.
  The astronaut put on his space suit before beginning the space walk.

Other ways of expressing the future

You have already learnt a variety of ways to talk about the future.

- the immediate future
  Vamos a buscar una cura para el cáncer.
  We are going to look for a cure for cancer.

- the future
  Continuarán con sus investigaciones de nanotecnología.
  They will continue with their work on nanotechnology.

- the conditional
  No me gustaría vivir al lado de una planta nuclear.
  I wouldn't like to live next to a nuclear power station.

- the present tense in question form
  ¿Compramos a papá un navegador GPS nuevo para las Navidades?
  Shall we buy dad a new sat nav for Christmas?

- verbs such as *esperar, tener la intención de, me gustaría, quiero, quisiera*
  La empresa tiene la intención de lanzar el nuevo móvil en el otoño.
  The company plans on launching the new mobile phone in the autumn.

  Esperamos encontrar un remedio para el asma dentro de unos años.
  We hope to find a cure for asthma within a few years.

F Write sentences to illustrate each of these uses in Spanish. Give them to a partner to translate into English.

Técnica

Developing strategies for debating

> **La clonación humana – ¿milagro o pesadilla?**

Opinión 1

"Las investigaciones sobre la clonación humana muestran que la sociedad ha perdido todo sentido moral."

Opinión 2

"Las investigaciones sobre la clonación de órganos humanos representan la esperanza para miles de personas que sufren de enfermedades."

- First decide which of the opinions above you are going to defend and prepare your arguments.
- Then think of questions the examiner might ask you based on the arguments which you put forward. Remember that the examiner's job is to disagree with you and engage you in an argument.
- For each point on your list, think of the counter-argument which you are likely to have to deal with.
- Prepare your answers to these counter-arguments. Think how you could take the initiative and lead the conversation round to material you have prepared.

Gaining time to think

If you do happen to be caught off guard, there are ways to remain in control. It is useful to have expressions that get you started or cover pauses while your brain registers a question and starts to think of an answer.

> Pues … – Bueno … – Diría que …
> – Lo que pasa es que … – Lo primero que se me ocurre es que … – Lo que hay que tener en cuenta es que … – No había considerado eso, pero lo que diría es que …

1 Write some questions about the topics in this unit. Pick from your questions at random and see if your partner can use the techniques described to maintain the conversation while they think of an answer. Then try to answer your partner's questions in a similar way.

1 ¿Son los experimentos de clonación peligrosos?
2 ¿Son los cultivos genéticamente modificados una amenaza para la biodiversidad?
3 ¿Dependemos demasiado de internet?

Dealing with the unpredictable

Remember, if a question is hard for you, it is hard for everyone else. Use it as an opportunity to show what you can do.

a Restate the question while you think.
b Acknowledge it's difficult.
c Look at a few points for either side.
d Say how nice it would be to find a solution.
e Attempt to give your own view. This may be that there is no easy answer.
f Use it as a chance to show off some flashy Spanish.
g Ask for clarification.
h Ask for thinking time.
i Think aloud in Spanish.
j Take the initiative and turn the conversation your way.

2 Decide which of the following examples you would use in each of the situations above.

1 Bueno, la verdad es que no estoy seguro. Puede ser que …
2 ¿Cómo resolver las controversias éticas del desarrollo científico?
3 Creo que siempre va a haber preguntas morales, pero tal vez podríamos tomar decisiones basadas en los beneficios humanos.
4 Es una pregunta muy compleja, no hay una respuesta sencilla …
5 Perdone, pero no estoy seguro de que he entendido la pregunta. ¿Puede usted repetirlo, por favor?
6 Pues, no es muy fácil. ¿Me permite usted pensarlo un momento antes de contestar?
7 Se podría decir que es la responsabilidad del gobierno, pero el gobierno no puede resolverlo todo.
8 Puede ser, pero lo que me parece más importante es …
9 Si fuera posible, lo ideal sería utilizar todas las investigaciones científicas para el beneficio de la humanidad.
10 Si supiera resolver esto, ¡estaría a cargo del programa de investigación!

Don't panic!

If you are asked a totally unexpected question, don't panic. It probably means that you have done very well so far and that the examiner wants to see if you are worth an A* grade. You may be asked a more hypothetical "what if …" type question, or be encouraged to widen the subject and link it with a related topic.

En el hogar y en el trabajo
páginas 78–79

el artilugio	*device*
la bata blanca	*(white) lab coat*
el buscador	*search engine*
el dispositivo	*mechanism/device*
las herramientas	*tools*
la llave inglesa	*adjustable spanner*
el mono azul	*blue overalls*
el rehén	*hostage*
el resorte	*spring*
la teletransportación	*teleportation*
el troncomóvil	*Flintmobile*
las varillas	*rods*
la vejiga	*bladder*
plegable	*folding*
a mi/tu/su antojo	*on a whim*
al alcance de la mano	*within easy reach*
de antaño	*of the past/yesteryear*
katana	*samurai sword*
estrenar el primer tobillo robótico del mundo	*to launch the first robotic ankle in the world*
poner al alcance	*to put within reach*

Tecnología espacial
páginas 80–81

las alergias respiratorias	*respiratory allergies*
los paseos espaciales	*spacewalks*
el comportamiento	*behaviour*
equipos de rescate	*rescue teams*
el error de localización	*positioning error*
una inclinación sobre la línea del horizonte	*angle of inclination*
las mantas reflectantes	*reflective survival blanket*
las máquinas de diálisis	*dialysis machines*
el mercadeo	*marketing*
un navegador GPS	*sat nav*
el plano orbital	*orbital plane*
el polen	*pollen*
la tomografía	*CT scanning*
desbloquearse	*to be released/become available*
nítidos/as	*clear/sharp*
con fines militares	*for military purposes*
sin previo aviso	*without prior warning*
vida cotidiana	*daily life*
no caber duda que	*to be no doubt that*
para brindar calor	*to provide heat*

Investigaciones médicas y científicas
páginas 82–83

los apósitos hidroactivos	*hydroactive dressings*
las células madre	*stem cells*
las células sanguíneas	*blood cells*
la cicatriz	*scar*
el embrión	*embryo*
la escasez	*scarcity*
los hallazgos	*discoveries*
órganos donantes	*donor organs*
el óvulo	*ovule*
la regeneración cutánea	*regeneration of the skin*
el tejido	*tissue*
aguantar la burra	*to hold your horses*
engatusar	*to flatter/sweet-talk*
franquear	*to overcome*
pretender	*to hope to achieve*
bípedo/a	*with two legs*
inocuo/a	*harmless*
novedoso/a	*innovative*
patógeno/a	*pathogenic*
poder realizar algo	*to be able to accomplish something*
poner a punto	*to perfect*

¡Entrénate

Completa las frases con la palabra más apropiada de la lista de arriba.

1 En el taller todo ha cambiado. Las (1) _____ de (2) _____ como la llave (3) _____ se ven casi sustituido por el chip más eficaz y menos costoso, y los mecánicos han cambiado el (4) _____ azul por la (5) _____

2 Desde estudios del (1) _____ de la emisión de (2) _____ para buscar una cura para (3) _____, hasta las (4) _____ empleadas de equipos de rescatistas, hasta las máquinas de (5) _____, son muchas las aplicaciones prácticas de la tecnología espacial.

3 La clonación (1) _____ sacar las (2) _____ de un (3) _____ para formar (4) _____ diferenciado cómo células para reparar órganos humanos gracias a la escasez de (5) _____ donantes.

10 Una región de habla hispana

1a Une los países hispanos con las fotografías.

1 Chile
2 Cuba
3 Colombia
4 México
5 Argentina

¿Qué país hispano es conocido por ...

... el tango?

... el templo de Kukulkán?

... su café?

... por la Isla de Pascua?

... los puros habanos?

1b ¿Dónde se encuentran las siguientes regiones? Mira el mapa y únelas.

1 Castilla-León
2 Castilla-La Mancha
3 Cataluña
4 Comunidad Valenciana
5 Cantabria

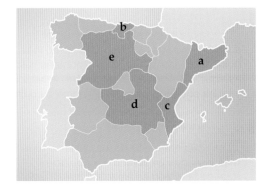

2a ¿Conoces otras regiones españolas? España tiene 17 regiones también llamadas 'comunidades autónomas' y dos 'ciudades autónomas' en el norte de África. Trabaja en grupo y haz una lista.

2b Elige tres regiones o comunidades autónomas que no conozcas y haz una investigación en Internet de cinco minutos sobre cada una. Puedes buscar cualquier región de habla hispana tanto en España como en Sudamérica.

2c Comparte la información que has encontrado con tu compañero/a. ¿Qué región te parece más interesante?

If you decide to study a region for one of your cultural topics, then you will need to be ready to discuss or write about any of the aspects listed in the AQA specification. As you study, make sure you prepare answers to the questions below.

Do you know plenty of facts about the region's geography and history?
What are the main geographical features and how do they influence the life lived there? (Does it have a coastline, mountains, rivers? What are the main cities? Is it a mainly rural area? What role does climate play? What are the major transport links?)
Has it been important historically? (What happened there in World War II? Did a famous person come from there? Are there significant museums or historical sites worth visiting today?)

Do you know something about the region's economy, industry and population?
How do the people there earn their living? Has that changed recently? Is it changing now? Why?
Is it a rich or a less well-off region? Why?
What products are grown or made there?
Is it densely populated? Is the population growing or declining? Why?

What is your personal opinion of this region?
Would you like to live/work there? Why/why not?

La Comunidad Valenciana

▶ *¿Por qué se caracteriza la Comunidad Valenciana?*
¿Te gustaría vivir y trabajar en esta región?

1  ¿Qué sabes ya de la Comunidad Valenciana? Contesta las siguientes preguntas con tu compañero/a. Busca en Internet lo que no conozcas.

1 ¿Por qué se conoce está región en Inglaterra?
2 ¿Dónde se encuentra?
3 ¿En qué se basa su economía?
4 ¿Cuáles son las principales ciudades?
5 ¿Cuáles son los productos típicos?
6 ¿Cuáles son las fiestas más populares de la región?

2a Une las dos partes de los distintos párrafos.

2b Escribe cinco adjetivos que describen la Comunidad Valenciana. Compara tus ideas con las de tu compañero/a.

2c Vuelve a leer los textos, escribe los infinitivos de los verbos subrayados y tradúcelos al inglés.

2d ¿Cómo se dicen estas palabras en español? Búscalas en los textos.

1 area
2 coastline
3 agriculture
4 woods
5 tourist destination
6 key ingredient
7 craftwork
8 legacy
9 landscape
10 irrigation

1 La Comunidad Valencia <u>se compone</u> de tres provincias, Alicante, Castellón y Valencia y abarca una superficie de 23.305 km². Con más de 500 kilómetros de costa …

2 Su clima es cálido y seco, alterado solamente por las lluvias otoñales, ocasionalmente torrenciales. Su naturaleza es la propia del ecosistema mediterráneo pero …

3 La ciudad de Valencia es la capital de la región. Es la tercera área metropolitana en España y en los últimos años Valencia ha adquirido un protagonismo adicional a nivel internacional …

4 La Comunidad Valenciana ha estado habitada desde los tiempos más remotos por fenicios, griegos, íberos y romanos. Su importante legado árabe …

5 La gastronomía de esta región es de gran variedad pero sobre todo conocida por la gran selección de hortalizas y cítricos. El arroz …

a … por la celebración de eventos culturales y deportivos como la Copa América, la competición de vela más importante del mundo, o el Gran Premio de Fórmula I que <u>se celebra</u> en un circuito urbano espectacular que transcurre por la zona del Puerto.

b … <u>presenta</u> grandes contrastes según se adapte a medios tan diferentes como los humedales, las dunas, la alta montaña, las estepas o los bosques, por lo que vegetación y fauna son muy variadas así como su paisaje.

c … <u>se sitúa</u> entre uno de los destinos turísticos más visitados en verano. La población total de la región <u>se eleva</u> a 5.094.675 de habitantes.

d … <u>se convierte</u> en el ingrediente clave de muchos de sus platos típicos como la paella, el arroz a banda o el arroz caldoso. También la fideuá, el puchero y la coca de pimiento y tomate suelen estar presente en la lista gastronómica de la zona.

e … <u>pervive</u> aún en la agricultura y artesanía tradicional, concretándose en el sistema de regadío y en cultivos como el arroz o las preciadas naranjas. La Comunidad Valenciana <u>produce</u> el 63 por ciento de los cítricos de toda España, con una cosecha de 3.800 millones de toneladas cada año.

El patrimonio de la Comunidad Valenciana

En la Comunidad Valenciana encontramos influencias íberas, fenicias, griegas, romanas, árabes tanto en la cultura como en el patrimonio.

La lonja de Valencia, declarada por la UNESCO Patrimonio de la Humanidad en 1996 y considerada como uno de los mejores monumentos arquitectónicos valencianos, fue construida en 1983 por los mercaderes valencianos y se destinó desde un principio al comercio de la seda y a funciones mercantiles. Obra maestra del gótico flamígero, la lonja y su grandiosa Sala de Contratación ilustran el poderío y la riqueza de una gran ciudad mercantil mediterránea en los siglos XV y XVI.

Cabe mencionar también el casco antiguo donde encontramos la mayor concentración de monumentos, pertenecientes en su gran mayoría a la época de esplendor tras la reconquista, en 1238, cuando Jaime I tomó la ciudad de manos moras. Entre ellos se encuentra la Catedral con la famosa torre del Miguelete y con sus tres portadas, una románica, otra gótica y otra barroca. El Museo de la Catedral expone pinturas de Goya y cuadros de la Escuela Valenciana del s. XV al XVII.

En el cauce del río, también encontramos edificios más contemporáneos como IVAM (Instituto Valenciano de Arte Moderno) y el nuevo puente diseñado por el arquitecto valenciano Santiago de Calatrava, inaugurado en 1995 y conocido como *la Peineta* por los habitantes de esta ciudad. Calatrava diseñó también, junto a Félix Candel, el gran complejo de la ciudad de las Artes y las Ciencias que fue inaugurado en 1998 con la apertura de El Hemisférico.

Además del Castillo de Santa Bárbara, el Castillo de San Fernando, numerosos palacios y sus extensos palmerales, la provincia de Alicante nos deleita cada verano con el drama musical sagrado conocido por el nombre de El misterio de Elche que se ha representado sin interrupción desde mediados del siglo XV en la Basílica de Santa María y ha sido declarado Obra Maestra del Patrimonio Oral e Inmaterial de la Humanidad.

En el norte, la provincia de Castellón, no sólo ofrece fantásticas playas sino también bellísimas localidades como Peñíscola, situada sobre un promontorio que se adentra en el mar, rodeada de murallas y en su centro, un castillo medieval. Oropesa, con sus ruinas medievales y la famosa *Torre de Rey*, del s. XVII, servía como defensa contra las incursiones piratas, o la encantadora Morella, joya arquitectónica, con sus callejuelas empinadas rodeadas de murallas del s. XIV.

Las tres provincias han servido como fuente de inspiración a artistas de la zona entre los que destacan el pintor Joaquín Sorolla, el escritor Vicente Blasco Ibáñez o el director de cine Luis García Berlanga.

3 Lee el texto sobre el patrimonio de la Comunidad Valenciana y busca referencias en el texto asociadas a cada uno de los siguientes apartados:

- la arquitectura
- las bellas artes/literatura
- las tradiciones
- la historia

4a Escucha la primera parte de una entrevista sobre la Comunidad Valenciana con un profesor de geografía e historia y anota:

1 dos ciudades de turismo de costa
2 dos ejemplos de turismo rural
3 dos animales propios de la fauna de la región
4 el porcentaje de la agricultura en economía valenciana
5 dos productos de secano que se cultivan en la Comunidad Valenciana
6 dos productos de regadío que se cultivan en la Comunidad Valenciana

4b Escucha la segunda parte de la entrevista y completa las frases con tus propias palabras.

1 Las PYMEs son …
2 Castellón es la primera …
3 La producción textil y de calzado está localizada …
4 El futuro de la industria de la Comunidad Valenciana es …
5 La Comunidad Valenciana que cuenta con un 14% de …
6 La pesca y la ganadería …

5 Prepara una presentación para el resto de la clase contestando a la siguiente pregunta y teniendo en cuenta los sub-apartados a–e.

¿Te gustaría vivir y trabajar en esta región?

a Elige 3 o 4 ideas principales.

> *Ejemplo:* • *La idea de vivir en la costa te atrae*
> • *Me gusta la historia, las tradiciones y los idiomas por lo cuál es una región que te fascina*
> • *En tercer lugar …*

b Vuelve a leer los textos y haz una lista de hechos que sostienen cada una de tus ideas.

> *Ejemplo:* • *Tiene más de 500 kilómetros de litoral.*
> • *El valenciano es la lengua propia de la zona.*

c Evalúa los hechos que has elegido.

> *Ejemplo:* *Me encantaría vivir en la costa y en una ciudad. La idea de poder vivir tanto en Castellón, Alicante o Valencia y disponer de más de 500 kilómetros de costa a lo largo de la zona realmente me atrae. Además …*

d Prepara una introducción breve.

> *Ejemplo:* *La Comunidad Valenciana es una región que se encuentra en el este de España, en la costa mediterránea.*

e Prepara una conclusión.

> *Ejemplo:* *Así pues, la Comunidad Valenciana sería un lugar ideal para mí ya que …*

Exam practice questions

Hablar

En tu examen oral debes hablar de la región que has escogido. Para prepararte debes tener en cuenta las siguientes preguntas.

- ¿Cuáles son los aspectos geográficos más importantes de la región que has estudiado?
- ¿Es una región bonita? ¿Por qué?
- ¿Es interesante la historia de la región?
- ¿Cómo ha influenciado la historia en su presente?
- ¿Qué papel tiene la industria en la región?
- ¿Cómo ha evolucionado la economía de la región?
- ¿Qué sabes de la población de la región?
- ¿Te gustaría vivir en esta región? ¿Por qué?

See page 114 for help with revising for the oral exam.

Escribir

Escribe un mínimo de 250 palabras sobre uno de los temas siguientes.

- Analiza la importancia del turismo de la región que has estudiado.
- ¿Qué cambios demográficos han tenido lugar en la región que has elegido? ¿Cómo ves el futuro de esta región en relación a esto?
- ¿Hasta qué punto está la vida de esta región que has elegido influenciada por los factores geográficos?
- Evalúa la importancia de la industria y la agricultura en la región que has seleccionado.
- ¿Juegan los hechos del pasado todavía un papel importante en la vida actual de la región que has estudiado?
- ¿Se puede ser optimista en miras al futuro de la región que has escogido? ¿Por qué?

See pages 110–113 for ideas on how to write a really good cultural topic essay.

Vocabulario

el acantilado	cliff	la población se eleva a X mil/millón/millones	the population is X thousand/million/ millions
la bahía	bay		
un balneario	spa resort		
las carreteras/el servicio ferroviario	road/rail network	la economía se dirige hacia ...	the economy tends towards ...
la ciudad/el pueblo principal	main city/town	el aeropuerto de X sirve a muchos destinos	the airport X serves many destinations
el clima	climate	el museo X relata la historia de ...	Museum X tells the story of ...
la hidrografía de la región	water resources of the area	la región está formada por X provincias	the region has X provinces
el litoral/las costas	coast		
un lugar turístico	tourist attraction		
el paisaje montañoso/ las llanuras	mountainous/flat landscape		
el patrimonio cultural	cultural heritage		
el puerto	port		
el río	river		
la superficie	surface area		
el terreno agrícola	farmland		

Un periodo de la historia del siglo XX de un país o comunidad hispana

1a Une el acontecimiento que sucedió en la historia del siglo XX en España con su fecha. Puedes usar Internet y comparar las respuestas con tu compañero/a.

a 1923	**d** 1932	**g** 1940	**i** 1976
b 1930	**e** 1936	**h** 1975	**j** 1981
c 1931	**f** 1939		

1 Adolfo Suárez es nombrado Presidente del Gobierno y se inician los movimientos para la democratización de España.

2 Victoria republicana en las elecciones municipales. Proclamación de la República. Exilio de Alfonso XIII. Constitución democrática.

3 Instauración de la dictadura. España se declara neutral en la Segunda Guerra Mundial.

4 Dimisión de Primo de Rivera y gobierno de Berenguer.

5 Dimisión de Adolfo Suárez, golpe de Estado de Tejero que queda desactivado en pocas horas, entrada de España en la OTAN y entrada en vigor de la Ley del divorcio.

6 Alzamiento militar y comienzo de la Guerra Civil.

7 Dictadura de Primo de Rivera y directorio militar.

8 Aprobación del *Estatuto* de autonomía de Cataluña. Ley de Reforma Agraria. Intento de golpe de Estado de Sanjurjo ("Sanjurjada").

9 Muere el dictador Francisco Franco y Juan Carlos de Borbón es coronado Rey.

10 Ley de represión de la Masonería y el Comunismo. Ley de Organización sindical. España pasa de ser neutral a ser "no beligerante" en la Segunda Guerra Mundial. Entrevista Franco-Hitler en Hendaya.

1b ¿Reconoces a estas personas? ¿Quiénes son? Une las fotografías con el nombre.

1 Dolores Ibárruri   3 Ernesto 'Che' Guevara
2 Salvador Allende   4 Evita Perón

2a Haz un estudio de cinco minutos en Internet sobre uno de estos personajes.

¿De dónde es? ¿A qué periodo histórico pertenece?

2b  Comparte lo que has encontrado con tu compañero/a. ¿Quién te parece más interesante? ¿Por qué?

If you decide to study a period of 20th century history for one of your cultural topics, you will need to be ready to discuss or write about any of the aspects listed in the AQA specification. As you study, make sure you prepare answers to the questions below.

Do you have a good knowledge and understanding of what happened during your chosen period?
What were the main events of the period? (War? Political unrest? Difficulties in daily life?)
What caused these events?
What was their effect at the time? Do they still influence your chosen Spanish-speaking country today? In what way(s)?

Have you studied the lives and actions of at least two influential people from the period?
Who were they? What did they do?
What was their motivation? What causes did they fight for?
What influence did they have on the history of the day? Are they still influential today? In what way?

What is your personal opinion of this period of history?
What do you find interesting about it?
Would you like to have lived then? Why/Why not?
What have you learned from it that might be applicable to your life today?

A    B

C    D

La Guerra Civil Española

▶ *¿Qué pasó en la Guerra Civil Española? ¿Te hubiera gustado vivir en ese periodo?*

1a ¿Qué conoces ya sobre la Guerra Civil Española? ¿Cuándo fue? ¿Cuánto tiempo duró? ¿Cuándo terminó? ¿Cuáles eran los dos bandos que lucharon en la guerra? Busca o confirma tus respuestas en el texto de abajo o en Internet.

1b Investiga los acontecimientos claves de la Guerra Civil que están subrayados en el texto.

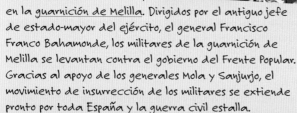

Fechas Claves de la Guerra Civil

17 de Julio de 1936
Se inicia el levantamiento, en la guarnición de Melilla. Dirigidos por el antiguo jefe de estado-mayor del ejército, el general Francisco Franco Bahamonde, los militares de la guarnición de Melilla se levantan contra el gobierno del Frente Popular. Gracias al apoyo de los generales Mola y Sanjurjo, el movimiento de insurrección de los militares se extiende pronto por toda España y la guerra civil estalla.

8 de Noviembre de 1936
Comienza la batalla de Madrid, pero conforme avanzan los días, los sublevados son incapaces de tomar Madrid y las fuerzas republicanas, el ejército popular (que se creó para la defensa de la República), consiguen rechazar los asaltos franquistas. Grandes y feroces batallas se libran esos días en Madrid. Los conflictos de la casa de Campo, los del barrio de Argüelles o los de la ciudad universitaria, son una buena muestra.

19 de Abril de 1937
El general Francisco Franco funda la "Falange española tradicionalista y las Juntas de ofensiva nacional-sindicalista" con la intención de unificar la totalidad de los partidos que le apoyan en la Guerra Civil Española y formar así un partido único nacional en España.

24 de julio de 1938
Las fuerzas republicanas lanzan un contraataque en la batalla del Ebro.

28 de marzo de 1939
Cae la ciudad de Madrid sin resistencia alguna.

1 de abril de 1939
Franco publica un lacónico comunicado de victoria: "La guerra ha terminado". Es el fin de una guerra civil de tres años que costó a España cerca de 400.000 muertos y otros tantos exiliados.

2 Lee la portada del diario republicano El Diluvio poco después del comienzo de la guerra civil y tradúcela al inglés.

EL DILUVIO
DIARIO REPUBLICANO
Sábado, 25 de Julio de 1936

¡¡Ni cadenas en las manos, ni grillos en los pies!!

¡¡NO PASARAN!!

Y no pasarán porque el alma popular no quiere que pasen los enemigos de la República y de España

¡No pasarán, no! Si pasaran quedaríamos deshonrados y envilecidos. Pero no será así... ¡Pasar, nunca!

Atrás, fascistas miserables; atrás, monárquicos odiados y concupiscentes; atrás, militares que soñáis con una dictadura abominable y cruel. ¡Atrás, atrás todos! Os lo exige España, os lo impone el pueblo; lo demanda el porvenir y la paz de nuestra República

¡No pasaréis, no! Os sabrán contener gallardamente en el camino las murallas de nuestros pechos y de nuestros corazones leales al Gobierno y al régimen republicano

3 Investiga en Internet y responde a las siguientes preguntas. Prepara una presentación en PowerPoint para el resto de la clase con la información más importante.

1 ¿Quiénes eran los maquis?
2 ¿Qué pasó en Guernica?
3 ¿Quiénes fueron las figuras claves del gobierno del bando republicano?
4 ¿Qué apoyo internacional tuvieron los republicanos y los nacionales?
5 ¿Qué era la sección femenina y cuál fue su papel en la guerra?

4a Escucha la primera parte de la entrevista con la escritora Dulce Chacón, autora de la novela *La voz dormida* basada en historias de la Guerra Civil y elige la opción adecuada para cada pregunta.

1 ¿Por qué escribe la autora el libro?
  a Para contar su propia historia
  b Por la necesidad de conocer la historia que no se contó
  c Por la necesidad de contar la historia de su familia

2 ¿En qué se basa principalmente para escribir su historia?
  a En testimonios orales de mujeres
  b En las historias que le contaron diferentes historiadores
  c En la documentación que encontró de la Guerra Civil

3 ¿Qué ha descubierto la autora al investigar profundamente sobre este periodo?
  a Que lo que sabemos los españoles de la guerra nos lo contaron los vencidos
  b Que los vencedores contaron solo lo que les interesaba sobre la guerra
  c Que a los españoles no les interesa saber lo que pasó

4 ¿Por qué cree la autora que es difícil hablar de la guerra?
  a Porque hablar significa revivir el pasado
  b Porque la gente se ha olvidado de lo que pasó
  c Porque todavía hay un cierto temor a hablar del pasado

5 ¿Qué es el olvido para la autora?
  a Es el proceso normal después de un conflicto como una guerra
  b Es lo peor que le puede pasar a un país
  c Es un sentimiento necesario para perdonar

6 ¿De qué se da cuenta la autora cuando lee a Hemingway?
  a De que la España ya no está dividida en dos
  b De que la España actual es un reflejo de las dos Españas del pasado
  c De que solo sabía la parte de la historia contada por los republicanos

4b Escucha la segunda parte de la entrevista y completa las frases con tus propias palabras.

1 Para muchas personas la guerra no ha terminado porque …
2 La política de 'tierra quemada' del franquismo se basó en …
3 'Los rojos' era el término con el que se conocía a los …
4 Los Estados Unidos apoyaron sólo a los nacionales porque …

5 Las mujeres perdieron la guerra pero también perdieron …
6 La sección femenina se encargaba de …

5a Lee el texto sobre una historia real de penurias en la Guerra Civil y completa el texto con las palabras de abajo. ¡Cuidado! sobran dos palabras.

> decidió   ciudadanos   terrible   empleo
> redujeran   afiliarse   tormento
> parapetos   enfrentamiento   estalló
> escalofriantes   ocurrió   paliza   pelea

Leandro nació en 1924 y a los 13 años, (1) …… formar parte de ALERTA, una agrupación perteneciente a las Juventudes Socialistas Unificadas (JSU). Asimismo decidió (2) …… a la Unión General de Trabajadores (UGT Sindical), como pasaporte para obtener su primer (3) …… La Guerra Civil Española (4) …… y fue solo de mayor cuando comprendió el (5) …… que supuso este conflicto bélico en su vida. Los (6) …… hacían su vida cotidiana. Pese a ello, los horrores de la guerra fueron latentes. Se crearon (7) …… en ciertas zonas de Madrid porque desde el frente mataban a la gente en plena calle. Lo más duro para Leandro fue observar cómo el (8) …… entre la propia gente de izquierdas propició la entrega de Madrid.

El 3 de Agosto de 1939 (9) …… un suceso que nuestro protagonista no ha conseguido borrar de su memoria. Leandro almacenaba armas y esa fue la justificación para que el gobierno de Franco le llevara preso. Leandro tan solo contaba con 15 años en el momento de su detención, le condujeron a una checa y recibió tal (10) …… que no pudo dormir bien en un año. Su temprana edad sirvió para que le (11) …… la condena a doce años y un día. Las escenas que se vivieron en las cárceles españolas fueron (12) ……

5b Haz un estudio sobre uno de los siguientes temas y prepara una breve exposición para el resto de la clase.

● los ideales de los nacionalistas
● los ideales de los republicanos
● el contexto político cuando explota la Guerra Civil
● la cartilla de racionamiento

6 ¿Sabes que hay muchas películas basadas en la Guerra Civil Española? Escoge una y véla. ¿Qué ideas puedes sacar de la película? Aquí tienes algunas sugerencias:

● Tierra y libertad
● La lengua de las mariposas
● Libertarias
● ¡Ay, Carmela!
● Las 13 rosas

Exam practice questions

Hablar

En tu examen oral debes hablar del periodo histórico que has escogido. Para prepararte debes tener en cuenta las siguientes preguntas.

- ¿Cuáles son los acontecimientos principales del periodo que has estudiado?
- ¿Por qué sucedieron estos acontecimientos?
- ¿Cuál te parece más interesante? ¿Por qué?
- ¿Se trata de un periodo problemático?
- ¿Era la vida cotidiana de esa época muy diferente a la nuestra?
- Nombra uno de los personajes más importantes del periodo. ¿Qué papel jugó?
- ¿Cuál fue su motivación?
- ¿Estás de acuerdo con las ideas de ese personaje? ¿Por qué?
- ¿Te hubiera gustado vivir en ese periodo? ¿Por qué?

> **See page 114 for help with revising for the oral exam.**

Escribir

Escribe un mínimo de 250 palabras sobre uno de los temas siguientes.

- Compara el principio y el fin del periodo que has estudiado. Evalúa los cambios más importantes.
- Analiza las acciones y la motivación de uno de los personajes más importantes del periodo que has elegido.
- Explica la importancia de los acontecimientos principales del periodo que has elegido. ¿Cuál es en tu opinión el más importante? ¿Por qué?
- Compara los papeles de dos personas que tuvieron un papel primordial en la historia del periodo que has elegido.
- ¿Te hubiera gustado vivir en el periodo que has estudiado? Justifica tu respuesta.
- ¿Cómo crees que ha afectado el periodo que has estudiado al panorama actual?

> **See pages 110–113 for ideas on how to write a really good cultural topic essay.**

Vocabulario

el apoyo	*support*	la victoria/la derrota	*victory/defeat*
las armas	*weapons*	abolir	*to abolish*
la batalla	*battle*	afiliarse	*to become a member*
el campo de concentración	*concentration camp*	atacar	*to carry out a raid*
el combate	*fighting*	ayudar a alguien a esconderse	*to help someone to hide*
la condena	*sentence*		
el conflicto	*conflict*	combatir contra/luchar contra	*to fight against*
el estado totalitario	*totalitarian state*		
la exterminación	*extermination*	escapar	*to escape*
el frente	*front*	esconderse	*to hide*
la guerra	*war*	exiliarse	*to exile*
la inestabilidad política	*political instability*	intervenir en	*to intervene in*
el mercado negro	*black market*	invadir/una invasión	to *invade/an invasion*
un oponente de	*opponent of*	jugar un papel importante/primordial	*to play a vital role*
la penuria	*shortage*		
el poder	*power*	prohibir a alguien que	*to forbid someone to*
el racionamiento	*rationing*	refugiarse	*to take refuge*
la revancha	*revenge*	restablecer el orden	*to re-establish order*
la segunda guerra mundial	*second world war*	tomar posesión de	*to take possession of*
la sublevación/ el levantamiento	*uprising*		

1 ¿Sabes qué autor ha escrito cada libro? Si es necesario búscalos en Internet y únelos.

1 Jorge Luis Borges
2 Gabriel García Márquez
3 Julio Cortázar
4 Ernesto Sabato
5 Mario Vargas Llosa
6 Angeles Mastretta
7 Martha Cerda
8 Rosa María Britton

a Cien años de soledad
b Sobre héroes y tumbas
c La Señora Rodríguez y otros mundos
d La muerte tiene dos caras
e Arráncame la vida
f La fiesta del Chivo
g Rayuela
h Ficciones

2a Une las cuatro descripciones con las ilustraciones de los libros. Si es necesario utiliza Internet.

1 Se cuenta la historia de un poderoso hombre de negocios cuya fortuna se remonta a la época del franquismo. A su muerte no sólo deja a sus hijos una sustanciosa herencia sino también muchos puntos negros de su pasado.

2 Un amanecer de 1945, un muchacho es conducido por su padre a un misterioso lugar oculto en el corazón de la ciudad vieja: el Cementerio de los Libros Olvidados. Allí, Daniel Sempere encuentra un libro maldito que cambiará el rumbo de su vida y le arrastrará a un laberinto de intrigas y secretos enterrados en el alma oscura de la ciudad.

3 Cuenta la historia de una joven que abandona su pueblo y se va a estudiar a Barcelona donde se aloja en casa de su desequilibrada familia. Andrea busca la identidad propia desde una posición de rebeldía contra el modelo de feminidad.

4 La novela narra la historia de un habitante de la Extremadura rural que carece de toda habilidad social y que sólo conoce la violencia como único recurso para solucionar los problemas que se le van planteando en la vida.

If you decide to study the work of a Spanish-speaking author for one of your cultural topics, you will need to be ready to discuss or write about any of the aspects listed in the AQA specification. As you study, make sure you prepare answers to the questions below.

Do you know at least one novel or collection of short stories by this author really well?
What is it about?
What are the characters like?
What themes does it illustrate?
What is the context of the work?
Is the author trying to convey a message?
How does s/he do this? (Through the plot or characters? Through the writing style?)

Do you know something about the author and what influenced him or her?
Were they influenced by events or people from their own life?
Is their work affected by the period in which they lived?
Were they influenced by other writers, artists or thinkers?

What is your personal opinion of this author's work?
What do you admire about it?
Do you agree with the author's ideas?
What do you find interesting about their style? (i.e. choice of words, use of humour, irony or imagery)
Do you have any criticisms of the work?

2b  ¿Conoces a estos escritores? ¿De dónde son? ¿Qué otros libros han escrito? Busca la información en Internet y compártela con tu compañero/a.

2c  ¿Conoces otros escritores hispanohablantes? Trabaja con tu compañero/a y haz una lista de diez escritores. Si es necesario utiliza Internet.

2d  ¿Qué escritor te parece más interesante? ¿Cuál de sus obras te gustaría leer? ¿Por qué?

A La Sombra del Viento – Carlos Ruiz Zafón

B Nada – Carmen Laforet

C La familia de Pascual Duarte – Camilo José Cela

D El Corazón Helado – Almudena Grandes

Isabel Allende

▶ *¿Quién es Isabel Allende? ¿De qué trata La Casa de los Espíritus?*

La biografía de Allende

1942: Isabel Allende nace en Lima, Perú donde su padre Tomas Allende es funcionario diplomático de Chile. Tras vivir en Bolivia y Beirut, Isabel <u>regresa</u> a Chile para terminar la secundaria.

1962: Se casa con Miguel Frías y un año más tarde tiene a su hija Paula a la que perderá en 1992. Poco después <u>nace</u> su hijo Nicolás.

1967–1974: Escribe para la revista *Paula*. Forma parte del primer equipo editorial y <u>está a cargo</u> de la columna de humor *Los Impertinentes*. Colabora en una revista para niños y <u>publica</u> dos cuentos.

1970–1972: Isabel entra en la televisión mientras su tío Salvador Allende es elegido primer ministro socialista de Chile.

1973: Su obra de teatro *El Embajador* <u>se representa</u> en Santiago. Golpe de estado del 11 de septiembre encabezado por el general Augusto Pinochet Ugarte. Salvador Allende muere, se sospecha que asesinado.

1975: Isabel y su familia <u>se trasladan</u> a Venezuela. Allí permanecen durante 13 años, debido a la amenaza de la dictadura chilena. Isabel <u>colabora</u> con el periódico *El Nacional*, de Caracas.

1981: Al recibir la noticia de que su abuelo de 99 años se está muriendo, <u>comienza</u> a escribirle una carta que se convertirá en el manuscrito de *La Casa de los Espíritus*.

1982: Se publica *La Casa de los Espíritus*.

1990: Democracia en Chile. Isabel regresa después de 15 años de ausencia para recibir el Premio Gabriela Mistral de manos del presidente Patricio Aylwin.

1993: <u>Se estrena</u> *La Casa de los Espíritus*, en Londres producida por Bernd Eichinger y dirigida por Billie August.

1994–actualidad: Publica *Paula* y otras muchas novelas como *Hija de la Fortuna*, *Afrodita* o *La Ciudad de las Bestias* y recibe muchos premios que <u>reconocen</u> el talento de la escritora.

---

1 Lee la biografía de Allende y escribe el infinitivo de los verbos subrayados con la traducción al inglés.

2a Lee el resumen del libro y busca los sinónimos de estas palabras o expresiones en el texto.

1 principios	4 deteriorando
2 fallece	5 transcurso
3 rara	6 se hace mayor

2b Escribe una breve introducción de la autora y su novela. ¿Quién es Isabel Allende? ¿De qué trata *La Casa de los Espíritus*? ¿Hasta qué punto la novela refleja la filosofía y las experiencias de Allende?

3 Según la biografía de la autora, se ha realizado una adaptación al cine de la novela. Haz una investigación de la película. ¿Quiénes son los actores? ¿Es la película similar al libro? ¿Identificas a los personajes del libro con los de la película?

Unas pinceladas de *La Casa de los Espíritus*

Con *La Casa de los Espíritus* comienza el empeño de Isabel Allende por rescatar la memoria del pasado, mediante la historia de tres generaciones de chilenos desde comienzos del siglo XX hasta la década de los setenta.

El eje de la saga lo constituye Esteban Trueba, un humilde minero que logra prosperar a base de tenacidad y se convierte en uno de los más poderosos terratenientes. Tras su matrimonio frustrado con Rosa, que muere envenenada por error, se casa con otra hermana, Clara, incompetente para las cosas de orden doméstico pero dotada de una extraña clarividencia: es capaz de interpretar los sueños y de predecir el futuro con sorprendente exactitud. La brutalidad de Esteban, hombre lujurioso y de mal carácter, irá minando un matrimonio difícilmente conciliable y los conflictos se extenderán también a sus hijos y nietos.

La novela recorre, con el paso de los años, la evolución de los cambios sociales e ideológicos del país, sin perder de vista las peripecias personales – a menudo misteriosas – de la saga familiar. Estas convulsiones afectarán a la familia de Esteban Trueba con distintos matices de dramatismo y violencia. El viejo terrateniente envejece y, con él, una forma de ver el mundo basada en el dominio, el código de honor y la venganza.

4 *La Casa de los Espíritus* tiene una temática muy amplia. Lee las siguientes citas del libro y hazlas corresponder con el tema que tratan.

1 "Las damas se ponían collares de perlas falsas hasta las rodillas y sombreros de bacinilla hundidos hasta las cejas, se habían cortado el pelo como hombres y se pintaban como meretrices, habían suprimido el corsé y fumaban pierna arriba."

2 "¡Son unos imbéciles, no se dan cuenta que la derecha se está armando!"

3 "Los caballeros andaban deslumbrados por el invento de los coches norteamericanos, que llegaban al país por la mañana y se vendían el mismo día por la tarde, a pesar de que costaban una pequeña fortuna…"

4 "El primer golpe le cayó en el estómago. Después lo levantaron y lo aplastaron sobre una mesa."

a el abuso del poder
b la emancipación de la mujer
c la lucha entre ideologías
d los avances tecnológicos

5a La novela recorre tres generaciones. Haz corresponder los personajes principales de abajo con su descripción. ¿Quién es quién? Después construye un árbol genealógico alrededor de Esteban Trueba.

Esteban Trueba	Blanca, Jaime y Nicolás
Severo y Nívea	Pedro Tercero García
Clara	Alba Jean Satigny

1 Personaje principal y autoritario en torno al cual gira toda la historia de la novela.
2 Son los hijos del matrimonio Trueba.
3 Se convierte en el marido de Blanca en contra de su voluntad siguiendo las instrucciones de su padre.
4 Es el enamorado de Blanca con el que tendrá una hija pero con el que nunca se casa.
5 Se convierte, tras la muerte de su hermana, en la esposa de Esteban Trueba.
6 Es la hija de Clara y Pedro.
7 Son los padres de Rosa y Clara.

5b Elige a uno de los personajes principales y haz una caracterización más detallada.

6a Escucha la primera parte de una mesa redonda con un crítico literario sobre *La Casa de los Espíritus* y completa las frases con tus propias palabras.

1 El estilo de la autora es …
2 Los narradores de la historia son …
3 Los tiempos verbales que abundan en la historia son …
4 La obra está dividida en …
5 La obra termina con …
6 La novela cuenta la historia de los Trueba pero también …

6b Escucha la segunda parte de la entrevista y elige la opción adecuada para cada pregunta.

1 El crítico piensa que …
  a la historia es estupenda pero literariamente no es muy clara.
  b la historia es estupenda pero las descripciones son muy largas.
  c la historia es estupenda y no te pierdes con el argumento.

2 El crítico encuentra …
  a los localismos un poco difíciles de entender.
  b que el uso de localismos no impide entender la historia.
  c extraño el uso de localismos ya que su público es universal.

3 El crítico …
  a tiene interés por la política.
  b no tiene ningún interés por la política.
  c piensa que la temática política del libro es demasiada.

4 Según el crítico, la autora …
  a nos invita a reflexionar sobre una variedad de temas que aparecen en el libro.
  b hace una reflexión personal sobre diversos temas.
  c refleja los diferentes temas objetivamente.

5 Según el crítico, Isabel Allende …
  a copió el uso del "realismo mágico" de García Márquez.
  b utiliza "el realismo mágico" en muchas de sus obras como otros autores de su región.
  c sólo utilizó "el realismo mágico" en una de sus obras.

6 El crítico admira a la escritora por …
  a ser feminista.
  b no tener pelos en la lengua.
  c la trayectoria política de toda su familia.

6c ¿Y tú? ¿Estás de acuerdo con el crítico? ¿Qué opinas de *La casa de los Espíritus* y de su autora? Escribe una crítica sobre la novela y compárala con la de tu compañero/a.

Exam practice questions

Hablar

En tu examen oral debes hablar del escritor(a) y la obra que has escogido. Para prepararte debes tener en cuenta las siguientes preguntas.

- ¿Qué has aprendido de la vida del escritor(a) que has elegido?
- ¿Qué influencia tiene el contexto en la obra del autor(a)?
- ¿Cuáles son las influencias del autor(a)? ¿Se reflejan en su obra?
- Habla de una de sus obras. ¿Cuáles son los temas principales? ¿Como los presenta el escritor?
- ¿Quién y cómo es el personaje principal del libro? ¿Te gusta el personaje? ¿Por qué? ¿Te identificas con el personaje?
- ¿Cómo es el estilo del autor/a? ¿Utiliza simbolismos?
- ¿Qué has aprendido estudiando a este escritor(a)?
- ¿A quién le recomendarías este escritor(a)?

> See page 114 for help with revising for the oral exam.

Escribir

Escribe un mínimo de 250 palabras sobre uno de los temas siguientes.

- Compara dos personajes principales del libro que has estudiado. ¿Cuál prefieres? ¿Qué reacción provocan en ti estos personajes? Justifica tu respuesta.
- ¿Cuál es el tema principal del libro que has estudiado? ¿Hasta qué punto te identificas con el mensaje?
- ¿Cuáles son las técnicas literarias que ha usado el autor en su obra? ¿Cómo contribuyen a la calidad de la obra?
- ¿Qué se puede aprender de la sociedad del escritor a través de su obra?
- Analiza los aspectos positivos y negativos de la obra que has estudiado. ¿Qué cambiarías?

> See pages 110–113 for ideas on how to write a really good cultural topic essay.

Vocabulario

el argumento	*plot*	La estructura de esta obra es muy típica/original/ innovadora/convencional porque ...	*The structure of the work is typical/ original/innovative/ conventional because ...*
el autor	*author*		
un capítulo	*chapter*		
un cuento	*short story*		
el desenlace	*end*	El autor quiere destacar la injusticia/pobreza/ el abuso de los derechos humanos ...	*The author wants to highlight injustices/ poverty/the abuse of human rights ...*
un ensayo	*essay*		
el estilo	*style*		
el lector	*reader*		
la narrativa	*narrative*	El autor no duda en tratar temas polémicos como ...	*The author doesn't hesitate to deal with polemic themes, such as ...*
una novela	*novel*		
un novelista	*novelist*		
el personaje	*character*	Lo que realmente me ha impresionado es ...	*What struck me above all was ...*
la temática	*themes*		
el tono	*tone*	La historia tiene lugar en ...	*The story takes place in*
abordar (el tema)	*to address (the theme)*	La novela presenta situaciones/personajes ordinarios/ extraordinarios ...	*The novel shows ordinary/extraordinary situations/ characters ...*
publicar	*to publish*		
simbolizar	*to symbolise*		
didáctico	*didactic*		
humorístico	*funny*	Esta historia es sobre todo ...	*This story is mainly ...*
irónico	*ironic*		
El personaje principal parece ... porque ...	*The main character seems ... because ...*	Se puede interpretar este libro como una reacción contra ...	*This book can be interpreted as a reaction against ...*
Se podría decir que el estilo es cómico/ trágico/satírico	*It can be said that the style is comic/tragic/satiric*		

1a Lee el principio de estos tres conocidos poemas y únelos con el autor que corresponda.

1 Canción del pirata
Con diez cañones por
banda,viento en popa,
a toda vela,no corta el
mar, sino vuela un velero
bergantín.
Bajel pirata que llaman,
por su bravura, *El Temido*,
en todo mar conocido
del uno al otro confín.

2 Caminante no hay camino
Caminante, son tus huellas
el camino y nada más;
Caminante, no hay camino,
se hace camino al andar.
Al andar se hace el camino,
y al volver la vista atrás
se ve la senda que nunca
se ha de volver a pisar.
Caminante no hay camino
sino estelas en la mar.

3 Me gustas cuando callas
Me gustas cuando callas porque estás como ausente,
Y me oyes desde lejos, y mi voz no te toca.
Parece que los ojos se te hubieran volado
Y parece que un beso te cerrara la boca.

Como todas las cosas están llenas de mi alma
Emerges de las cosas, llena del alma mía.
Mariposa de sueño, te pareces a mi alma,
Y te pareces a la palabra melancolía.

Pablo Neruda   José de Espronceda   Antonio Machado

Poetas: Antonio Machado, Rafael Alberti, Mario Benedetti, Rosalía de Castro, Rosario Castellanos

Dramaturgos: Valle-Inclán, Buero Vallejo, Tirso de Molina, Hugo Argüelles, Lope de Vega

3b Comparte la información que has encontrado con tu compañero/a. ¿Qué poema u obra de teatro te parece más interesante?

1b ¿Qué te inspiran los poemas? Escribe dos adjetivos para calificar cada uno de los poemas y comparte tus respuestas con tu compañero/a.

2 Haz una breve investigación sobre las tres obras de teatro siguientes y únelas con la sinopsis adecuada. Si es necesario, utiliza Internet.

1 La obra cuenta la historia del príncipe Segismundo, que sale de la cueva en la que había sido encerrado por su padre para convertirse en rey por breve tiempo antes de ser devuelto de nuevo a ella.

2 La obra muestra el amor de Calisto y Melibea y cómo este usa a una vieja alcahueta para que interceda por él ante su enamorada.

3 La obra está basada en un pueblo pequeño en el que se reflejan el odio entre clases sociales y las penurias que sufre la clase trabajadora mexicana.

 a *La Celestina* de Fernando de Rojas
 b *La vida es sueño* de Calderón de la Barca
 c *Un día de Ira* de Emilio Carballido

3a Elige un poeta o dramaturgo de la lista y haz una investigación en Internet de cinco minutos.

If you decide to study a poet or a dramatist for one of your cultural topics, you will need to be ready to discuss or write about any of the aspects listed in the AQA specification. As you study, make sure you prepare answers to the questions below.

Do you know at least one group of poems or play by this writer really well?
Poems
What are they about? What poetic techniques are used? What is their tone? How is this achieved?
A play
What is it about? What are the main characters like and how is this conveyed? What decisions has the author made on technical aspects of the play? (scenery, dialogue, lighting, setting)
Both
What themes does the work illustrate?
Is the author trying to convey a message?
How does s/he do this?

Do you know something about the writer and what influenced him or her?
Were they influenced by events or people from their own life? Is their work affected by the period in which they lived? Were they influenced by other writers, artists or thinkers?

What is your personal opinion of this author's work?
What do you admire about it?
Do you agree with the author's ideas?
What do you find interesting about their style?
Do you have any criticisms of the work?

Federico García Lorca

4 *¿Sabes quién es Federico García Lorca? Una de sus obras más conocida es La casa de Bernarda Alba, ¿sabes de qué trata?*

1 Haz una investigación en Internet sobre el poeta y dramaturgo Federico García Lorca y escribe una breve biografía sobre los momentos más importantes de su vida. Comparte tu información con tu compañero/a.

1 ¿En qué año nació?

2 ¿Cuándo y cómo murió?

3 ¿Dónde y qué estudió?

4 ¿Con qué otros escritores se le relaciona?

5 Aparte de *La casa de Bernarda Alba*, ¿qué obras escribió y cuándo? Menciona tres.

2a Lee el texto y busca frases o expresiones en español que significan lo mismo que:

1 stands out

2 known throughout the world

3 began to become known

4 amongst others

5 a travelling group

6 which will benefit the author

7 the theatre was unknown

8 which promised so much

2b Vuelve a leer el texto y discute las siguientes preguntas con tu compañero/a.

● ¿Cuál era el objetivo de Lorca al formar la Barraca?

● ¿Cómo influye el contexto histórico?

● ¿Cómo piensas que habría continuado la carrera profesional de Lorca si no lo hubieran asesinado?

El teatro del pueblo

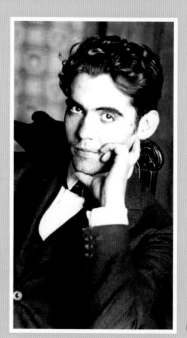

De todas las figuras literarias del siglo pasado destaca el poeta y dramaturgo Federico García Lorca. No sólo escribió tragedias ya mundialmente conocidas como *Yerma y Bodas de Sangre*, sino también poesías líricas. Gracias a él, el teatro español empezó a hacerse conocido fuera de España. Mientras estudiaba en Madrid conoció a un grupo de intelectuales – el pintor Salvador Dalí, el gran cineasta Luís Buñuel y el músico compositor Manuel de Falla, entre otros.

A principios de 1930 quería llevar el teatro clásico de Lope de Vega y Calderón de la Barca a todos los pueblos de España y decidió formar un grupo itinerante llamado la Barraca. Muy pronto el país experimentaría grandes cambios políticos con el establecimiento de la Segunda República en 1931, los cuales beneficiarían al autor en su labor teatral. El recién creado Ministerio de Cultura e Información Pública apoyó la fundación del grupo universitario de teatro ambulante, La Barraca, que Lorca dirigió junto con Eduardo Ugarte. La Barraca viajó a zonas rurales donde se desconocía el teatro, montando adaptaciones de obras clásicas del Siglo de Oro. Se representaron un total de 13 obras de teatro en 74 localidades entre los años de 1932 a 1936.

Lo más trágico de todo fue que una vida que tanto prometía acabó cruelmente cuando la Guardia Civil le fusiló a principios de la Guerra Civil en 1936.

3a Elige la palabra correcta para cada espacio.

Todos recordamos a Lorca

El (1) …… de Lorca es, junto al de Valle-Inclán, el más importante escrito en castellano durante el siglo XX. Se trata de un teatro de una (2) …… muy variada con (3) …… o personajes fantásticos como *La Luna y la Muerte*, lírico, en ocasiones, con un sentido profundo de las fuerzas de la naturaleza y de la vida. Lorca se atrevió con todos los géneros (4) ……, las farsas, los dramas y las tragedias. *La casa de Bernarda Alba*, (5) …… en junio de 1936, aborda el problema de la solterona española y es considerada por la (6) …… como la obra fundamental de Lorca.

| belleza | gama | teatro | crítica | concluida |
| literarias | teatrales | estilo | símbolos | |

3b Traduce el texto al inglés.

4a Lee el texto sobre *La casa de Bernarda Alba*. ¿Cuál crees que es la intención de Lorca al escribir la obra? Comparte tu respuesta con tu compañero/a.

Una historia de mujeres

La casa de Bernarda Alba es una historia de mujeres sin hombre. Bernarda, que a la muerte de su marido se queda al cuidado de sus cinco hijas, somete a éstas a una disciplina tal que resulta, en la práctica, un enterramiento en vida.

La aparición de un hombre, Pepe el Romano, para casarse con Angustias, la hija mayor, desencadena una serie de acontecimientos que conducen a este grupo de mujeres a un inesperado final.

García Lorca muestra la complicada situación de la mujer en un pequeño pueblo andaluz: las presiones a las que la somete la sociedad de la época, el peso de la tradición, la desmedida autoridad materna, la tendencia al cuchicheo y a la envidia, los casamientos por interés, … todo ello contrapuesto al deseo de libertad que germina en el interior de todas las mujeres y que las lleva o bien a la resignación, o bien a la rebeldía.

4b Haz una lista de los principales personajes y contesta a las siguientes preguntas. Prepara una presentación oral.

● ¿Cómo los definirías? Escribe dos adjetivos para cada uno de ellos.

● ¿Qué personaje te parece más interesante?

● ¿Qué personaje te cae peor?

4c *La casa de Bernarda Alba* también se ha llevado al cine. Ve la película entera o algunos fragmentos en Internet. ¿Cuáles son las similitudes y las diferencias entre la película y la obra? ¿Qué personaje de la película representa mejor al personaje del libro?

5 Escucha el principio del Acto I de la obra y completa las siguientes frases con tus propias palabras.

1 La escena tiene lugar en …
2 Los dos personajes que aparecen son …
3 El ruido que se escucha al levantarse el telón es de …
4 La voz que se escucha desde fuera llama a …
5 Los personajes describen a Bernarda como …

6 Escucha una breve exposición sobre la obra y escoge la opción adecuada.

1 La casa de Bernarda Alba se escribió en …
   a la primavera de 1936.   c el verano de 1936.
   b la primavera de 1937.

2 La obra se considera …
   a un drama.   c una comedia.
   b una tragedia.

3 Los símbolos …
   a abundan en la obra.
   b apenas aparecen en esta obra.
   c no son propios del drama.

4 El color verde representa …
   a la sexualidad.   c la rebeldía.
   b el vestido de Adela.

5 La luna es un símbolo …
   a de pureza.   c de positividad.
   b sexual.

6 Los nombres de los personajes …
   a no significan nada.
   b están relacionados con la personalidad de los personajes.
   c dan conotaciones negativas.

7 Elige otra escena de la obra y haz un análisis. Escribe al menos 250 palabras y menciona los siguientes puntos:

● ¿Qué pasa en la escena?

● ¿Cuáles son los personajes que aparecen?

● ¿Qué símbolos utiliza Lorca en la escena?

● ¿Cuál es la intención del escritor en ese fragmento?

● ¿Cuál es tu opinión sobre la escena y la obra?

Hablar

En tu examen oral debes hablar de la obra del poeta o dramaturgo que has escogido. Para prepararte debes tener en cuenta las siguientes preguntas:

- ¿Qué has aprendido sobre la vida del escritor que has elegido?

- ¿Cómo se reflejan sus experiencias en su obra?

- Habla de una de sus obras. ¿Cuáles son los temas principales? ¿Cómo los presenta el autor?

- ¿Qué caracteriza al estilo del autor? ¿Qué es lo que más te gusta de su estilo? ¿Utiliza simbolismos?

- ¿Quién y cómo es el personaje principal de la obra? ¿Te gusta el personaje? ¿Te identificas con el personaje? ¿Por qué?

- ¿A quién le recomendarías este escritor(a)? ¿Por qué?

> See page 114 for help with revising for the oral exam.

Escribir

Escribe un mínimo de 250 palabras sobre uno de los temas siguientes.

- Compara dos escenas de una obra de teatro o dos poemas de una colección. ¿Cuál prefieres? Justifica tu respuesta.

- ¿Cuál es el mensaje principal de la obra que has estudiado? ¿Crees que el mensaje tiene relevancia hoy en día?

- ¿Cómo ha influenciado la vida del autor en su obra?

- ¿Qué se puede aprender de la sociedad del escritor a través de su obra?

- Analiza los aspectos positivos y negativos de la obra que has estudiado.

> See pages 110–113 for ideas on how to write a really good cultural topic essay.

Vocabulario

el estilo	style
los temas recurrentes son	the recurring themes are
el tono	tone
abordar (el tema)	to address (the theme)
criticar/los críticos	to criticise/the critics
didáctico	didactic
emotivo	emotional
humorístico	funny
irónico	ironic

El teatro

el actor	actor
el decorado/los trajes	scenery/costumes
el diálogo	dialogue
el director escénico	director
la escena/en escena	stage/on stage
el espectador	member of the audience
el narrador	narrator
el personaje	character
la personalidad	personality
la puesta en escena/la dirección	direction
el telón	curtain
una tragedia/ una comedia/una farsa	tragedy/comedy/farce
buscar la diversión	to try to amuse

denunciar	to denounce
impactar a la audiencia/ al público	to shock the audience
la historia se sitúa en la época de ...	the story is set at the time of ...
la obra trata el tema ...	the play deals with the topic ...

La poesía

la aliteración/la asonancia	alliteration/assonance
la estrofa	verse (of poetry)
la metáfora	metaphor
los recursos estilísticos	stylistic devices
la rima	rhyme
hacer una analogía/ una comparación	to compare
el adjetivo X se emplea para ...	the adjective X is used to ...
este poema aborda los sentimientos de	this poem addresses feelings of
el poeta evoca	the poet evokes
el vocabulario empleado es ...	the vocabulary used is ...
mezcla lo abstracto con la realidad	mixes the abstract and reality
con el fin de conmover al lector	in order to move the reader

1a Aquí tienes los nombres de cuatro artistas hispanohablantes con algunas de sus obras más famosas. ¿A cuáles de ellos conoces? Clasifícalos según su disciplina artística. Búscalos en Internet si no los conoces.

1 Santiago Calatrava – *La Ciudad de las Ciencias*

2 Enrique Iglesias – *Bailamos*

3 Alejandro Amenábar – *Los Otros*

4 Pablo Ruiz Picasso – *El Guernica*

a Pintura	**c** Dirección de cine
b Música	**d** Arquitectura

1b 🗣 Escucha la información sobre los personajes de 1a. ¿De quién se habla?

2a Lee las etiquetas y emparéjalas con la persona adecuada.

1 Luís Buñuel	**3** Julio Iglesias
2 Alejandro Amenábar	**4** Shakira

If you decide to study the work of a film director, architect, musician or painter for one of your cultural topics, then you will need to be ready to discuss or write about any of the aspects listed in the AQA specification. As you study, make sure you prepare answers to the questions below.

Do you know some of this artist's work well? (e.g. a film, a number of buildings, compositions or paintings)
Can you describe its main characteristics?
What techniques are typical of this artist?
What themes does the work illustrate?
Is the artist trying to convey a message?
How does s/he do this?

Do you know something about the artist and what influenced him or her?
Were they influenced by events or people from their own life?
Is their work affected by the period in which they lived?
Were they influenced by other writers, artists or thinkers?

What is your personal opinion of this artist's work?
What do you admire about it?
Do you agree with the artist's ideas?
What do you find interesting about their style?
Do you have any criticisms of the work?

2b Elige tres de los siguientes personajes y escribe frases similares. Si es necesario, búscalos en Internet.

Cine: Alfonso Cuarón, Fernando Trueba, Pilar Miró, Carlos Saura

Música: Andrés Calamaro, Carlos Santana, Lola Flores, Maná

Arquitectura: Andrés Jaque, Antonio Palacios, Eduardo Torroja, Ricardo Bofill

Pintura: Francisco Goya, Frida Kahlo, Diego Rivera, Diego Velázquez

2c 👥 ¿Qué personaje te parece más interesante? ¿Por qué? Comparte tus ideas con tu compañero/a.

A Cantautora roquera colombiana que sigue escribiendo su propia música aunque ahora lo hace tanto en inglés como en español.

B Cantante de baladas que todavía no ha pasado de moda pero ha sido sobrepasado en fama por su hijo, Enrique.

C Joven director que dirigió el thriller psicológico, *Abre los Ojos*, que recordaba algunas películas de Hitchcock y se llevó al cine americano bajo el título *Vanilla Sky*.

D Padre (ya difunto) del cine español, este director colaboró con el pintor Salvador Dalí al principio de su carrera.

Pedro Almodóvar

▸ *¿Qué sabes de Pedro Almodóvar? ¿De qué trata Mujeres al borde de un ataque de nervios?*

Un as del cine

Interesado por el séptimo arte desde pequeño, Pedro Almodóvar se lanzó a conseguir su sueño de hacer cine a los 16 años, cuando se trasladó a Madrid con la intención de estudiar y labrarse una carrera. A finales de los sesenta, a pesar de la dictadura, Madrid supone para un adolescente provinciano la ciudad de la cultura y la libertad. Durante años trabajó en diferentes empleos y ahorró dinero suficiente para comprarse una cámara de súper ocho: con ella empezó a rodar sus primeros cortos, que le sirvieron de aprendizaje como cineasta.

En aquellos tiempos, Almodóvar alternaba sus inicios en el cine con otras actividades artísticas: escritor (guiones de cómic, colaboraciones en periódicos y revistas underground, novelas), actor teatral (formó parte del grupo Los Goliardos, donde conoció a Carmen Maura), músico (creó un grupo de punk-glam-rock junto a McNamara) …

Pedro incluso escribió por encargo una fotonovela para la revista *El Víbora*, que más tarde serviría como base para su primer largometraje: *Pepi, Luci, Bom y otras chicas del montón* (1980). Pese a la falta de medios con la que se rodó, el innovador estilo del cineasta causó sensación y convirtió el film en película de culto.

Dos años después llegó *Laberinto de pasiones*, que fue muy bien acogida por el público y le convirtió en un referente del cine español. Con su tercer film, *Matador*, Almodóvar empezó a darse a conocer en el extranjero. Pero fue la comedia *Mujeres al borde de un ataque de nervios* (1987) la que le dio la fama definitiva: además de batir récords de taquilla, recibió varios premios nacionales e internacionales y fue nominada al Oscar al mejor film extranjero.

Aunque el gran momento de Almodóvar estaba por llegar. En 1999, *Todo sobre mi madre* alcanzó un éxito sin precedentes, se hizo con infinidad de premios y obtuvo el Oscar al mejor film de habla no inglesa. A esta le han seguido unas cuantas películas más que han hecho hablar al público y esperamos impacientes que el cineasta nos deleite de nuevo en breve.

1a Lee el artículo sobre Almodóvar y busca los sinónimos de estas expresiones o palabras en el texto.

1 lograr
2 se mudó
3 trabajos
4 películas de breve duración
5 compaginaba
6 tuvo éxito
7 recibimiento
8 multitud

1b Lee otra vez y contesta a las siguientes preguntas sobre Almodóvar. Puedes extender tus respuestas buscando más información en Internet.

1 ¿Cuándo y dónde empezó su carrera?
2 ¿Qué significó Madrid para el cineasta?
3 ¿Qué aspectos de su biografía te parecen más interesantes?
4 ¿Cuáles han sido sus influencias a la hora de hacer cine?

2a Aquí tienes cuatro de las películas del cineasta. Intenta unirlas con su sinopsis y comprueba tus respuestas en Internet.

A Volver B Todo sobre mi madre C Tacones lejanos D Pepi, Luci, Bom y otras chicas del montón

1 Manuela siente la necesidad imperiosa de buscar al padre del hijo que acaba de perder en un accidente. La gran obsesión vital del chico fue la de saber quién era su padre, algo que ella siempre le escondió. Con esa intención Manuela viaja a Barcelona, donde se reencontrará con él, aunque ahora transformado en Lola.

2 Tres generaciones de mujeres, sobreviven al viento solano, al fuego, a la locura, a la superstición e incluso a la muerte a base de bondad, mentiras y una vitalidad sin límites. Ellas son Raimunda casada con un obrero en paro y con una hija adolescente, Sole, su hermana, se gana la vida como peluquera. Y la madre de ambas, muerta en un incendio, que se les aparece para solucionar un par de asuntos pendientes.

3 El marido de Rebeca fue primero el gran amor de su madre, la diva "Becky del Páramo". Ambas se reencuentran justo cuando el marido de Rebeca muere asesinado. El juez del caso es también una drag-queen de noche, una fan imitadora de Becky.

4 Una ama de casa abnegada, su vecina "moderna" y una rockera diabólica, un trío imposible de vidas aparentemente opuestas, se encuentran y sus vidas cambian de rumbo. Inmersas en el frenesí de La Movida madrileña, las benditas casualidades modifican el destino de todos los personajes.

2b ¿Qué sinopsis te parece más interesante? ¿Has visto alguna película de Almodóvar? ¿Te gustó? ¿Qué otras películas de él te gustarían ver? Comparte tus ideas con tu compañero/a.

3a A continuación tienes una crítica sobre la película de Almodóvar *Mujeres al borde de un ataque de nervios*. Ve la película y escribe tu propia respuesta de unas 100 palabras al artículo. Incluye los siguientes puntos:

- ¿En qué aspectos estás de acuerdo con el autor de la crítica?
- ¿En qué discrepas?
- ¿Qué es lo que más te gusta de la película?
- ¿Qué cambiarías?

Mujeres al borde de un ataque de nervios a la cabeza del cine español

Sin duda alguna la primera gran obra maestra de ese incomparable (e irrepetible) genio que es Pedro Almodóvar, deliciosa e irresistible comedia de situación que gira en torno a la soledad de las mujeres en un mundo dominado por hombres que las engañan, mienten, ningunean y hasta las enloquecen. Con un guión repleto de escenas brillantes, de personajes magníficamente escritos, con diálogos divertidísimos y un ritmo excelente, sin apenas baches (algo inusual en el Almodóvar de la época), consigue el director manchego dar vida, en el efervescente Madrid de los años 80, a diferentes mujeres abandonadas por sus parejas en el momento más inoportuno de sus vidas para, a través de excelentes y divertidísimas escenas, conducirlas a un mismo punto de encuentro tanto físico como emocional.

3b La película participó en varios festivales de cine y recibió muchos premios nacionales e internacionales. Investiga en Internet y comparte lo que has encontrado con tu compañero/a.

4a Pepi es el personaje principal de la película. Lee el siguiente texto sobre una de las escenas de la película y rellena los huecos con las palabras o expresiones del recuadro.

En la película *Mujeres al borde de un ataque de nervios*, Pepi es el personaje principal y vive en un (1) ...... muy moderno en el centro de Madrid. Pepi trabaja en un estudio con Iván, ambos son (2) ...... y eran una (3) ...... pero su relación sentimental ha fracasado y ya no están juntos. Pepi desea hablar con Iván pero él no (4) ...... y por eso no para de dejarle mensajes en el (5) ...... Pepi (6) ...... con Iván y con otras mujeres a las que él (7) ...... con bonitas palabras. Por eso Pepi está (8) ...... y (9) ...... la cama. Es ahí cuando empieza toda la trama.

> actores de doblaje   actrices desesperadas   piso
> coge el teléfono engaña quema   contestador
> pareja   casa   sueña   se mete   piso

4b ¿Qué otros personajes aparecen en la película? Nombra cinco. ¿Cuál es tu personaje favorito? ¿Por qué? Comparte tus respuestas con tu compañero/a.

5a Escucha la entrevista con Pedro Almodóvar sobre *Mujeres al borde de un ataque de nervios*. Hay cinco frases correctas, ¿cuáles son?

1. Almodóvar se centró en las mujeres porque según él lloran mejor que los hombres.
2. Los hombres sufren más que las mujeres pero no lo exteriorizan.
3. Cuando están dolidas las mujeres defienden lo que creen que es suyo a toda costa.
4. La poco fuerza de voluntad de Pepa le hace estar dolida durante toda la película.
5. Al final de la película Pepa muestra otra cara de la moneda ya que supera el hecho de que su amante la haya dejado.
6. Lucia está estancada en el tiempo y todo lo que le interesa es deshacerse del recuerdo de su ex marido.
7. Lucia perdona a Iván, su ex marido, al final de la película.
8. Marisa entra en un sueño profundo porque le duele mucho la cabeza.
9. El teléfono no tiene ninguna connotación negativa simplemente es un elemento neutral que ayuda al desarrollo del guión.
10. El teléfono es un símbolo que refleja no la comunicación, sino la falta de ésta.

5b Vuelve a escuchar la entrevista y corrige las frases falsas.

6a ¿Cuál es tu interpretación de la película y su simbología? Prepara una breve exposición para presentar al resto de la clase.

- ¿Cuál es el tema principal de la película?
- ¿Cuál es en tu opinión la intención del cineasta?
- ¿Cuál es el papel de la mujer en la película?
- ¿Cómo refleja el tema principal a través de los personajes?
- ¿Cuál es tu opinión de la película en general?

6b Presenta tu exposición a la clase y escucha las presentaciones de tus compañeros/as. ¿Estás de acuerdo con ellos? Discutid en grupo las diferencias y similitudes en vuestras exposiciones.

Antonio Gaudí

▸ *¿Sabes quién es Antonio Gaudí? ¿Cómo ha impactado su obra en la ciudad de Barcelona?*

Antonio Gaudí: un hombre excepcional

Antonio Gaudí es una de las figuras más emblemáticas de la cultura catalana y de la arquitectura internacional. Nació en el Baix Camp (Reus, Riudoms), pero fue en Barcelona donde se formó, trabajó y vivió con su familia. También es en esta ciudad donde encontramos la mayor parte de su obra. Cultivó principalmente la arquitectura, pero también el diseño de muebles y objetos, el urbanismo y el paisajismo, entre otras disciplinas. En todos estos campos, desarrolló un lenguaje propio muy expresivo y consiguió crear una obra que se dirige directamente a los sentidos.

1a Traduce la breve introducción de Gaudí al inglés.

1b ¿Qué conoces de Gaudí? Aquí tienes algunas fechas importantes en su vida y algunas palabras claves. Enlaza las fechas claves con las palabras.

1868 1878 1904 1852 1918 1882

Nace
Sagrada Familia   Barcelona
Casa Batlló   Muere   Título de arquitecto

1c Haz una investigación en Internet para extender la información y escribe una mini biografía sobre el arquitecto.

2a Hay cuatro obras de Gaudí que han sido declaradas Patrimonio de la Humanidad por la UNESCO. Une las obras con su imagen y con el texto que las describe.

El parque Güell   Casa Milà   Casa Batlló   La Sagrada Familia

1 Es el resultado de la **reforma** total de una antigua casa convencional. El proyecto de Antoni Gaudí i Cornet del año 1904, fue fuertemente cuestionado por las autoridades municipales de la época, debido a una serie de elementos del diseño de Gaudí que superaban ampliamente los límites de las **ordenanzas** municipales pero se convirtió una de sus más poéticas y decorativas obras.

2 Es un gran jardín con elementos arquitectónicos situado en la parte superior de la ciudad de Barcelona. Ideado como urbanización, fue diseñado por encargo del empresario Eusebio Güell. **Construido** entre 1900 y 1914, fue inaugurado como parque público en 1922. Pertenece a la etapa naturalista, periodo en que el arquitecto **perfecciona** su estilo personal.

3 Es la obra maestra de Gaudí, y el máximo exponente de la arquitectura modernista catalana. Gaudí cambió radicalmente el primer proyecto sustituyéndolo por uno propio, mucho más ambicioso, original y atrevido que el inicial. Una de sus ideas más **innovadoras** fue el diseño de las elevadas torres cónicas circulares que sobresalen apuntadas sobre los portales, estrechándose con la altura.

4 Conocida más popularmente como *la Pedrera*, fue edificada entre 1906 y 1910 para la familia Milà. Es uno de los edificios residenciales esenciales de Gaudí y uno de los más imaginativos de la historia de la arquitectura, esta obra es más una escultura que un edificio. La fachada es una impresionante, variada y armoniosa masa de piedra ondulante sin líneas rectas donde también el hierro forjado está presente en los balcones que **imitan** formas vegetales.

2b ¿Qué obra te parece más interesante? ¿Por qué? Elige una de las obras y haz un estudio sobre ella en Internet. Escribe un párrafo para añadir a la información de arriba. Comparte tus ideas con tu compañero/a.

2c Escribe dos sinónimos para cada una de las palabras en negrita en los textos.

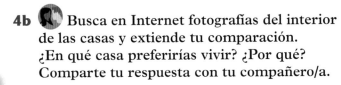
3a Lee el siguiente artículo sobre el estilo de Gaudí y completa los huecos con las palabras del recuadro.

Una mezcla de sentidos y formas

Gaudí tenía un sentido innato de la geometría y el (1) ......, el cual aplicaba con gran capacidad imaginativa y le permitía realizar obras maravillosas. Es considerado el maestro del (2) ...... Catalán, aunque su obra también incursionó en el **Arte Neogótico** y otras veces en el **Arte Oriental**.

Es indudable que su fuente de (3) ...... surge del **Naturalismo**, Gaudí estudió con profundidad las formas (4) ......, buscando un lenguaje para plasmarlas en la arquitectura.

También buscó estímulos en libros medievales, en el arte (5) ......, y en ilustraciones de construcciones orientales. La rigidez de la línea recta se rompió y sus estructuras eran creadas generalmente en tres (6) ......, ya fuera en yeso, barro, tela metálica, o cartón mojado y moldeado; realizando las modificaciones directamente en la obra, en el momento de la realización.

Su visión de la arquitectura como un todo, lo obligaba a trabajar con la colaboración de numerosos (7) ......, entre los que encontramos: arquitectos, pintores, escultores, constructores, contratistas, carpinteros, ceramistas, cerrajeros, decoradores, yeseros, herreros, trabajadores del mármol y vidrio, especialistas en forja y fundidores. Todos ellos supervisados por el ojo (8) ...... de Gaudí.

artesanos	perfeccionista	estudiantes
inspiración	orgánicas	gótico
volumen	Modernismo	lenguaje
dimensiones	izquierdo	

3b Gaudí estuvo influenciado por el **Arte Neogótico**, el **Arte Oriental** y el **Naturalismo**. ¿Qué obras de Gaudí muestran cada uno de esto estilos? Busca en Internet dos obras para cada uno de ellos.

3c ¿Qué obra te ha gustado más? ¿Por qué? Elige cinco adjetivos para describirla.

4a Mira las fotos de la fachada de la Casa Vicens y la casa Batlló. ¿En qué se parecen? ¿En qué se diferencian? ¿Cuál prefieres? Haz una comparación con tu compañero/a.

4b Busca en Internet fotografías del interior de las casas y extiende tu comparación. ¿En qué casa preferirías vivir? ¿Por qué? Comparte tu respuesta con tu compañero/a.

5 Escucha una presentación sobre Gaudí y su entorno y contesta a las siguientes preguntas.

1 ¿Cuántos hermanos tenía Gaudí?
2 ¿Qué enfermedad le diagnosticaron cuando era pequeño?
3 ¿Qué tuvo que hacer su padre para pagar los estudios de Gaudí?
4 ¿Cómo era el carácter de Gaudí?
5 ¿Y su físico?
6 ¿Qué facilitó el florecimiento de Barcelona a finales del siglo XIX?
7 ¿Cuál fue el primer proyecto que realizó?
8 ¿Por qué se unió a la "Associació Catalanista d'Excursions Científiques"?
9 ¿Qué símbolos nacionalistas podemos ver en su obra?

6 Gaudí escribe: "*El arquitecto es el hombre sintético, el que es capaz de ver las cosas en conjunto antes de que estén hechas.*" Escribe un artículo de opinión de tres párrafos contestando a las siguientes preguntas:

1 ¿Estás de acuerdo con el enunciado? Justifica tu respuesta.
2 ¿Cuáles son para ti las características de un buen arquitecto?
3 ¿Crees que Gaudí fue un buen arquitecto? ¿Por qué?

7 Elige la obra de Gaudí que más te guste y prepara una presentación detallada con fotografías en PowerPoint para exponer al resto de la clase. Incluye el estilo, las influencias, los materiales, tu opinión y lo que te inspira la obra.

Hablar

En tu examen oral debes hablar de la obra del artista hispanohablante que has escogido (un director de cine, arquitecto, músico o pintor). Para prepararte debes tener en cuenta las siguientes preguntas:

- ¿Qué aspecto de la obra te parece más interesante?
- ¿Qué técnicas utiliza en sus obras? Describe la obra que más te gusta de este artista.
- Habla de una de sus obras. ¿Cuáles son los temas principales? ¿Cómo los presenta el autor?
- ¿Cuándo fue reconocida su fama? ¿Cómo ha influido su obra en la disciplina a la que pertenece?
- ¿A quién le recomendarías este artista? ¿Por qué?
- ¿Cuáles son las emociones que sientes al contemplar su obra?

See page 114 for help with revising for the oral exam.

Escribir

Escribe un mínimo de 250 palabras sobre uno de los temas siguientes.

- ¿Cuáles son las principales técnicas del artista que has estudiado? ¿Hasta qué punto es el pionero en estas técnicas?
- Compara dos obras del artista que has estudiado ¿Cuál prefieres? Justifica tu respuesta.
- ¿Cuál es el estilo de la obra que has estudiado? ¿Qué temática trata?
- ¿Cómo ha influenciado la vida del artista en su obra y como se refleja la sociedad de la época en ella?
- Compara y analiza los aspectos positivos y negativos de la obra u obras que has estudiado.

See pages 110–113 for ideas on how to write a really good cultural topic essay.

Vocabulario

la crítica	criticism
un estilo innovador	innovative style
una obra maestra	masterpiece
una técnica nueva	new technique
crear una atmosfera de …	to create an atmosphere of …
dejar una marca imborrable en …	to leave an indelible mark on …
desafiar las presiones sociales	to defy social pressures
evitar los estereotipos	to avoid stereotypes
mostrar un vivo interés por …	to show a lively interest in …
provocar	to provoke
tratar temas como …	to treat themes such as …
vanguardista	cutting edge/very modern
hace alusión a …	to make a reference to …
la obra rompe con …	the work breaks with …

Cine

el guión	script
ganar un Oscar/premio/ nominación	to win an Oscar/prize/ nomination
grabar/la grabación	to film/filming
la acción tiene lugar en …	the story takes place in …
x encarna/interpreta el papel de	x plays the role of
la historia está inspirada en …	the story is inspired by …

Música

el director de orquesta	conductor
la melodía	tune
la riqueza harmónica	rich harmony
el ritmo	rhythm
una sinfonía	symphony
lleno de calidez	full of warmth
la música encarna la pasión	the music portrays passion

Arquitectura

la calidad de vida	the quality of life
construir/fabricar	to build
diseñar	to design/build
estar hecho de … (cemento, madera)	to be made of … (cement, wood)
el urbanismo	town-planning
respetar el medio ambiente	to respect one's surroundings

Pintura

las bellas artes	fine arts
un cuadro	painting
una exposición	exhibition/to exhibit
las formas	shapes
la luz natural	natural light
aplicar una capa de color	to apply a layer of colour
en el fondo	in the background
en primer plano	in the foreground

Cultural topics study skills

This section will help you choose which two cultural topics you would like to study and show you how to research them and to perform well in the exam.

Cultural topic (each relates to Spain or a Spanish-speaking region or country)

Page 87 A region
Page 91 A period of 20th century history
Page 95 An author
Page 99 A dramatist or poet
Page 103 A director, architect, musician or painter

Sample material

La Comunidad Valenciana
La Guerra Civil Española
Isabel Allende
Federico García Lorca
Pedro Almodóvar
Antonio Gaudí

1 Researching a topic

Researching your topic

A Below is a list of the skills you will need when researching your topic (1–5). For each one, choose two sentences from a–j which describe ways of developing them.

1 Developing your knowledge and understanding
2 Deciding which are the most important facts
3 Making notes in Spanish
4 Learning the facts you need for the examination
5 Developing and expressing your own opinions

a Disregard the trivial and concentrate on facts you can use for your arguments. Facts about an author's life, for example, are only useful if they tell you something about his work.

b Don't accept the opinions you read as true – decide whether you agree or not and look for evidence to back up your point of view.

c Bullet-point notes are more helpful than copying long sentences or paragraphs from source texts.

d Consult magazine and newspaper articles and books – all in Spanish, of course!

e Learn key facts and key phrases rather than whole sentences.

f When reading a text, try to identify the two or three main issues.

g Collect a range of phrases to help you express whether you agree with something or not.

h Test yourself using cards with key facts on one side and English prompts on the other.

i Organise your notes under sub-headings. Have separate sections for each bullet point from the specification.

j Use a Spanish search engine to find texts.

Finding information

You must be really familiar with all the bullet points for your topic which are listed in the AQA specification. A page of key facts for each bullet point would be a good starting point.

If you pick Catalonia as a region to study and want to collect information on its economy, it would be useful to type any of these key words into a search engine, alongside *Cataluña*.

turismo – pesca – artesanía – población – industria – desempleo – trabajo – lengua

Once you start researching, you can use each article you read to point you towards other interesting aspects of the topic.

A You find the following information when researching the painter Salvador Dalí. It contains useful starting points for research on his influences. Make a list of them, using key words which you could type into a search engine alongside his name.

Dalí nació en Figueras, España en 1904. Entre 1921 y 1926, asistió a la Escuela Nacional de Bellas Artes de San Fernando en Madrid. Dalí se dedicó al dibujo y la pintura desde muy joven. Mantuvo una gran amistad con el poeta Federico García Lorca y el cineasta Luis Buñuel. Durante aquella época adquirió influenzas del cubismo, futurismo y de los pintores metafísicos italianos del siglo XX.

Para 1929, Dalí se unió a los pintores surrealistas de Paris, se convirtió en uno de los líderes del movimiento y en el expositor más espectacular de esa corriente.

En 1939 se traslada a los EEUU, alternando sus estancias en Portlligat, cuyo paisaje se convirtió en el motivo principal de su obra. Fue expulsado del surrealismo acusado de fascista, por André Breton. A su regreso a España en 1948 siguió, la tradición espiritual de Zurbarán, Murillo, Valdés Leal y los grandes místicos de la literatura castellana.

En 1974 se inaugura en Figueras su museo Teatre Museu Dalí. Tras la muerte de su esposa Gala en 1982, constituye la fundación Gala-Salvador Dalí que administra su legado. Muere el 23 de enero de 1989 en Figueras.

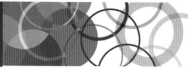

Cultural topics study skills

2 Planning a good essay

- When planning your essay, always bear in mind what the examiner is looking for. Two of the most important things are:
  - a clear understanding of the task
  - an essay which is well planned and logical.

Understanding the task

Some questions ask you to use your knowledge of one aspect of your topic, such as the development of industry in the region you have studied. You will always be asked to do more than just list the facts and the question will require you to 'analyse', 'compare' or 'evaluate'.

Other questions require you to draw your knowledge of different aspects of a topic together. To write an essay on whether you judge a period of history to have been mainly positive or negative you will have to choose the most relevant aspects.

Making a logical plan

It's important to organise your ideas into a clearly-structured argument before you start writing.

Every essay will follow the pattern:

introduction → main body → conclusion.

Concentrate first on planning the main body of the essay. You need to think of three or four main ideas which will each form a paragraph.

A **Which of the ideas below might well be relevant to this essay title?**

Analiza los aspectos positivos o negativos de las ideas del dramaturgo que has estudiado.

1 los datos autobiográficos

2 los aspectos humorísticos de una de sus obras

3 el por qué no crees que el retrato del personaje principal sea realista

4 la historia que se cuenta en la obra

5 la importancia de los temas de la obra

6 una lista de las obras escritas por este dramaturgo

B **Choose an essay title for your topic and jot down three or four ideas which could be the basis of relevant paragraphs.**

Introductions and conclusions

The introduction should do three main things:

1 state which author/region/period of history you have studied

2 refer to the precise question you are answering (but not answer it!)

3 outline how you intend to approach the subject.

Equally important is a good conclusion, to round off your essay.

A Read the two possible introductions for this essay title: *Analiza las ventajas y los inconvenientes de vivir en la región que has estudiado.* Which of these introductions most successfully does the three things listed above? Justify your choice to a partner.

> **a** La Comunidad Valenciana ofrece toda una gama de ventajas a sus habitantes como el bello paisaje, su fascinante patrimonio y la excelente red de carreteras y transporte con el resto de España. Voy a examinar todos estos aspectos con mucho más detalle así como los inconvenientes que residen principalmente en la falta de empleo y en la necesidad de hablar valenciano para acceder a puestos administrativos y espero poder explicar sus causas y sus consecuencias.

> **b** En la región que he estudiado hay muchísimas ventajas para los habitantes que disponen de un bello paisaje, una historia y un patrimonio interesantes y de un nivel de vida bastante alto. Pero no hay que olvidar los inconvenientes ya que hay muchos pueblos del interior que están bastante aislados y muchos problemas en relación a las dificultades de los jóvenes para encontrar trabajo.

B **Choose an essay title on your topic and write an introduction for it. Then swap with a partner and comment on each other's work.**

C **Think of a suitable word to fill each gap in the following paragraph.**

A good conclusion should round off your essay well, referring to the (1) ...... you have already used without (2) ...... it. It will not offer completely new (3) ...... It will address the (4) ......, perhaps answering it definitely, perhaps offering more than one (5) ...... It will offer your own (6) ......, formed after considering all the points you have made in preceding (7) ......

3 Using facts and evaluation in every paragraph

Writing a good paragraph

Once you have your main paragraph ideas, you will need to think how to develop each one. All the points made in one paragraph should be on the same general theme. A good way to structure them is to follow this pattern: statement → examples → evaluation.

The mix of relevant facts and evaluation – that's your chance to weigh up what the facts show and what you think about them – is vital. You need to show it in every paragraph of your essay.

Ⓐ **Explain which of these paragraphs is a more successful combination of these important factors: facts and evaluation.**

Essay title: *¿Qué es lo que se aprecia sobre todo en la obra del artista que has estudiado?*

a Uno de los cuadros más conocidos de Picasso es *Las señoritas de Avignon*. Picasso nos muestra cuatro mujeres desnudas con rostros muy diferenciados. Dos de ellas parecen que lleven máscaras de estilo africano y la de la derecha recuerda al perfil  de las figuras egipcias. Las mujeres exponen sus cuerpos que rompen con el ideal de belleza femenina de antes como si estuvieran en un burdel pero sin la presencia masculina. El autor también incluye un bodegón de frutas en la parte inferior del cuadro. Me parece una obra de lo más divertida.

b Encuentro la obra de Diego Velázquez fascinante por la profundidad, el realismo y los contrastes de luz que emplea en sus cuadros. En *Las Meninas*, Velázquez nos plasma una escena  de la corte presidida por la infanta Margarita que se rodea de sus meninas, de dos enanos y un perro en el taller del artista. La infanta, el artista y la enana nos miran a nosotros y nosotros los miramos a ellos totalmente inmersos en la obra pero en el espejo se reflejan las rígidas imágenes de Felipe IV y su segunda esposa Mariana de Austria lo que da a pensar que son ellos a los que el artista está retratando. La gran atención al detalle y la profundidad

del espacio se pueden observar también en su obra *Las Hilanderas* en lo que todo está unido armónicamente por la luz. Son ambas, dos de las obras más célebres y misteriosas del artista.

Ⓑ **Analyse the techniques used in paragraph b answering these questions in English.**

  a What aspect of the painter's work has the writer chosen to describe in this paragraph?

  b What is seen in the painting *Las Meninas*?

  c What is the effect of the painting on the person looking at it?

  d What similar effect is said to be found in *Las Hilanderas*?

Ⓒ **Consider the essay title *Analiza los temas principales del libro que has estudiado a través de su contenido*. The statements a–c below are extracts from *Don Quijote de la Mancha* by Miguel de Cervantes. Match each extract with the three topic sentences.**

a *Llenósele la fantasía de todo aquello que leía en los libros, así de encantamientos como de pendencias, batallas, desafíos, heridas, requiebros, amores, tormentas y disparates imposibles; y asentósele de tal modo en la imaginación que era verdad toda aquella máquina de aquellas sonadas soñadas invenciones que leía, que para él no había otra historia más cierta en el mundo.*

b *¡Oh señora de la fermosura, esfuerzo y vigor del debilitado corazón mío! Ahora es tiempo que vuelvan los ojos de tu grandeza a este tu cautivo caballero, que tamaña aventura está teniendo.*

c *Ahora bien, todas las cosas tienen remedio, si no es la muerte, debajo de cuyo yugo hemos de pasar todos, mal que nos pese, al acabar de la vida. Este mi amo por mil señales he visto que es un loco de atar, y aun también yo no le quedo en zaga, pues soy más mentecato que él, pues le sigo y le sirvo, si es verdadero el refrán que dice: «Dime con quién andas, decirte he quién eres», y el otro de «No con quien naces, sino con quien paces.»*

1 El amor de Don Quijote

2 La amistad de Don Quijote y Sancho

3 La locura de Don Quijote

Ⓓ **Choose an essay title for your topic and write one paragraph from the middle of the essay, starting with a statement of the main idea you want to convey in that paragraph and following it with relevant examples and evaluation.**

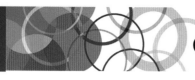

Cultural topics study skills

4 Using a full range of vocabulary and structures

Collecting useful language

Learn some general vocabulary for discussing ideas and opinions. The following is a starting point:

la obra	work
la obra maestra	masterpiece
la forma en la que (el autor) …	the way in which (the author) …
crear (una tensión)	to create (tension)
cuestionar	to question
debatir/tratar/hablar de	to discuss
evocar	to evoke
exponer	to expose
expresar los sentimientos	to express one's feelings
rechazar las convenciones	to reject convention
sentir las emociones	to feel the emotions
significar	to mean

You also need to collect vocabulary relevant to your own topic. Note down phrases you come across in your reading and research. Much of it will be recyclable in future essays!

Consult the topic-specific vocabulary list relevant to you: a region (p 90), a period of history (p 94), an author (p 98), a poet or dramatist (p 102) or a film director, architect, musician or painter (p 108).

A1 List 15 words or phrases which are relevant to your own topic.

A2 Compare your list with that of anyone else doing the same topic as you and share ideas.

Make a point of collecting synonyms for over-used words.

B Think of a synonym for each of these common verbs (1–7).

1	decir	2	pensar	3	intentar	4	deber
5	terminar	6	mostrar	7	dar		

Using a variety of different structures

Make a point of including a wide variety of grammatical structures in your essays. You will find some useful suggestions in the Stretch and Challenge section on pages 128 to 134. Here's a checklist of ideas:

- the subjunctive (see Grammar section 10)

  Espero que la nueva película de Aménabar *se estrene* pronto.

- present participles (see Grammar section 9.3)

  Haciendo uso de la rima asonante, el poeta plasma con toda descripción como se siente al volver a su pueblo natal.

- negatives (see Grammar section 8)

  No/ninguno(a/os/as)/nadie/nada/tampoco/ni/nunca

  Nadie duda de este punto.

  Tampoco se puede ver *ningún* rasgo autobiográfico en la obra.

- relative pronouns (*que, quien, donde, cuando, cuyo, …*) (see Grammar section 6.9)

  El cuadro *que* estás viendo es un retrato de su madre.

  En un lugar de la Mancha *de cuyo* nombre no quiero acordarme, vivía un caballero llamado Alonso Quijano.

- comparatives and superlatives (see Grammar section 4)

  Este personaje es *más interesante que* … *menos divertido que* … *tan difícil de comprender que* …

- two-verb constructions (see Grammar section 9.1)

  verb + infinitive: *deber, poder, querer, preferir, gustar, odiar, necesitar*

  verb + a + infinitive: *ayudar a, comenzar a, aprender a, decidirse a, incitar a, llegar a*

  verb + de + infinitive: *dejar de, acabar de, quejarse de, olvidarse de, terminar de, cansarse de, tener ganas de*

- reflexives (see Grammar section 12)

  La misma idea *se refleja* durante toda la película.

- si clauses

  present + future

  Si reducimos los impuestos, *habrá* que reducir también los servicios.

  imperfect + conditional

  Si se dieran más subvenciones, las regiones aisladas *podrían* mejorar sus carreteras.

  pluperfect + conditional perfect

  Si hubiéramos previsto les resultados, *no habríamos aceptado nunca* esta idea.

A Read through some research material for your topic and find six expressions with impressive grammatical constructions. Learn them so you can adapt them in your own sentences.

B Write six sample sentences from an essay for your topic, using a different construction from the list above in each one.

5 Writing accurately and checking for accuracy

Improving your accuracy: a checklist

It's important to write as accurately as possible. If you make errors, you will be penalised, but worse still, the examiner might not understand what you meant to say and then you will lose content marks as well as accuracy marks. Here are some useful tips.

– Keep revising grammatical points and doing practice exercises.

– Know your weaknesses! Check your written work, particularly for mistakes you know you often make.

– Check marked work carefully and read the comments. Are there corrections you don't understand? Ask. Are there silly errors which you could have corrected yourself? Make a mental note to look out for those next time.

– Learn model sentences by heart so you can reuse and adapt them and be sure they are correct.

– Always allow a few minutes at the end of an exam to check your work through.

Match them up.

Every underlined word is a mistake. Which description (a–h) fits each one? And what is the correct version?

1 Los habitantes de esta región <u>es</u> en general bastante pobres.

2 Galicia es una región <u>lleno</u> de placeres para los amantes de la gastronomía.

3 Yo no creo que esta obra <u>es</u> realista.

4 En esta zona no <u>se hacen</u> nuevas carreteras desde hace diez años.

5 Es una región donde <u>viejos</u> tradiciones todavía existen.

6 Es una persona <u>quien</u> compuso mucha música clásica en su juventud.

7 La casa rural <u>ha sido construido</u> con una ayuda del Gobierno provincial.

8 Según las previsiones, Madrid <u>tenerá</u> más turístas este verano que Andalucía.

a a verb which should be in the perfect tense

b an incorrect relative pronoun

c a verb which does not agree with its subject

d a verb which should be in the subjunctive

e a verb whose irregular form is incorrect

f an adjective which should have an irregular feminine form

g a past participle which needs a feminine agreement

h an adjective which is missing its agreement

What's wrong?

The errors in these sentences have been underlined. What is the correct version?

a La vida de esta región es relajante y <u>tranquilo.</u>

b Tampoco <u>no hay</u> mucha industria en la zona del interior.

c <u>La que</u> me atrae de esta ciudad, es el clima.

d La región de Asturias <u>es situada</u> en el norte de España.

e Además hay muchas <u>atracción</u> para los turistas.

f La pesca es <u>tan</u> importante <u>que</u> la agricultura en la costa.

g Si <u>llueve</u> más en Andalucia, no habría tantas zonas desérticas.

h Es importante tener una buena red de transporte para que <u>crece</u> el turismo.

i Las exportaciones en el norte están <u>subiando</u> a un ritmo acelerado.

j Los gobiernos <u>deben a promover</u> el turismo rural a través de subvenciones.

Find the errors (1). There is one mistake in every sentence. Find it and correct it.

1 La Inquisición fue un institución que fundaron los Reyes Católicos en 1478.

2 El objetivo de la Inquisición estaba establecer la unidad religiosa.

3 Los judíos que practicaron su religión fueron perseguidos y expulsados.

4 Ningún persona podía leer los libros considerados prohibidos por la censura.

5 La mayoría de la población tenía miedo por la Inquisición.

6 La organización de la Inquisición era mucho compleja.

7 Si no hubiera existido la Inquisición, habrían haber más religiones en la historia de España.

8 La Inquisición fue abolido el 15 de julio de 1834.

Find the errors (2). There are errors in each of the sections. Find them and correct them.

1 Tras la muerte de Franco, Don Juan Carlos apostó sin embargo por una monarquía democrática, constitucional y parlamentaria a las que habría que llegar por una decidido programa de reformas realizado desde el gobierno en diálogo pacífico con la oposición al régimen.

2 Para mí, Adolfo Suárez fue la personaje más emblemática de la transición democrática española al crear La Ley de Reforma Política.

3 Las primeras elecciones de la democracia español fue el 15 de junio de 1977.

4 En enero de 1986, España ha ingresado en la Comunidad Europea y en el marzo del mismo año, un referéndum ha garantizado la permanencia española en la OTAN.

5 La forma de vida de los españoles has cambiado rápidomente en los últimos veinte años.

6 Preparing for the oral exam

Sample starter questions

Region: ¿Qué aspectos de la geografía de esta región te interesan?

Period of history: Describe los acontecimientos principales de este periodo.

Author: ¿Cuáles son los temas principales de su obra?

Poet/Dramatist: Describe las influencias culturales de este poeta/dramaturgo.

Musician/Painter, etc.: ¿Qué técnicas de este artista admiras?

Giving plenty of detail

It's essential to answer the questions you are asked as fully as possible. The examiner will be frustrated if s/he has to keep pumping you for information!

Ⓐ Look at this answer to the question on the interesting geographical aspects of a region. Notice how each addition to the answer develops it and makes it more likely to score high marks. How many 'aspectos de la geografía' does the candidate mention?

La Comunidad Autónoma de Castilla-León es la más grande de España.

Castilla-León está formada por nueve provincias entre Burgos, Salamanca y Valladolid.

Está enclavada en la submeseta norte, teniendo por límites principales el *Sistema Ibérico*, a oriente, la *Cordillera Central*, al sur y la *Cordillera Cantábrica*, al norte. Al occidente, está separada de Portugal por el río *Duero*.

Su clima, debido al cinturón montañoso que bordea la Comunidad, es de tipo continental.

Pero no es sólo conocida por su diversidad geográfica sino también por la belleza de sus ciudades entre las que destacan Burgos por sus murallas medievales y Segovia por su acueducto romano.

Ⓑ Plan out a full answer to one of the sample starter questions. Don't write it all out, just jot down bullet points as quick reminders of the main points.

You need to have some key facts to hand for any aspect you might have to discuss. In the example above, the candidate would need information on all the things s/he chose to mention in his/her initial answer.

Ⓒ Choose one aspect you mentioned in your initial answer and write a set of bullet points to help you talk about it in more detail.

Giving your opinion

The examiner will want to know what you think about various aspects of your topic. A good answer is one which is backed up with references to the topic.

Ⓐ Read the three answers to the question *¿Admiras a este autor?* Explain why each one is slightly better than the ones before it.

1 Sí, pienso que las obras de Camilo José Cela son muy interesantes y divertidas.

2 Sí, me encanta cómo experimenta con la forma y el contenido y como ridiculiza a los personajes en sus obras.

3 Sí, pienso que sus obras son muy divertidas a la vez que plasma la realidad tal y como es. Por ejemplo en La Colmena presenta la vida miserable de sus personajes en el Madrid de los años inmediatamente posteriores a la Guerra Civil. La mayoría de los personajes, de diferentes clases sociales, tienen problemas para obtener suficiente dinero para la comida o para una vida honesta. Por eso algunas personas tienen que hacer cosas que nunca hubieran hecho en el caso de tener dinero.

Understanding how the oral is marked

Ⓐ Here is a list of things which will gain you marks when discussing your cultural topics. Match each one with the relevant description of how to maximise your score for that aspect.

1 Fluency   3 Pronunciation and intonation

2 Interaction   4 Knowledge of Grammar

a sounding Spanish

b responding well to what you are asked, volunteering your own ideas and opinions, keeping the conversation going

c speaking at a natural pace, without undue hesitation or pauses

d using a good range of structures and vocabulary, not making too many mistakes

Exam Practice

The following pages contain three practice tests, each one to be completed after a group of three units. Each group of three units in *ánimo 2* represents the material you need to cover for one topic from the AQA A2 Spanish exam:

▸ **Environment** (pollution, energy, protecting the planet)

▸ **The multicultural society** (immigration, integration, racism)

▸ **Contemporary social issues** (wealth and poverty, law and order, impact of scientific and technological progress)

The tests are designed to encourage you to revise the topics as you go and not leave all the learning until the last minute!

Each test contains examples of all the things you will have to do in your exam:

▸ listening comprehension
▸ reading comprehension
▸ a translation from Spanish into English
▸ sentences to translate from English to Spanish
▸ a debating task.

Cultural topics in the exam

Remember too that some parts of the examination are based on your study of two cultural topics:

⊠ an essay of a minimum of 250 words
⊠ discussions lasting five minutes each on the two cultural topics you have chosen.

Practice essay and oral questions for each type of cultural topic are provided as follows:

a region .... page 90
a period of 20th century history .... page 94
an author .... page 98
a poet or dramatist .... page 102
a film director, architect, musician or painter ... page 108

How do these tests compare with the exam?

These tests will give you practice of all the skills which will be tested in the parts of your exam which are based on the AQA topics list. They are very similar in format and level to the exam questions you will answer. The number of marks allocated is exactly the same:

25 marks for listening comprehension

25 marks for reading comprehension

10 marks for the translation from Spanish to English

10 marks for the translation sentences from English to Spanish

15 marks for the debating task (5 marks for outlining your point of view and 10 marks for defending it in the debate with the examiner)

If you are doing a full oral practice, you will also be asked to have a conversation on both of your cultural topics. You will spend 5 minutes on each, making a total of 15 minutes including the debating task. In addition to separate marks for the conversation, there is an overall mark of 15 awarded for knowledge of grammar. This rewards your use of idiom, ability to use complex structures, range of vocabulary and accuracy. So it makes sense to do as well as you can on those areas when practising with these debating cards.

Your teacher will advise you about what your marks in these practice tests mean in terms of a final grade.

How to revise

Here are some useful things to do as preparation:

⊠ Look over the reading and listening activities you have done in class and learn from your mistakes.

⊠ Keep refining your grammatical knowledge and adding to your vocabulary. Two of the tasks which are new at A2 – translation from and into Spanish – make challenging demands in these areas.

⊠ For the debating task, practise outlining your ideas on aspects of each topic in turn. You could do this with a partner or perhaps record yourself speaking on each theme for one minute, Try to give four or five reasons for the point of view you have chosen and make sure you have points ready to back you up when the examiner questions your views.

What next?

When you have worked through the course and done the practice tests as you go, you will be well prepared to tackle AQA past papers. For those, your teacher can tell you exactly what grade your mark would get you by looking up the grade boundaries on the AQA website.

¡Buena suerte!

Reading

1 Lee el siguiente texto y escoge de la lista la palabra más apropiada para rellenar los espacios. ¡Cuidado! Sobran palabras. *(9 marks)*

LA CONTAMINACIÓN SONORA

La contaminación sonora es producto del conjunto de sonidos ambientales (1) _____ que recibe el oído. El ruido como parte de la contaminación ambiental, afecta seriamente a la capacidad (2) _____ provocando el envejecimiento (3) _____ del oído, sordera y daños irreversibles en el sistema auditivo. A la vez provoca otros trastornos en el organismo.

Los efectos nocivos del ruido sobre la salud van desde las alteraciones cardiovasculares, falta de (4) _____, aumento del estrés y síntomas de depresión y de carencia de sueño, generando disminución de (5)_____ de vida.

Las (6)_____ modernas conviven con el ruido, pero desconocen sus irreversibles efectos. Este tipo de contaminación que deteriora el ambiente y altera nuestras vidas, se encuentra en nuestro día a día. Algunos ejemplos: el motor de los vehículos, las bocinas de los vehículos particulares o de (7) _____ público, la construcción, las industrias, los bares, los lugares de diversión, los sistemas electrónicos (altavoces), el tráfico aéreo y los aeropuertos, etc.

La Organización Mundial de la Salud (OMS) señaló que Buenos Aires, desde 2003, se (8) _____ en la ciudad más ruidosa de América Latina, y la (9) _____ en el cuarto lugar del ranking mundial, detrás de Tokio, Nagasaki y Nueva York. Y según la OMS, una de cada 10 personas sufre trastornos auditivos. España es el país más ruidoso de Europa.

volvió	auditiva	calidad
convirtió	transporte	prematuro
nocivos	tardío	concentración
ubicó	sociedades	benignos

2 Lee los extractos de un foro sobre la energía nuclear e indica quién expresa las siguientes opiniones. Escribe M (Marta), E (Eva), P (Paco) o R (Ramón). *(7 marks)*

1 La energía nuclear ofrece una solución positiva para el medio ambiente.

2 Hay que desarrollar otras fuentes de energía.

3 Las energías alternativas no aseguran un suministro continuo.

4 La energía nuclear no es tan provechosa como parece a primera vista.

5 Sin la energía nuclear, aumentarían todavía más los problemas climáticos.

6 Una fuente de energía que cuesta poco favorece al consumo.

7 La vida de las personas mejora con el uso de la energía nuclear.

---

dblog [_____] ⊗

¿A favor o en contra de la energía nuclear?

La energía nuclear, al ser una alternativa a los combustibles fósiles como el carbón o el petróleo, evita el problema del llamado calentamiento global que tiene una influencia más que importante en el cambio climático del planeta. Mejora la calidad del aire que respiramos lo que implica un descenso de enfermedades y por lo tanto una mejor calidad de vida. (**Marta**)

Si bien la energía nuclear económicamente es rentable desde el punto de vista del combustible consumido respecto a la *energía* obtenida no lo es tanto. Hay que analizar los costes de la construcción y puesta en marcha de una planta nuclear teniendo en cuenta que, por ejemplo en España, la vida útil de las plantas nucleares es de 40 años. Eso sí, en este momento es el único remedio inmediato para el cambio climático. (**Eva**)

Pues yo creo realmente que la utilización de la energía nuclear se hace imprescindible en España. Tan sólo es necesario que la sociedad española esté más informada y sepa que las centrales nucleares son un elemento clave para garantizar la estabilidad de la red y el suministro eléctrico sin interrupciones, algo que no consiguen hoy por hoy las energías renovables, aunque eso sí, es conveniente seguir apostando por ellas. (**Paco**)

La energía nuclear nos permite producir una gran cantidad de electricidad pero no veo que esto sea una cualidad en sí. Como la energía nuclear no es cara, la usamos sin mirar cuanto consumimos. Hay que desarrollar una política para economizar la energía. Si realmente fuéramos conscientes y gastáramos menos energía en las pequeñas acciones diarias, tendríamos suficiente con lo que nos proporcionan las energías renovables. (**Ramón**)

3 Lee el artículo sobre el proyecto de un barrio ecológico. Busca una palabra o expresión en el texto que tenga el mismo significado que las siguientes (están en el orden en que aparecen en el texto). *(9 marks)*

1 tirarán abajo	6 producirá
2 proteger	7 provecho
3 rendir	8 normal
4 notable	9 trasladan
5 proveerá	

Los ecobarrios se convierten en los pioneros en ecología

El Ayuntamiento de Madrid aprobó un proyecto de urbanización en dos colonias municipales del distrito de Vallecas. De esta forma, se demolerán las residencias construidas en la década de los 60 y se reemplazarán por viviendas bioclimáticas.

Con una inversión de casi 14 millones de euros, toda la zona será rediseñada para que la nueva urbanización cuente con elementos que ayuden a preservar el medio ambiente. La idea es construir las viviendas orientadas de tal forma que se pueda aprovechar al máximo la luz solar, con lo que el ahorro energético para las familias que las habitarán será considerable.

Aparte de placas solares, el barrio contará además con un sistema no contaminante que abastecerá de energía a todos los edificios, mediante el biogás que se obtiene de los desechos urbanos. Para esto, se construirá en forma subterránea una planta de producción termoeléctrica, que utilizará tecnologías de condensación, baja temperatura, energía solar térmica y pilas de combustible.

Esta central de producción generará electricidad para la red de distribución y calor para la calefacción y el agua caliente de las 2.069 viviendas del ecobarrio. El alcalde aseguró que el rendimiento estacional anual del sistema rondará el 197%, frente al 60% que proporciona una caldera convencional.

Por otra parte, el barrio contará con una red de recogida neumática de residuos sólidos, que consiste en un conjunto de tuberías de aire a presión por donde se transportan los residuos desde las viviendas hasta el depósito de almacenamiento, donde los recogen los camiones de basura. Esta herramienta supone un ahorro del 30% respecto al coste del sistema convencional.

Listening

Las campañas medioambientales en los colegios.

4 Escucha la propuesta de la campaña medioambiental en colegios. Escoge las siete frases correctas según lo que oyes y escribe el número correcto. *(7 marks)*

1 Hay que enseñar a los niños los beneficios de proteger el medio ambiente desde una edad temprana.

2 Cuando son pequeños los niños no tienen interés en la naturaleza por eso hay que fomentarlo.

3 La familia juega un papel importante en la educación medioambiental de los niños y hay que involucrarla en el proceso.

4 La educación medioambiental abarca principalmente dos dimensiones.

5 La dimensión activa hace referencia a las acciones que desarrollamos para cuidar del medio ambiente.

6 La educación medioambiental debería ser una actividad extracurricular.

7 Existe una variedad de actividades que se pueden implantar en la clase para activar la conciencia medioambiental.

8 La plantación de árboles es muy popular pero no se aprende cómo cuidarlos y mantenerlos.

9 Hay que ligar el concepto del reciclaje con la tala de árboles y la necesidad de no malgastar papel.

10 Es el profesor el que se debería de encargar de llevar el papel a los contenedores de reciclaje.

11 Se debe crear una conciencia medioambiental dentro de cada una de las clases.

12 Los huertos ecológicos son una buena idea pero es un proyecto difícil de llevar a cabo.

13 Los alumnos no están demasiado interesados en las visitas o en los talleres didácticos.

El balance energético de este año

5 🎧 Escucha el reportaje sobre la producción de energía en España. Luego, selecciona la alternativa que mejor convenga para completar la frase. Escribe A, B, o C. *(9 marks)*

1 China es uno de los líderes en energías renovables por

  a sus grandes acciones.

  b sus plantas solares.

  c su activo financiero.

2 A pesar de la crisis España es hoy líder en

  a energía eólica.

  b energía termosolar.

  c energía solar fotovoltaica.

3 España superó a los Estados Unidos generando una potencia termoeléctrica de

  a 443 MW.   **b** 432 MW.

  c 4.032 MW.

4 *La Florida*, una de las plantas termosolares más importantes de España se encuentra en

  a Cáceres.   **b** Barcelona.

  c Badajoz.

5 Entre todas las centrales, la captación de energía solar supone un área superior a los

  a 550.000 m².   **b** 500.000 m².

  c 50.000 m².

6 Las energías se han visto favorecidas este año por la elevada cantidad de

  a agua.   **b** viento.

  c sol.

7 Las energías renovables han cubierto en España

  a el 35% de la demanda eléctrica.

  b el 25% de la demanda eléctrica.

  c el 36% de la demanda eléctrica.

8 Se habla de la generación de energía en España

  a en 2010.   **b** en 2009.

  c en general.

9 Las energías renovables son la apuesta principal en España porque

  a no producimos crudo.

  b el crudo se va a acabar.

  c las reservas de crudo son eternas.

Buscando una alternativa para los efectos del transporte.

6 🎧 Abajo tienes 9 frases. Decide, según la información oída, si las afirmaciones son verdaderas (V), falsas (F) o no se mencionan (NM). *(9 marks)*

1 España tiene cifras superiores a las medias europeas en relación a la contaminación atmosférica.

2 Aunque los combustibles son recursos renovables provocan el efecto invernadero.

3 España es uno de los países con más nivel de ruido provocado por el transporte.

4 La combustión de hidrocarburos producen la emisión de CO_2.

5 El coche ecológico está en auge en la actualidad.

6 Los vehículos ecológicos eran hasta hace poco una idea inverosímil.

7 Los coches eléctricos y los de diesel eran los rivales a utilizar coches de gasolina.

8 La gente era reacia al principio a la idea de utilizar coches ecológicos.

9 En un par de años se podrá optar a más modelos de automóviles verdes en el mercado.

Translation

7 Traduce este texto al inglés. *(10 marks)*

A medida que una sociedad se desarrolla, aumenta el consumo de energía pero, por desgracia, no siempre lo hace de un modo eficiente. Sin duda la eficiencia energética produce un aumento de la calidad de vida, y con un uso eficiente y más responsable de la energía podemos disponer de mayor confort y más prestaciones de servicios sin consumir más energía. Además, de este modo nos hacemos menos vulnerables ante posibles crisis de suministro, puesto que la energía es el motor que hace funcionar el mundo. Sin energía no nos sería posible ver la televisión, ni desplazarnos en coches o autobuses, no tendríamos ni iluminación ni calefacción en nuestras casas. Damos su uso por sentado y sólo nos preocupamos de la energía cuando escasea.

8 Traduce estas cinco frases al español. *(10 marks)*

a We should demonstrate against the harmful effects of pollution.

b Everyone is obliged to consider their carbon footprint.

c We can help more by leaving our cars in the garage.

d It will no longer be permitted to fly several times a year.

e We shouldn't forget that eating meat contributes to greenhouse gases.

Oral

9 Debating task

- ◻ Look at the two opinions in the speech bubbles.
- ◻ Choose **one** and think how you can convey and expand on its main ideas.
- ◻ Begin the discussion by outlining your point of view (this should take no longer than one minute).
- ◻ You must then be prepared to respond to anything the examiner might say and to justify your point of view (this should take about four minutes).
- ◻ You may be required to explain something you have said, to respond to an opposing point of view expressed by the examiner, or to defend your expressed opinion(s).
- ◻ You may make notes in your preparation time (20 minutes in the actual exam) and refer to them during this part of the test.

(15 marks)

OxBox This debating task is a sample. In the exam, you will be given two debating cards and can choose which to prepare. There are a further three debating tasks based on the topic of the environment on the *ánimo Resource and Assessment OxBox CD-ROM*, which can be used to make this choice possible.

Salva nuestro planeta: ¿Qué papel juegas tú?

Opinión 1
Yo hago bastante para no perjudicar al medio ambiente. Presto atención a lo que compro, a lo que consumo y al ahorro de energía y agua en el ámbito doméstico. Intento ser responsable y dejo el coche en casa siempre que puedo.

Opinión 2
Nos hablan constantemente de los pequeños gestos que podemos hacer individualmente. Pero, ¿de qué sirve realmente si soy vegetariano o no, o si cojo la bici en vez de ir en autobús? No veo en absoluto cómo yo puedo cambiar las cosas.

The Multicultural Society

Reading

1 Lee esta noticia. Hay una lista de frases 1–11 de las cuales sólo **siete** son correctas. Escribe los números de las **siete** frases correctas.

(7 marks)

El racismo contra los gitanos en los medios de comunicación

La importancia social de los medios de comunicación en las sociedades modernas hace que su actitud resulte fundamental para el estudio del racismo. Concretamente, el tratamiento que concede a las minorías étnicas puede fomentar actitudes racistas o, por el contrario, ayudar a evitarlas.

En este sentido, el tratamiento que el pueblo gitano recibe en los medios de comunicación resulta una de las mayores barreras que evitan su convivencia armoniosa con la sociedad mayoritaria. Los periódicos y las emisoras asocian gitanos a dos terrenos: el artístico y el de la delincuencia. No dejan de ser concepciones superficiales, basadas en el tópico, que están lejos de difundir una concepción amplia y rigurosa del pueblo gitano. Una concepción que dé a conocer que se trata de un pueblo con una historia, una cultura y una lengua propias, diferente pero nunca inferior.

Así, todos estamos acostumbrados a leer en los periódicos, fundamentalmente en las páginas de sucesos, aquello de "individuos de aspecto agitanado" o, simplemente, "gitanos". Se hacen eco de los acontecimientos que comportan algún hecho de carácter delictivo, aunque luego resulte que los gitanos no han sido culpables de los hechos relacionados. Tal relación, convertida ya en uso, acaba provocando una asociación terminológica gitano-delincuente que daña enormemente el prestigio y respeto al honor al que tienen derecho los gitanos europeos, tanto personalmente como colectivo cultural.

Todo ello exige que el pueblo gitano pueda contar con los medios precisos para contrarrestar, por una parte, las informaciones falsas o exageradas que sobre nosotros se difunden; por otra, la imagen estereotipada o folclórica que algunos autores crean de nuestra comunidad; y, finalmente, para potenciar y propagar todo lo que de positivo se realiza en nuestro entorno, promocionando al mismo tiempo, la cultura gitana como patrimonio que pertenece no sólo a los 2.000.000 de gitanos que viven en la Unión Europea, sino a los 10.000.000 de ciudadanos que integran el pueblo gitano europeo.

Union Romaní www.unionromani.org

1 Los medios pueden facilitar conductas racistas.

2 El racismo no está asociado a los medios de comunicación.

3 Los gitanos siempre aparecen en los medios como artistas o delincuentes.

4 Muchas veces no son los culpables de los delitos de los que se les acusa.

5 El pueblo gitano abarca una riqueza desconocida en muchas otras áreas.

6 El pueblo gitano no quiere darse realmente a conocer y pasa de los estereotipos creados.

7 El número de gitanos no es grande por eso no se promueven las actividades que realizan.

8 Los gitanos aparecen frecuentemente en las secciones de sucesos de los periódicos.

9 El término "gitano" es un término peyorativo por culpa de los medios.

10 La mala publicidad afecta no solo al colectivo cultural de los gitanos sino también al personal.

11 La creencia de inferioridad de la raza gitana se debe a que no promocionan su cultura.

2 Aquí tienes nueve testimonios relacionados con la inmigración. Decide si tratan **del trabajo (T)**, **de la educación (E)**, **de la vivienda (V)** o **de la sanidad (S)**. Escribe la letra adecuada para cada testimonio (1–9).

(9 marks)

Inmigrantes en España

1 Nosotros llegamos de Ecuador con grandes esperanzas de hacer fortuna en España. Lo tuvimos fácil porque teníamos un amigo que nos dio cobijo, de lo contrario es muy difícil encontrar un lugar.

2 Llevo tres meses buscando algo que me de un poco de dinero para subsistir. Si no encuentro nada voy a tener que regresar a mi país, pero allí la situación es incluso peor.

3 Decidí dejar mi país por razones políticas. Ahora ya hablo español pero cuando llegué a Valencia no entendía nada y no había ningún centro con plazas para aprender así que me volví autodidacta.

4 Lo que más me preocupaba al dejar mi país era encontrar un instituto que cogieran a mis hijos pero después de un montón de papeleos entraron en el más cercano a mi casa.

5 Mi experiencia aquí ha sido bastante positiva a parte de un día que me encontraba fatal y me dirigí al centro de salud de mi zona. No me querían tratar porque era extranjera y tuve que volver a casa para presentar mis papeles.

6 Encontrar un puesto laboral digno ha sido bastante difícil. Al principio tuve que recoger naranjas y trabajar en un bar ilegalmente durante meses para sobrevivir. Ahora tengo mi propio negocio.

7 Mis hijos no tuvieron ningún problema porque hablan el idioma pero los hijos de mi vecina que es de Bulgaria lo pasaron muy mal al principio porque los centros no tienen un plan educativo de integración para estudiantes que no hablan la lengua.

8 Yo llegué en una patera desde África porque las condiciones de mi país eran pésimas. El primer mes estuvimos a la intemperie hasta que entramos en una casa de acogida.

9 Las empresas explotan al emigrante y creo que debería haber mucho más control por parte del gobierno. Lo que cobro no llega ni al salario mínimo, pero ¿qué puedo hacer?

3 Lee el texto de abajo sobre la biografía de Rigoberta Menchú. Abajo tienes 9 frases 1–9. Decide, según el texto, si las afirmaciones son verdaderas (**V**), falsas (**F**) o no se mencionan (**NM**). *(9 marks)*

1 Rigoberta Menchu nació en la primera mitad del siglo XX en Guatemala.

2 Rigoberta se crió en la urbe pero pasaba largas temporadas en la montaña.

3 Los indígenas trabajan las tierras de los finqueros de la Costa Sur por salarios ridículos.

4 Los productos de esta zona como el café se mandan a otros países.

5 De sus padres aprendió a apreciar la naturaleza y a trabajar con otras personas.

6 Todos sus hermanos y su padre fueron fusilados a manos del ejército.

7 Aunque ella no sufrió ninguna injusticia fue testigo del racismo y la explotación que sufren los indígenas.

8 A causa de la pobreza, tuvo que marcharse a México para ayudar a su familia.

9 Rigoberta es conocida por ser la gran defensora de los derechos de las comunidades indígenas.

UNA LUCHADORA POR LA INTEGRACIÓN DE LOS INDÍGENAS

Indígena, Maya-Quiché, nació el 9 de enero de 1959 en la aldea Laj Chimel, municipio de San Miguel de Uspantán, Quiché, en la tierra del maíz: Guatemala. Rigoberta creció entre las montañas de Quiché y las fincas de la Costa Sur guatemalteca, zona a la que, año con año, bajan miles de indígenas a trabajar por míseros salarios, en las ricas tierras de los finqueros, donde se produce café, azúcar, algodón, y otros productos para la exportación.

Hija de dos personas respetadas en su comunidad, Vicente Menchú Pérez, luchador por la tierra y los derechos de sus hermanos indígenas y Juana Tum K'otoja, indígena experta en los saberes de los partos, desde niña aprendió de sus padres a respetar y querer la naturaleza, lo sagrado de sus sitios y la vida colectiva de las comunidades indígenas.

Pero también desde pequeña, conoció las injusticias, la discriminación, el racismo y la explotación que mantienen en la pobreza extrema a miles de indígenas en Guatemala. La miseria la obligó a buscar sustento en la capital del país, para ayudar a sus padres y hermanos,

pero fue en las comunidades indígenas donde aprendió a defenderse organizándose.

Perdió a toda su familia a manos del ejército del país en la lucha por la tierra. Este hecho constituye uno de los argumentos que sustentan la búsqueda de la Justicia Universal y la lucha contra la impunidad que lleva a cabo Rigoberta, quien logró escapar de la horrenda política de terror implantada en Guatemala y siguió, hasta que las circunstancias lo permitieron, trabajando y organizando a su gente para resistir el exterminio practicado por el Estado.

Salió al exilio a México en 1981, desde donde continuó su incansable trabajo de denuncia sobre el Genocidio en Guatemala, e inició también, el conocimiento profundo y la lucha en los espacios de la comunidad internacional a favor del respeto y por el reconocimiento de los derechos de los Pueblos Indígenas del Mundo.

Listening

Las nuevas legislaciones de inmigración

4  Escucha la noticia sobre las últimas políticas de inmigración y contesta a las preguntas 1–9. Escribe la cifra apropiada para cada pregunta. *(9 marks)*

1 ¿Cuántos años duraron las discusiones para que se aprobara la nueva legislación para el retorno de inmigrantes ilegales?

2 ¿Cuándo se acordó la nueva legislación?

3 ¿Cuántos meses como máximo se puede retener a un inmigrante ilegal?

4 ¿Cuántos años tienen que esperar para poder entrar de nuevo en la UE?

5 ¿En qué año entró en vigor la ley?

6 ¿A cuántos inmigrantes afectó?

7 ¿Cuántos estados hay en la UE?

8 ¿Cuál es el porcentaje del seguro de desempleo que abona el gobierno una vez el inmigrante regresa a su país con el plan de Retorno Voluntario?

9 ¿Cuántas solicitudes se recibieron para pedir el plan de Retorno Voluntario?

Hablando con un inmigrante

5 Escucha esta noticia. Hay una lista de frases 1–11 de las cuales **seis** son incorrectas. Escribe los números de las **seis** frases incorrectas. *(6 marks)*

1 Josué recibirá la doble nacionalidad en unos días.

2 Sus padres emigraron a España por cuestiones políticas.

3 Su abuela recibía dinero de sus padres para cuidar de él y sus hermanos.

4 Josué se reunió en España con sus padres cuando tenía quince años.

5 Josué tuvo problemas de integración cuando llegó al instituto.

6 Sus compañeros se burlaban de su forma de hablar pero sin mala intención.

7 Adaptarse en España es difícil y en general la acogida no es muy buena.

8 Sus padres tuvieron mucha suerte con el trabajo y el trámite de papeles.

9 Hoy en día en España el inmigrante puede trabajar sin papeles con facilidad.

10 Según Josué los inmigrantes lo tienen más difícil a la hora de conseguir trabajo.

11 En la actualidad necesitas un permiso de trabajo previo si quieres quedarte a vivir en España.

La crisis eleva el racismo en España.

6 Escucha la noticia sobre la actitud de la población española hacia la inmigración. En cada frase hay un error. Identifica y escribe el error. Corrige el error dando la información correcta en español. *(10 marks)*

1 El elevado número de inmigrantes requiere políticas migratorias muchos más flexibles.

2 El informe de *Evolución del racismo y la xenofobia en España* lleva realizándose desde 2008.

3 La imagen negativa hacia el extranjero está asociada a la mejora de las condiciones de trabajo.

4 El porcentaje de encuestados que son tolerantes a la inmigración es de 36%.

5 El grupo de inmigrantes africano es el que cae mejor.

Translation

7 Traduce este texto al inglés. *(10 marks)*

> Nuestra organización se encarga de mejorar la integración de los inmigrantes que llegan al país y de hacer al gobierno y a los ciudadanos más concientes de los problemas de integración que tienen lugar en nuestras comunidades. El primer obstáculo con el que se enfrentan es el idioma, obviamente excluyendo a los latinoamericanos. No hay suficientes cursos gratuitos para todos y esto repercute en la búsqueda de trabajo. Como consecuencia, muchos terminan haciendo trabajos que nadie quiere hacer, generalmente con un salario muy bajo y sin derechos laborales. Aunque es ilegal, las compañías continúan haciéndolo porque saben que los inmigrantes no se van a quejar.

8 Traduce estas cinco frases al español. *(10 marks)*

a The majority of immigrants look for better life conditions.

b The lack of alternatives makes some people leave their countries.

c Many Spaniards emigrated in the sixties for political reasons.

d The worst aspect of immigration is the difficulty in integrating in the local community.

e It is said that immigration regulations will increase in the next five years.

Oral

9 Debating task

- Look at the two opinions in the speech bubbles.

- Choose **one** and think how you can convey and expand on its main ideas.

- Begin the discussion by outlining your point of view (this should take no longer than one minute).

- You must then be prepared to respond to anything the examiner might say and to justify your point of view (this should take about four minutes).

- You may be required to explain something you have said, to respond to an opposing point of view expressed by the examiner, or to defend your expressed opinion(s).

- You may make notes in your preparation time (20 minutes in the actual exam) and refer to them during this part of the test.

(15 marks)

OxBox This debating task is a sample. In the exam, you will be given two debating cards and can choose which to prepare. There are a further three debating tasks based on the topic of the multicultural society on the *ánimo Resource and Assessment OxBox CD-ROM*, which can be used to make this choice possible.

¿Todos somos iguales?

Opinión 1
Lo de vivir todos juntos en armonía es una falacia. Siempre van a existir prejuicios hacia otras culturas. Cada uno que se quede en su país y problema solucionado.

Opinión 2
Todo el mundo tiene derecho a vivir donde quiera en igualdad de condiciones. Además, vivir en contacto con otras culturas enriquece al individuo.

Reading

1 Lee el artículo sobre el huracán Mitch en Nicaragua. Haz frases completas emparejando las dos partes (1–8) y (a–j) de acuerdo con el texto. ¡Cuidado! Sobran segundas partes. *(8 marks)*

Desastres naturales y pobreza – dos caras de la misma moneda

Cuando en 1998 el huracán Mitch devastó Nicaragua y buena parte de Centroamérica, los miles de muertos que dejó en el camino pertenecían a los estratos más pobres de la región. La violencia del Mitch encontró un pavoroso aliado en la pobreza y la desesperación de centenares de familias campesinas, desalojadas de sus tierras por el avance de los monocultivos y de la ganadería, lo que permitió que la tragedia alcanzara ribetes nunca vistos en el país.

Después del desastre, muy poca gente, y mucho menos el gobierno de aquella época, se preguntó por qué miles de personas estaban viviendo en esos terrenos ya fuertemente deforestados y erosionados por las largas temporadas de lluvia. Además, con el paso de los años y terminada la conspicua ayuda internacional que no cambió en nada la situación de pobreza de la zona, sino que enriqueció a unos pocos que se supieron aprovechar de la ocasión, los sobrevivientes volvieron a poblar nuevamente los lugares del desastre. ¿Qué otra opción tenían?

Con el huracán Juana en 1988, el Mitch en 1998 y el Beta en 2005, quedó claramente demostrado que de estas regiones se habla solamente cuando ponen los muertos o por ser territorio privilegiado para el narcotráfico.

Los niveles de pobreza y analfabetismo, la explotación de los buzos miskitos para la pesca de las langostas – ya son centenares los que quedaron inválidos – y el aislamiento de comunidades enteras ya no son noticias para nadie, sino algo que se considera natural en el marco de un sistema político, económico y social que ha colocado a Nicaragua entre los países más pobres del continente, y donde la brecha entre ricos y pobres se hace cada día más grande

La Costa Atlántica goza de una enorme riqueza en biodiversidad, madera preciosa, minas de oro y pesca y hasta se dice que a pocos kilómetros de su litoral norte, hay importantes yacimientos de petróleo. Es justamente aquí donde las poderosas transnacionales han explotado históricamente sus recursos, mientras las poblaciones originarias siguen viviendo en la absoluta miseria.

a forman parte de la vida diaria y no son cuestionados por nadie.

b explotan las zonas ricas en recursos naturales pero no ofrecen nada a cambio.

c sobretodo a las capas sociales más bajas.

d sólo se nombran cuando pasa alguna tragedia.

e eran campesinos que habían sido desalojados.

f es cada vez más grande en Nicaragua.

g van a ser favorecidas por el gobierno de Nicaragua.

h ayudó a paliar la pobreza del país y los sobrevivientes tuvieron que volver a esta región.

i hizo nada por el país.

j arrasó Nicaragua dejando a su paso miles de muertos.

2 Lee la noticia sobre la violencia juvenil y contesta las preguntas en español. *(8 marks)*

Escalofriante agresión en Valencia

Son demasiados crímenes cometidos por adolescentes, casi niños. Mientras ocurrían en los EE.UU., todos pensábamos que la violencia es una característica tradicional de la civilización americana. Pero desde hace cinco años se está detectando un descenso en la edad de los delincuentes también en Europa. Y lo que es peor: los crímenes cometidos por adolescentes o casi niños, son extremadamente crueles, en ocasiones demuestran una maldad difícilmente concebible en esa edad.

El pasado 24 de agosto, dos menores, de 15 y 16 años fueron internadas en un centro de rehabilitación de menores en régimen cerrado por haber asestado una docena de cuchilladas a una niña de 11 años. La pequeña se encuentra ingresada en la unidad de cuidados intensivos del hospital "La Fe" de Valencia con heridas en la cabeza, tórax y un brazo.

Fuentes de la familia consultadas por esta redacción informaron que la niña fue literalmente cosida a puñaladas y se encuentra grave, si bien ha recuperado el conocimiento. Todos los protagonistas de esta historia viven en el mismo bloque y los familiares de las agresoras se vieron forzados a huir ante la hostilidad del vecindario, abandonando bienes y enseres.

Los hechos ocurrieron el pasado 24 de agosto por la tarde en un descampado de las afueras de Godella, población cercana a la capital valenciana. El ataque se produjo por causas desconocidas y la víctima fue encontrada horas después de la agresión por una persona que pasaba por el lugar.

1 El huracán Mitch …

2 El desastre natural afectó …

3 La mayoría de los fallecidos …

4 La ayuda internacional no …

5 Las regiones mas desfavorecidas …

6 Las diferencias entre ricos y pobres …

7 Las grandes compañías …

8 La pobreza, el analfabetismo y la explotación …

1 ¿Por qué se menciona Estados Unidos en el texto?

2 ¿Cómo se caracterizan los crímenes que cometen los menores de edad?

3 ¿Qué pasó el pasado 24 de agosto?

4 ¿Cómo se encuentra la pequeña de 11 años?

5 ¿Cómo conocían las agresoras a la víctima?

6 ¿Cómo reaccionaron los vecinos con los familiares de las agresoras?

7 ¿Cuáles fueron las causas del ataque?

8 ¿Cómo se enteraron del accidente?

3 Lee la noticia sobre la red de satélites Galileo. Completa las frases con la palabra adecuada de la tabla. ¡Cuidado! Sobran palabras. *(9 marks)*

Galileo, el GPS europeo, se retrasa 11 años más

Galileo, el sistema europeo de navegación por satélite, una de las grandes apuestas políticas de la Unión Europea (UE), se retrasa hasta 2020. El proyecto requiere al menos de 1.900 millones de euros más para convertirse en una alternativa creíble al GPS estadounidense, según admitió ayer el comisario europeo de Transporte Antonio Tajani.

Con el presupuesto disponible ahora, solo se creará una red de 18 satélites con una precisión máxima de 247 metros, frente a los 10 metros que ya garantiza el GPS norteamericano. Los 1.900 millones de presupuesto más permitirían llegar a la constelación de 30 satélites prevista inicialmente y a obtener una precisión de 70 centímetros.

Hasta ahora se han lanzado dos satélites experimentales y en 2012 estarán en órbita los cuatro primeros satélites operativos. A partir de entonces se desplegarán dos más por trimestre hasta llegara a los 18 con los que se pondrán en marcha los primeros servicios a partir de 2014, pero con menor precisión que el GPS.

Presentado en 1999 como la gran apuesta de la UE para garantizar su independencia en el espacio y, de paso, participar en un mercado que calculaban mover 40.000 millones de euros en 2005 y generar 150.000 puestos de trabajo, Galileo ha sufrido varios retrasos. A la incapacidad de los dirigentes políticos para dar un impulso definitivo a un proyecto estratégico, la falta de fondos provenientes del sector privado y la hegemonía del GPS estadounidense se le suman de nuevo problemas de presupuestos, como ya ocurrió en 2001.

En cualquier caso el comisario Tajani reafirmó el compromiso comunitario con Galileo: "Estamos satisfechos con los progresos realizados y comprometidos a llevar este proyecto a buen término". Actualmente se estima que el 7% del PIB de los países desarrollados depende de estos sistemas de navegación y Bruselas calcula que supondrá un mercado global de 240.000 millones en 2020.

1 La puesta en práctica del sistema Galileo se _____ hasta 2020.

2 Se necesitan 1.900 millones para que el Galileo por lo menos se _____ al modelo americano.

3 Esta cantidad _____ una constelación de 30 satélites.

4 Por el momento se ha _____ con dos satélites que han salido al espacio.

5 La idea es _____ dos más cada trimestre hasta que todos estén en el espacio.

6 A partir de 2014 podremos _____ de los primeros servicios.

7 Galileo está _____ problemas de presupuesto.

8 Se _____ que Galileo genere una gran cantidad de puestos de trabajo.

9 El comisario Tajani _____ la satisfacción con los progresos conseguidos.

posibilitaría	pospone	equipare	manifestó
lanzar	disfrutar	experimentado	
experimentando	generando	espera	
necesita	vender	aceleró	

Listening

Los sin techo en España

4 🎧 Escucha la noticia sobre la gente que vive en la calle. En cada frase hay un error. Identifica y escribe el error. Corrige el error dando la información correcta en español. *(12 marks)*

1 En España hay 3.000 personas sin hogar.

2 La mayoría de la gente que no tiene casa son mujeres.

3 Estas personas son victimas de agresión que a veces incluso son grabadas con una cámara.

4 Los sin techo saben lo que es dormir en albergues la mayoría de los días.

5 El 10% de los sin techo tienen estudios secundarios.

6 En algunos casos, son las experiencias pasadas las que les lleva a este estado de exclusión social.

El paso a la educación del futuro

5 🎧 Escucha la entrevista con el director de un colegio virtual. Abajo tienes siete frases **1–7**. Unélas con las expresiones a las que se refieren (**a–j**). ¡Cuidado! Sobran tres expresiones. *(7 marks)*

1 El nuevo concepto en el campo de la enseñanza.

2 Lo que necesitas para acceder a la plataforma.

3 El tipo de conexión que necesitas para que el sistema funcione.

4 Lo que necesitan para entrar en la clase.

5 Dónde pueden chatear con sus compañeros antes de entrar a clase.

6 Lo que garantiza este colegio virtual.

7 Lo que pueden usar los alumnos para el aprendizaje.

a de alta velocidad

b normal

c una educación personalizada

d en el patio

e en la cafetería

f una plataforma virtual

g una contraseña y un nombre de usuario

h un clic

i una educación continua

j una variedad de recursos

Cara a cara con las bandas

6 🎧 Escucha la noticia del trabajo de Ágora con las bandas latinoamericanas. Luego, selecciona la alternativa **A, B o C** que mejor convenga para completar la frase. *(6 marks)*

1 El objetivo _____ de Ágora en Navarra es pacificar las relaciones entre las bandas latinoamericanas.

a principal

b importante

c secundario

2 Estos jóvenes de 15 a 20 años llevan _____ viviendo en Pamplona.

a más de 4 años

b al menos 4 años

c menos de 4 años

3 Las bandas surgen por la dificultad a _____ en la ciudad de llegada.

a tocar

b integrarse

c sobrevivir

4 Muchas de las rivalidades ocurrían en _____ y continúan en Pamplona.

a el país de origen

b las bandas anteriores

c Colombia

5 La filosofía de los líderes de las bandas es _____.

a la música

b la violencia

c la comunicación

6 En las bandas las alianzas se pueden destruir en cuestión de _____.

a rapidez

b confianza

c segundos

Translation

7 Traduce este texto al inglés. *(10 marks)*

> La revolución tecnológica de Internet parece haber llegado al sector de la salud pues un revolucionario servicio de atención médica se ha lanzado desde una plataforma financiada por Google y Microsoft. La combinación de medicina y nuevas tecnologías no es algo demasiado sorprendente porque desde hace mucho tiempo los pacientes han estado usando Internet como una referencia más para averiguar segundas opiniones o simplemente conocer detalles de sus enfermedades, o incluso compartir vivencias. Aunque automedicarse tiene su riesgo, los especialistas aseguran que es un nicho de mercado que pretende, según un anuncio publicitario de una empresa online, "ayudar a los ciudadanos a tener un control mayor sobre su propia salud".

8 Traduce estas cinco frases al español. *(10 marks)*

a We all should donate to humanitarian organisations to reduce misery in the world.

b Millions of children have died this year due to under nourishment.

c From my point of view, natural disasters are the worst enemies of poor countries.

d The high rate of unemployment has become the main cause of poverty in Spain.

e According to the survey, the number of homeless people doubled last year in the capital.

Oral

9 Debating task

- ☒ Look at the two opinions in the speech bubbles.
- ☒ Choose **one** and think how you can convey and expand on its main ideas.
- ☒ Begin the discussion by outlining your point of view (this should take no longer than one minute).
- ☒ You must then be prepared to respond to anything the examiner might say and to justify your point of view (this should take about four minutes).
- ☒ You may be required to explain something you have said, to respond to an opposing point of view expressed by the examiner, or to defend your expressed opinion(s).
- ☒ You may make notes in your preparation time (20 minutes in the actual exam) and refer to them during this part of the test.

(15 marks)

 This debating task is a sample. In the exam, you will be given two debating cards and can choose which to prepare. There are a further three debating tasks based on the topic of contemporary social issues on the *ánimo Resource and Assessment OxBox CD-ROM*, which can be used to make this choice possible.

¿Qué se puede hacer para acabar con la violencia juvenil?

Opinión 1
Los gobiernos deberían controlar mucho más a los jóvenes delincuentes. Hacen un crimen y a las horas ya están en la calle sin ningún tipo de castigo. Creo que los castigos deberían ser más duros.

Opinión 2
Muchos jóvenes se inclinan por el mundo de la delincuencia porque por motivos sociales no han tenido otra opción. Se han criado en la calle sin otra alternativa. Hay que reeducarlos y mostrarles otras alternativas.

La energía y la contaminación

1a Lee el artículo y decide un título que creas pertinente.

El desarrollo conlleva enormes inconvenientes.

La calidad de vida en las metrópolis se ha deteriorado severamente. Los grandes centros urbanos se han convertido en los principales centros de contaminación del planeta debido a la superpoblación, a la deficiente eliminación de residuos y a la polución que emiten las industrias y los vehículos.

El crecimiento y la densidad de la población mundial son cada vez mayores. Cada año se producen noventa millones de nacimientos; cada segundo nacen tres niños y dos de ellos están destinados a vivir en condiciones de pobreza.

Otra consecuencia es la aparición de desplazados por problemas ecológicos: en los últimos años 100 millones de personas se han visto forzadas a emigrar por vivir en zonas expuestas a condiciones climáticas adversas y que casi no procuran recursos para la subsistencia.

1b Lee de nuevo e identifica:

Sinónimos de …	Antónimos de …
crecimiento	mejorado
acarrea	perfecta
contrariedades	abundancia
desechos	desaparición
concentración	favorables

1c Traduce el artículo al inglés.

2 🎧 Escucha este alarmante reportaje. ¿Verdadero o falso?

1 Las formas más comunes de desechar residuos en el tercer mundo son contraproducentes.

2 Los organismos vivos son incapaces de descomponer los residuos no biodegradables de forma rápida.

3 El desecho eficiente de envases y envoltorios plásticos no supone un reto para las ciudades.

4 El encarecimiento del terreno en la periferia de las urbes se considera una condición necesaria para el equilibrio.

5 Las duras condiciones de vida en las zonas no urbanas lleva a la aparición de zonas residenciales con poca calidad de vida alrededor de las ciudades.

3a 👥 Estudia este texto sobre el biodiesel. Prepara 10 preguntas para un(a) compañero/a sobre el contenido y su opinión. Considera:

● los usos del aceite y sus consecuencias
● las cifras mencionadas
● ventajas y desventajas

> **¿Puedo llevarme el aceite usado de sus freidoras?**
>
> Cuando el aceite de cocina usado no se utiliza como alimento para engordar pollos, cerdos y reses, resultando en la preocupante ingesta de compuestos cancerígenos, se desecha por fregaderos, algo prácticamente igual de preocupante si tenemos en cuenta que cada litro de aceite vegetal contamina 1.000.000 de litros de agua, cantidad suficiente para satisfacer el consumo de una persona durante 14 años.
>
> Por fortuna, en América algunos han encontrado una solución. Se trata de adaptar los motores diesel de sus vehículos para que circulen con aceite usado. Por el momento son pocos los que se han aventurado a esta iniciativa pero están satisfechos.
>
> Los dueños de restaurantes no deben pagar a profesionales para deshacerse del aceite usado, los conductores no necesitan pagar por su carburante y el medioambiente sonríe agradecido: un resultado perfecto.

3b 👥 Debate en clase. Reflexiona sobre la iniciativa mencionada en el texto. ¿Es una buena idea? ¿Qué inconvenientes se te ocurren?

S.O.S. ¡Protejamos nuestro planeta!

1 Lee el artículo sobre easyJet. Utiliza las formas conjugadas de los siguientes verbos para completar el texto.

> decir   compensar   intentar   crear   ser
> ofrecer   contar   poder   hacer   volar

A pesar de las campañas en los medios de comunicación que (1) …… desanimarnos a (2) ……, no se puede (3) …… que la contribución de emisiones del sector aéreo (4) …… excesivamente alta. Aun así, easyJet (5) …… a sus pasajeros la opción de (6) …… las emisiones de sus vuelos a través de bonos de carbono que se (7) …… comprar al (8) …… la reserva del vuelo.

Además de la impresionante reducción de CO_2 resultado de la utilización de energía más limpia, la Hidroeléctrica de Perlabi (9) …… unos muy necesitados puestos de trabajo. Asimismo, el proyecto (10) …… con el apoyo de la ONU.

easyJet: pioneros en créditos de carbono

Aunque se confirma que la aviación sólo contribuye un 1.6% al aumento de los gases de efecto invernadero, easyJet reconoce que las compañías aéreas deben enfrentarse a los efectos del cambio climático y contribuir a su erradicación.

La calculadora de carbono de easyJet calculará las emisiones de cada pasajero en cada vuelo y sugerirá una contribución adecuada en cada caso – que se espera sea alrededor de cuatro euros por viaje de ida y vuelta – como una opción durante el proceso de compra del billete. En principio, la compañía va a utilizar las contribuciones de los pasajeros para comprar créditos de carbono del proyecto de la central hidroeléctrica de Perlabi en Ecuador. Este proyecto, aprobado por la ONU, genera electricidad limpia que reduce la dependencia de los carburantes fósiles, creando al mismo tiempo oportunidades laborales para la comunidad local. Según los pronósticos, el proyecto va a reducir 74.000 toneladas de emisiones durante los primeros 10 años.

2a Empezamos a emitir CO_2 antes de subir al avión. Escucha los clips y emparéjalos con el tema al que se refieren.

a equipaje
b la compra de billetes
c viaje al aeropuerto
d fabricación de aviones

2b Escucha una vez más. Empareja estas cifras con las palabras adecuadas. Describe con tus propias palabras lo que significan.

1 5.500.000   a gramos de CO_2 (×2)
2 140   b coches
3 34.000   c pasajeros
4 3   d kilómetros
5 100   e litros de carburante (×2)
6 50.000   f árboles
7 75
8 3.000

3 Lee las dos afirmaciones. Escoge una y reflexiona sobre cómo comunicar su mensaje y ampliar sus ideas principales. Expón tu opinión a un(a) compañero/a o a tu profesor(a). Debes estar preparado para defender tu punto de vista, responder preguntas y argumentar opiniones contrarias.

> **1** No es mi responsabilidad cuidar del planeta. Mi contribución es insignificante y puesto que mis antepasados no pensaron en mí cuando iniciaron la revolución industrial, no creo que nosotros debamos preocuparnos por el futuro que no hemos de ver. Será el problema de otros.

> **2** Si todos ponemos nuestro grano de arena podemos conseguir un mundo mejor para nuestros hijos. Ser un poco responsables y conscientes no cuesta mucho y hay montones de cosas que podemos hacer sin cambiar radicalmente nuestras rutinas diarias.

La integración

1a Escucha el reportaje y contesta a las preguntas.

1 ¿Dónde se encuentra Melilla?
2 ¿Cuál es su extensión?
3 ¿Por qué se la llama la ciudad de las cuatro culturas?
4 ¿Cómo se describe la ciudad?
5 ¿Qué intenta prevenir la alambrada?
6 ¿Qué ha ocurrido varias veces a causa de la valla?

1b Escucha de nuevo. Encuentra las frases o expresiones que significan:

1 as there is no other
2 in the so-called city
3 it calls itself
4 making reference to
5 an image of calm
6 the barbed wire fences

2 Traduce el texto al inglés.

Los Espacios Jóvenes

Los Espacios Jóvenes, una iniciativa de la Cruz Roja, se desarrollan en 21 distritos de Madrid. Trata de fomentar la educación de valores y por la misma vía hacer que se aprecien los problemas interculturales. Normalmente son grupos de adolescentes de entre doce y diecisiete años que se juntan para organizar actividades de tiempo libre. Muchos de ellos son inmigrantes y organizan debates sobre temas tales como la sexualidad, el medio ambiente o las drogas, y lo que significa para ellos ser inmigrante.

Vuelve la mezquita a Granada

El requisito de adaptación se antepone incluso al empleo para permitir el acceso al país y aunque la población autóctona aprecia la riqueza cultural que trae la inmigración (incluso más que la económica), no ocurre así con la religiosa (la más desaprobada).

Quinientos años después de haber sido expulsados por los Reyes Católicos, Isabel y Fernando, los musulmanes han construido una mezquita en el lugar mismo donde se situaba la antigua mezquita – enfrente de la Alhambra de Granada.

En el barrio angosto y antiguo de Albaicín hoy día se oye por primera vez en quinientos años la llamada al rezo del muezzin. Una nueva generación de islamistas ha surgido en el anciano corazón musulmán.

Antes del comienzo de la persecución había unas veintisiete mezquitas en este barrio. Ha llevado al menos veintidós años convencer a los habitantes de esta ciudad bastante conservadora para que permitan la construcción de la nueva mezquita. Lo que pasa es que a la gente de aquí les gusta la idea de aprovechar la cultura e historia del Al-Andalus pero cuando es asunto de permitir la libre expresión religiosa es otra cosa.

3a Lee el artículo y escoge las seis frases correctas.

1 A la gente religiosa no se les permite entrar en España.
2 La iglesia católica fue construida hace quinientos años en Granada.
3 Los musulmanes fueron expulsados por los Reyes Católicos.
4 La nueva mezquita está en la Alhambra.
5 La Alhambra está en Granada.
6 Han construido la mezquita en el mismo lugar donde estaba antes.
7 La mezquita se llama Albaicín.
8 Está situada en la parte histórica de la ciudad.
9 El barrio antes tenía bastantes mezquitas.
10 Llevan más de quinientos años construyéndola.
11 Critica a los habitantes por su actitud poco liberal.
12 La gente no celebra la historia sino la religión.

3b Lee otra vez y corrige las frases falsas.

4 Discute con un(a) compañero/a el tema siguiente:

¿Hasta qué punto los extranjeros deben adaptarse y amoldarse a las costumbres y a la vida del país de acogida?

1a 🎧 Escucha estas intenciones expresadas en el preámbulo de la Constitución española. Lee las siguientes frases y decide qué intención hace referencia a …

   a la conservación de las costumbres de las CCAA

   b la justicia social

   c la convivencia mundial

   d la prosperidad económica

   e la voz del pueblo

   f la evolución de la democracia

1b Lee esta definición de Constitución según el diccionario de la Real Academia de la lengua española. Imagina que tu instituto tuviera estudiantes de todas partes del mundo. Escribe una constitución con al menos diez artículos para protegerles a todos y promocionar el bienestar de todo el alumnado.

> "La ley fundamental de un Estado que define el régimen básico de los derechos y libertades de los ciudadanos y los poderes e instituciones de la organización política".

Ejemplo: *La constitución establece el amparo de la seguridad física de estudiantes, personal docente y no docente en el perímetro del local.*

2 Traduce estas frases al español.

   1 I am fed up with people discriminating against my friend because of his nationality.

   2 It's disappointing that racism still exists in Europe.

   3 I am not happy that at times we still treat immigrants differently.

3 Lee el artículo y completa las frases que siguen con la palabra apropiada de la lista. ¡Cuidado! sobran cuatro palabras.

La crisis eleva el racismo en España

La actual crisis ha elevado el rechazo de la población española hacia los inmigrantes, cuyo número considera 'excesivo' y ha acrecentado su demanda de políticas migratorias más restrictivas.

El informe *Evolución del racismo y la xenofobia en España* elaborado por el Observatorio del Racismo del Ministerio de Trabajo e Inmigración, refleja el avance de la menor receptividad ante el foráneo y la consolidación de una imagen negativa que la asocia al deterioro de las condiciones laborales.

Pese a la contención de los flujos migratorios, debido al nuevo escenario laboral y a un mayor control de inmigrantes en situación ilegal, la transigencia con el extranjero se hace depender cada vez más de las necesidades laborales y de su capacidad de integrarse.

Se asiente que los inmigrantes mantengan su cultura y costumbres, pero con la condición de que se avengan a las normas legales y sociales que configuran la vida en sociedad: "que no molesten al resto de los españoles".

No obstante, a la exigencia de que se integren no sigue pareja la voluntad, por parte de los españoles, de acrecentar actuaciones que contribuyen a su integración.

El análisis concluye que el 37% de los encuestados son reacios a la inmigración, el 33% tolerantes y el 30% ambivalentes. De rebote el 42% creen que las leyes que regulan la entrada y permanencia de extranjeros son demasiado tolerantes y laxas frente a sólo un 5% que las cree duras y restrictivas.

   1 La gente española exige …… más duras para restringir el número de inmigrantes al país.

   2 Hoy en día la gente española es menos …… hacia las personas extranjeras según un informe.

   3 Echan la culpa a los inmigrantes por la situación precaria en …… laboral.

   4 Actualmente el informe …… en que hay más control sobre el flujo migratorio y la situación ilegal de los extranjeros.

   5 Ponen mucho énfasis en el problema de la falta de …… por parte del inmigrado.

   6 Por un lado los nacionales son bastante …… en que los inmigrantes se adapten a la vida española.

   7 Por el otro, las actitudes negativas de los mismos no ayudan la situación de ……

   8 La conclusión deprimente del estudio refleja que el pueblo español se está poniendo cada vez más …… hacia el inmigrante.

permitir	tolerante	el mercado	insiste
integrarse	exigentes	negativo	
adaptarse	la integración	intolerante	
leyes	la situación		

La riqueza y la pobreza

Two dollars a day

- According to a study conducted by the UN, the 500 wealthiest people in the world earn more than the 416 million poorest individuals.
- Although extreme poverty of less than a dollar a day has decreased, 40% of the world population lives with a little more than two dollars per day. For each dollar invested in fighting poverty, 10 are spent on firearms.
- Norway continues to be the most developed country in the world.

1 Traduce el texto al español.

2a 🎧 Escucha las opiniones de estas personas. Lee las afirmaciones e indica de quién se trata (1–4) en cada caso.

  a No le preocupa demasiado el problema de la pobreza en el mundo.

  b Los dos dólares de los que se habla en el artículo son relativos a la situación personal.

  c No entiende la avaricia de los más ricos.

  d No está dispuesto/a a contribuir económicamente para mejorar la situación de los demás.

  e La situación no es justa pero hay que ser un poco escéptico.

  f Critica el alto gasto en armamento.

  g Implica que salir de la pobreza puede ser cuestión de voluntad y esfuerzo personal.

  h Le molesta la construcción con ánimo de impresionar.

2b 👥 Y tú, ¿qué opinas de la distribución de bienes mencionada en el texto del ejercicio 1? Expón y defiende tu opinión.

3 Rellena los espacios del texto con las siguientes palabras. ¡Atención! Sobran palabras.

> apoya   laborales   marca   sean
> cooperación   catálogo   empobrecidas
> acentúa   mercados   dignas   infantil
> apoya   criterios   son   enriquecidas
> entidades   sello   herramienta   sostenible
> mujeres

"El comercio justo me sienta bien"

Durante el mes de mayo, está programado un gran (1) ...... de actividades con motivo del día internacional del comercio justo.

El comercio tradicional raramente (2) ...... los criterios del comercio justo, y a menudo (3) ...... las diferencias entre los países ricos y pobres. El comercio justo es una (4) ...... para cambiar esta situación a través de la (5) ...... y de este modo ayudar a las poblaciones (6) ...... a salir de su dependencia y explotación.

Las (7) ...... de comercio justo siguen un sistema comercial alternativo que ofrece a los productores acceso directo a los (8) ...... del Norte y exige unas condiciones (9) ...... y comerciales justas e igualitarias, que les garantice un medio de vida (10) ......

Para que los productos lleven el (11) ...... de comercio justo, las organizaciones deben respetar una serie de (12) ...... básicos que incluyen sueldos que no les condenen a la pobreza y que (13) ...... iguales entre hombres y (14) ......, derechos laborales que permitan unas condiciones de vida y trabajo más (15) ......, respeto al medio ambiente y un no rotundo a la explotación (16) ....

El crimen y el castigo

1a 🎧 Escucha el monólogo "Diario de un preso" y contesta a las preguntas.

1 ¿Qué le llevó a cometer el delito?

2 ¿Qué dice de las celdas?

3 ¿Cómo pasó el jueves?

4 ¿Por qué se siente mejor ahora?

5 ¿Qué quiere decirles a los que están a su lado?

6 ¿Quiénes eran sus compañeros de celda?

1b 🎧 Escucha otra vez e identifica estas palabras o expresiones en español:

1 I was caught

2 theft and fraud report

3 prison cell

4 relieved to have my parents nearby

5 get my own way

6 undesirables

2a Escribe un relato sobre la experiencia del joven del monólogo. Debes describir:

- su arresto
- su estancia en la cárcel
- cómo se sentía
- su experiencia en el juzgado
- su puesta en libertad

Ejemplo: La desaparición de otro par de vaqueros y dos camisetas fue decisivo. El joven fue denunciado por...

2b 👥 Imagina y describe a un(a) compañero/a el joven del monólogo. ¿Cuál es su edad? ¿Tiene estudios? ¿Cómo es su familia? ¿Cómo es su personalidad? etc.

3 👥 Debate en clase.

- ¿Qué otras infracciones de la ley cometen los jóvenes de tu edad, a veces sin darse cuenta o sin darle importancia?
- ¿Te parece excesivo el castigo del monólogo?
- ¿Cómo castigarías tales infracciones?

4a Lee el texto. ¿Quién habla?

a Los acontecimientos hacen difícil justificar la muerte del ladrón.

b Situaciones extremas pueden llevar a reacciones impensables.

c Ver el fruto de tu sudor desvanecerse instantáneamente provoca furia.

d La reacción de la mujer fue un poco desmesurada.

e Los homicidios no son justificables.

Mujer llevada acusada de homicidio simple por matar a un ladrón

¿Víctima, asesina o defensa propia?

Graciela
Somos muchos los que nos sentimos impotentes ante la víctima llevada a juicio por defender, aunque de manera exagerada, su casa y familia. Pero los que hemos sido víctima de alguien que nos quitó en dos segundos lo que nos costó quizás años conseguir, entendemos esa rabia que ni sabíamos que teníamos.

Marcelo
En principio uno no está de acuerdo con ninguna muerte, pero hay que vivir esa desgraciada situación y ponerse en el lugar de la víctima.
Uno puede planear cuál ha de ser la reacción frente a una supuesta situación de inseguridad, pero hasta no vivirla, uno nunca está seguro de lo que es capaz de hacer.

Sara
Es complicado justificar la defensa propia en el caso de esta mujer porque si mal no recuerdo, el tipo que la asaltó se fue de la casa. Entonces ella reaccionó, buscó un arma y le persiguió hasta que le alcanzó ...

Distinto hubiera sido si le hubiese pegado el tiro mientras estaba en la casa, o cuando entraba ...

4b ¿Cuál es tu opinión? ¿Víctima, asesina o defensa propia? Justifica tu respuesta.

Avances científicos, médicos y tecnológicos

1a Lee estas ideas y clasifícalas según se refieran a características de tecnofilia o tecnofobia.

  a Siente una aversión exagerada hacia la tecnología.

  b Organiza su vida alrededor de la tecnología.

  c Siempre está dispuesto a utilizar los últimos avances tecnológicos.

  d Muestra un desinterés total por la tecnología.

  e Considera que perjudica a la sociedad.

  f Llega al extremo de vivir 'en y con el ordenador'.

  g Depende exageradamente de la tecnología.

  h Los avances tecnológicos producen tensiones sociales y psicológicas.

  i Tiene una fe ciega en las nuevas tecnologías.

  j Se siente disminuido al no saber manejar la tecnología con destreza.

1b Discusión oral: mira la tarjeta y lee las afirmaciones. Escoge una afirmación y reflexiona sobre cómo transmitir y ampliar sus ideas. Debes prepararte para responder preguntas, confrontar opiniones opuestas y justificar tu parecer. Empieza la discusión planteando tu punto de vista.

Tecnofilia o tecnofobia

> La tecnología moderna nos hace la vida más cómoda, más larga y mejor. Hoy día, aunque lo nieguen, la mayoría de las personas sienten un poco de tecnofilia debido a la gran dependencia a los distintos tipos de tecnología. Esto nos ayuda a mejorar y continuar avanzando.

> La tecnología no mejora nuestra calidad de vida, solamente nos hace querer más y nos transforma en una sociedad más consumista y materialista que nunca. Nuestros abuelos no tenían tantos avances y no hay nada que demuestre que no eran igualmente felices.

Grammar

1 Nouns and determiners

1.1 Gender: masculine and feminine

All nouns in Spanish are either masculine or feminine. Endings of nouns **often** indicate their gender, but not always.

Masculine endings	Exceptions
-o	*la radio, la mano, la modelo, la foto*
-e	*la calle, la madre*
-i	*la bici*
-u	*la tribu*
-or	*la flor*

Also masculine are:

- words ending in a stressed vowel, e.g. *el café*
- rivers, seas, lakes, mountains and fruit trees
- cars, colours, days of the week, points of the compass

Feminine endings	Exceptions
-a	*el poeta, el futbolista, el planeta, el día, el problema, el clima, el tema*
-ión	*el avión, el camión*
-ad/-tad/-tud	–
-z	*el pez, el lápiz*
-is	*el análisis, el énfasis*
-ie	*el pie*
-umbre	–
-nza	–
-cia	–

Also feminine are:

- letters of the alphabet, islands and roads
- countries, cities and towns, though there are exceptions such as *el Japón* and *el Canadá*
- Nouns referring to people's jobs or nationalities usually have both a masculine and a feminine form:

  el actor/la actriz

- Sometimes there is only one form used for both masculine and feminine:

  el/la cantante   el/la periodista

- Some nouns referring to animals have only one gender whatever their sex:

  la serpiente, el pez, la abeja

- Some nouns have two genders which give them different meanings:

  el capital – money   *la capital* – capital city
  el frente – front   *la frente* – forehead
  el orden – order/sequence   *la orden* – order/command
  el policía – policeman   *la policía* – police force
  el pendiente – earring   *la pendiente* – slope

- Names of companies, associations or international bodies take their gender from that group, whether it is stated as part of the title or simply understood:

  la ONU – la Organización de las Naciones Unidas
  el Corte Inglés – el (almacén) Corte Inglés

 **Grammar**

1.2 Singular and plural

To form the plural:

Add -s to nouns ending in a vowel or stressed *á* or *é*:

el libro (book)	→	*los libros*
la regla (ruler)	→	*las reglas*
el café (café)	→	*los cafés*

Add -*es* to nouns ending in a consonant or stressed *í*:

el hotel	→	*los hoteles*
el magrebí	→	*los magrebíes*

except for words ending in an -*s* which do not change in the plural:

el lunes	→	*los lunes*

Some words add or lose an accent in the plural:

el joven	→	*los jóvenes*
la estación	→	*las estaciones*

Words that end in -*z* change this to *c* and add *es*:

el lápiz	→	*los lápices*

- Some words use a masculine plural but refer to both genders:

  los reyes – the king and queen
  los hermanos – brothers and sisters

- Surnames do not change in the plural:

  los Ramírez, los Alonso

- Some nouns are used only in the plural:

  las gafas – spectacles
  los deberes – homework

1.3 Determiners: definite and indefinite articles

The **definite article** (**the**) and the **indefinite article** (**a/an, some, any**) are the most common determiners.

	singular		plural	
	m.	**f.**	**m.**	**f.**
the	el	la	los	las
a/an	un	una	unos	unas

Note: A word which begins with a stressed *a* or *ha* takes *el/un* because it makes it easier to pronounce, but if it is feminine, it needs a feminine adjective:
El agua está fría.   *Tengo mucha hambre.*
This does not apply if the noun has an adjective before it:
la fría agua.

- When *a* or *de* comes before *el* then a single word is formed:

a + el	→	*al*
de + el	→	*del*

- Use the definite article with parts of the body and clothes, with languages (but not after *hablar*, *estudiar* or *saber*), with mountains, seas and rivers, and with certain countries and cities and people's official titles.

  Me duele la cabeza.
  Me pongo el uniforme para ir al colegio.
  El español es fácil.
  He visitado el Perú y la Ciudad de Guatemala.
  el Rey don Juan Carlos I, la Reina doña Sofía

- Use the definite article before *señor/señora* when speaking about someone but not when speaking to someone.

  Lo siento, el señor Ruíz no está.
  but *Buenos días, señor Ruíz.*

- Use the definite article to refer to a general group but not when referring to part of a group and to translate 'on' with days of the week.

  Las sardinas son muy nutritivas y las ostras también.
  Siempre comemos sardinas los viernes al mediodía.

- The indefinite article is used in the plural form to mean 'a few' or 'approximately'

  El mar está a unos tres kilómetros del pueblo.

- The indefinite article is not used when:
  – you refer to someone's profession, religion, nationality or status:

  Soy profesora.
  María es española.

except if there is an adjective:

Es una buena profesora.

– you say you haven't got something:

No tengo hermanos. No tenemos dinero.

– the noun refers to a general group:

Siempre comemos espaguetis con tomate.

– *otro, tal, medio, qué, tal* and *mil* are used before a noun:

Nunca quise hacer tal cosa.

1.4 The neuter article

This is used with an adjective to make an abstract noun.

Lo bueno es … The good thing (about it) is …
No sé lo que quieres decir con esto. I don't know what you mean by that.

1.5 Demonstrative adjectives and pronouns

Demonstrative adjectives are used to point out an object or person. They always come before the noun.

singular		plural		
m.	**f.**	**m.**	**f.**	**things or persons**
este	esta	estos	estas	this/these: things or persons near the speaker (aquí)
ese	esa	esos	esas	that/those: near to the person spoken to (allí)
aquel	aquella	aquellos	aquellas	that/those: further away (ahí)

Me gusta esta camisa pero no me gusta esa camiseta ni aquella chaqueta.

Demonstrative pronouns take an accent and agree with the noun they are replacing. They **never** have a definite or indefinite article before them.

éste	ésta	éstos	éstas	something near to the speaker
ése	ésa	ésos	ésas	something near to the person being spoken to
aquél	aquélla	aquéllos	aquéllas	something further away from both of them

Hablando de camisas, ésta es mucho más bonita que ésa. Tal vez, pero prefiero el color de aquélla.

Note: The forms *esto* and *eso* refer to general ideas or unknown things.

¿Qué es esto? ¡Eso es! ¿Eso es todo?

1.6 Possessive adjectives and pronouns

Possessive **adjectives** show who or what something belongs to. They come before the noun and take the place of the definite or indefinite article. Like all adjectives they agree with the noun they describe.

singular		plural		
masculine	**feminine**	**masculine**	**feminine**	
mi	mi	mis	mis	my
tu	tu	tus	tus	your
su	su	sus	sus	his/her/ your (formal)
nuestro	nuestra	nuestros	nuestras	our
vuestro	vuestra	vuestros	vuestras	your
su	su	sus	sus	their/ your plural (formal)

¿Es mi libro o su libro?
Nuestro colegio es pequeño.

Remember to use a definite article with parts of the body and clothes and not a possessive adjective.

Voy a lavarme el pelo. Esta mañana me puse el uniforme.

Possessive **pronouns** are used instead of the noun. They **do have** a definite article before them.

singular		plural	
masculine	**feminine**	**masculine**	**feminine**
(el) mío	(la) mía	(los) míos	(las) mías
tuyo	tuya	tuyos	tuyas
suyo	suya	suyos	suyas
nuestro	nuestra	nuestros	nuestras
vuestro	vuestra	vuestros	vuestras
suyo	suya	suyos	suyas

Other determiners are:

- Indefinite adjectives or pronouns and quantifiers: some(one) – *alguien*, some(thing) – *algo* do not change their form:
  Alguien vino a verte. Algo ha pasado aquí.
  Algo can be used with an adjective or with *de*:
  Sí, es algo interesante. ¿Quieres algo de comer?
  Some, a few – *alguno* (*algún*), *algún día de estos*, *alguna cosa* must agree with the noun they describe.

- *Mucho, poco, tanto, todo, otro* and *varios* must agree with the noun they represent or describe.

- These two do not change before a noun:
  cada – cada día (each/every day)
  cualquier – cualquier cosa que necesites (whatever you need)
  However, *cualquiera* is used after a noun of both masculine and feminine forms.

2 Adjectives

2.1 Making adjectives agree

In English the adjective always stays the same whatever it is describing. In Spanish it changes to agree with the word it is describing.

- Many adjectives ending in *-o* (masculine) change to *-a* for the feminine form and add *-s* for the plural.
  negro – negra – negros – negras

- Many other adjectives have a common form for masculine and feminine:
  un loro verde/una culebra verde
  unos loros verdes/unas culebras verdes

- Adjectives ending in *-án*, *-ón*, *-ín* and *-or* add an *-a/-as* for the feminine form and lose their accent:
  parlanchín – parlanchina
  hablador – habladora
  Exceptions are: *interior, exterior, superior, inferior, posterior* and *ulterior*

- To make an adjective plural, follow the same rule as for nouns.
  Add *-s* to a vowel: *unos pájaros rojos*
  Add *-es* to a consonant: *unos ratones grises*
  Change *-z* to *-ces*: *un ave rapaz, unas aves rapaces*

- Some adjectives of colour never change:
  el vestido rosa, el jersey naranja

- When an adjective describes two or more masculine nouns or a mixture of masculine and feminine nouns, usually the masculine plural form is used: *la casa y los muebles viejos*

- If the adjective comes before two nouns it tends to agree with the first noun:
  Tiene una pequeña casa y coche.

2.2 Shortened adjectives

Some adjectives lose their final *-o* before a masculine singular noun.
buen, mal, primer, tercer, ningún, algún
Es un muy buen amigo.

Any compound of *-un* shortens also:
Hay veintiún chicos en la clase.

Grande and *cualquiera* shorten before both masculine and feminine nouns:
Es un gran hombre. Es una gran abogada.
Cualquier día llegará. cualquier mujer

Santo changes to *San* except before *Do-* and *To-*:
San Miguel but *Santo Domingo*
Ciento shortens to *cien* before **all** nouns
(see section 19).

2.3 Position of adjectives

In Spanish, adjectives usually come after the noun:
Mi hermana pequeña tiene un gato negro.

Numbers, possessive adjectives and qualifiers come before nouns:

mi primer día de cole	*poca gente*
su último recuerdo	*tanto dinero*
muchas personas	*otra semana*

- Sometimes whether an adjective is positioned before or after the noun affects its meaning.
  un pobre niño   an unfortunate child
  but *un niño pobre*   a poor (penniless) child
  un gran hombre   a great man
  but *un hombre grande*   a tall man

- Other adjectives which vary in this way are:
  antiguo – former/ancient
  diferente – various/different
  varios – several/different
  nuevo – another/brand new
  medio – half/average
  mismo – same/self
  puro – pure/fresh

3 Adverbs

Adverbs are used to describe the action of a verb. They do not agree with the verb, so unlike adjectives they do not change. They can also describe adjectives or another adverb.

- Many adverbs are formed by adding *-mente* to an adjective:
  fácil   →   *fácilmente*
  posible   →   *posiblemente*

- If the adjective has a different feminine form, you add *-mente* to this:
  rápido → *rápida* + *-mente*   *rápidamente*

- Sometimes it is better to use a preposition and a noun:
  con frecuencia, con cuidado

- Sometimes an adjective is used as an adverb, e.g.
  Trabajamos duro todo el día.

- Some adverbs which do not end in *-mente*:
  siempre   nunca   muy   mucho   poco   bien
  mal   rara vez   a menudo   a veces

  Bastante and *demasiado* can be both adjectives and adverbs.

- It is better not to start a sentence in Spanish with an adverb but there are some exceptions such as *solamente/sólo* and *seguramente*.

- When two or more adverbs are used together then only the last one has *-mente* added to it:
  El ladrón entró cautelosa, silenciosa y lentamente.

- Make sure adverbs of time are placed next to the verb.
  Siempre comemos a la una.

4 Comparisons

Adjectives and adverbs follow the same rules.

4.1 The comparative

To compare one thing, person or idea with another in Spanish use:

más … que	España es más grande que Guatemala.
menos … que	Hay menos gente en Guatemala que en España.

- When *más* or *menos* is used with a number or a quantity, *de* is used in place of *que*.
  En mi colegio hay más de mil estudiantes pero en mi clase hay menos de treinta.

- To say one thing is similar to or the same as another, you can use:
  el/la mismo/a que – the same as
  tan … como – as … as
  tanto … como – as much … as

- To say 'the more/the less' use:
  cuanto más/menos … (tanto) menos/más …
  Cuanto más trabajo parece que menos gano.

4.2 The superlative

The superlative compares one thing, person or idea with several others. To make a superlative, use:

el más   la más   los más   las más/menos
(mejor/mejores peor/peores)
Este libro es el más interesante que he leído en años.
Las películas de terror son las menos divertidas de todas.

- If the superlative adjective immediately follows the noun you leave out the *el/la/los/las*:
  Es el río más largo del mundo.

- Note that *de* translates 'in' after a superlative.

- Note that you need to add *lo* if the sentence contains more information:
  Me gustaría llegar lo más pronto posible.

- Absolute superlatives *-ísimo, -ísima, -ísimos, -ísimas* are added to adjectives to add emphasis and express a high degree of something.
  La comida no estaba rica, estaba riquísima.

- **Irregular forms of the comparative and superlative**
  These do not have different masculine and feminine forms.

bueno/a	mejor	el mejor/la mejor
malo/a	peor	el peor/la peor

  Menor and *mayor*, meaning older and younger, can be used to mean bigger and smaller also:
  Mi hermano menor es más grande que mi hermano mayor.
  They are also used in set expressions:
  La Fiesta Mayor, el Mar Menor

5 Prepositions and linking words

5.1 Prepositions

Prepositions are used before nouns, noun phrases and pronouns, usually indicating where a person or object is and linking them to the other parts of the sentence.

- Prepositions can be single words: *de, con, por*, etc. or made up of more than one word: *al lado de, junto a*, etc.

- When a verb follows the preposition in Spanish it must be in the infinitive form:
  después de entrar, al volver a casa, antes de comer

- Some verbs have a specific meaning when combined with a preposition:
  tratarse de – to be a question of
  pensar en – to think about
  pensar de – to think of

- Some prepositions tell you when something happens:
  durante, hasta, desde

Some prepositions can be quite tricky to translate into English:

- *a* = direction or movement to:
  Voy a Málaga.
  a = at a specific point in time
  Voy a las once en punto.

- *en* can mean in and on and sometimes by:
  en la mesa
  en el cuarto de baño
  en coche/en tren/en avión

- Remember that days of the week and dates do not take a preposition as they do in English.

- *Sobre* can mean on (top of), over, about (concerning) and about (approximately):

  El florero está sobre la mesa.
  El avión voló sobre la ciudad.
  El reportaje es sobre la conferencia.
  El documental empieza sobre las 10.

- *De* can denote possession, material made from or content, profession, part of a group or origin:

  el padre del niño
  la pulsera de oro
  la revista de muebles antiguos
  Trabaja de profesora.
  unos pocos de ellos
  Es de Marbella.

- Many other prepositions are followed by *de*:

delante de	*cerca de*	*detrás de*	*al lado de*
enfrente de	*debajo de*	*encima de*	

  Remember *a + el = al*   *Vamos al mercado.*
  　　　　　　de + el = del   *Salen del cine a las siete.*

- Both *por* and *para* are usually translated by 'for' in English, but they have different uses:

  Por is used to mean:
  – along/through: *por la calle*
  – by/how: *por avión*
  – in exchange for something:

Quiero cambiarla por aquella camisa.
– a period of time: *Voy a quedarme por un mes.*
– cause: *¿Por qué estás estudiando?*
– *Por* is also used with the passive:
hecho por los Romanos
Para is used to show:
– who or what something is for: *Este regalo es para mi padre.*
– purpose: *¿Para qué es esto?* What's this for?
– in order to: *Estudió mucho para pasar los exámenes.*
– future time: *Lo haré para cuando regreses.*

Some useful expressions:
por supuesto　　*¿Por qué?*　　*Porque …*　　*por fin*
por eso　　*por lo general*　　*por lo visto*
Las notas aún están por salir (the results still haven't come out)
El tren está listo para salir (the train is ready to leave)

- **The personal *a***

  This is not translated into English, but is used before object pronouns and nouns referring to specific and defined people and animals.
  Busco a mi hermano. Quiero a mis abuelos.
  It is not used after *tener: Tengo un hermano y dos primas.*
  It is not used if the person has not yet been specified:
  Se busca dependiente.

5.2　Conjunctions (connectives)

Conjunctions are used to connect words, phrases and clauses.

- Co-ordinating conjunctions link words or sentences of similar length:
  y, o, ni, pero, sino

- *y* ('and') when followed by a word beginning with *i* or *hi* (*not hie*) changes to *e*:
  Paco e Isabel, geografía e historia
  but *granito y hierro*

- *o* ('or') when followed by *o* or *ho* when it changes to *u*:
  siete u ocho albergues u hoteles

- *Pero* and *sino* both mean 'but'.
  – Use *sino* when the second part of the sentence contradicts the previous part with a negative.
  No quiero comer nada sino fruta.

– Use *sino que* when both parts of the sentence have finite verbs:
No sólo perdió su casa sino que murió su familia en el desastre.

- Subordinating conjunctions introduce a clause that is dependent on the main clause:
aunque, cuando, mientras, porque, ya que

6 Pronouns

A pronoun is a word that can be used instead of a noun, idea or even a phrase. It helps to avoid repetition.

6.1 Subject pronouns

yo	I
tú	you singular (informal)
él, ella, usted	he, she, you (formal)
nosotros/as	we
vosotros/as	you plural (informal)
ellos, ellas, ustedes	they (m/f), you plural (formal)

The subject pronouns are not often used in Spanish as the verb ending generally indicates the subject of the verb. You might use them for emphasis or to avoid ambiguity.

¿Cómo te llamas?   *Sí, tú, ¿cómo te llamas?*
¿Quién? – ¿yo?   *Pues, yo me llamo Patricia.*

To refer to a group of people with one or more males in it, use the masculine plural form.
Y ellos, ¿cómo se llaman?
Él se llama Jairo y ella se llama Elisa.

6.2 Tú and usted, vosotros/as and ustedes

There are four ways of saying 'you' in Spanish.

	familiar	formal
singular	tú	usted (often written vd, takes the 'he/she' part of the verb)
plural	vosotros/as	ustedes (vds, takes the 'they' part of the verb)

Tú and vosotros/as are used with people you know and with young people.

Usted and *ustedes* are used with strangers and people you do not know very well or to whom you want to show respect.

6.3 Reflexive pronouns

Reflexive pronouns are used to make a verb reflexive and refer back to the subject of the verb.

me	(myself)
nos	(ourselves)
te	(yourself, informal singular)
os	(yourselves, informal plural)
se	(himself/herself/yourself formal)
se	(themselves, yourselves, formal plural)

They are often not translated into English:
Me levanto a las siete y después me ducho. I get up at seven and then I have a shower.

Remember when you use the perfect tense that the pronoun comes before the auxiliary *haber*.
Esta mañana me he levantado muy tarde. I got up very late this morning.

When you use the immediate future or a present participle it attaches to the end:
Voy a levantarme muy tarde el sábado.
I'm going to get up very late on Saturday.

They can also translate as 'each other':
Se miraron el uno al otro. – They looked at one another.
But *Se miró en el espejo.* – He looked at himself in the mirror.

6.4 Direct object pronouns

Direct object pronouns are used for the person or thing directly affected by the action of the verb. They replace a noun that is the object of a verb.

me	(me)
te	(you, informal singular)
le	(him/you formal)
lo	(him/it)
la	(her/it)
nos	(us)
os	(you plural informal)
les	(them/you plural formal)
los	(them, masculine)
las	(them, feminine)

Te quiero mucho. Le veo cada día.

Grammar

6.5 Indirect object pronouns

An indirect object pronoun replaces a noun (usually a person) that is linked to the verb by a preposition, usually *a* (to).
¿Quién te da el dinero de bolsillo?

- You also use them to refer to parts of the body.
  Me duelen los oídos. My ears ache.

- When there are several pronouns in the same sentence and linked to the same verb they go in this order: reflexive – indirect object – direct object (RID)

6.6 Two pronouns together

When two pronouns beginning with *l* (*le/lo/la/les/los/las*) come together then the indirect object pronoun changes to *se* (*se lo/se la/se los/se las*).
Se lo quiero regalar. Quiero regalárselo.

- Sometimes the pronoun *le* is added to give emphasis. This is called a redundant pronoun.
  Le di el regalo a mi padre.

6.7 Position of pronouns

Reflexive, direct object and indirect object pronouns usually

- immediately precede the verb:
  No la veo. Sí la quiero. Se llama Lucía.

- attach to the end of the infinitive:
  Voy a darte un regalo. ¿Cuándo? Voy a dártelo enseguida.

- attach to the end of the present participle:
  Estoy hablándote: ¿No me oyes?
  However, it is now widely accepted to put them before the infinitive or the present participle.

- They are also attached to the end of a positive command.
  Levantaos enseguida.
  Levántense enseguida.
  Démelo.
  For possessive pronouns see section 1.6.

6.8 Disjunctive pronouns

These are used after a preposition (see section 5).

para mí	detrás de nosotros/as
hacia ti	entre vosotros/as
junto a él/ella/usted	cerca de ellos/ellas/ustedes

- Remember with *con* to use *conmigo, contigo, consigo.*

- A few prepositions are used with a subject pronoun: *entre tú y yo, según ella*

- Sometimes *a mí, a ti* etc. is added to give emphasis or avoid ambiguity:
  Me toca a mí, no te toca a ti.

6.9 Relative pronouns and adjectives

- The relative pronoun *que* – who, which or that – is always used in Spanish and not left out of the sentence as it often is in English:
  Ese es el vestido que me gusta. That is the dress (that) I like.

- When a relative pronoun is used after the prepositions *a, de, con* and *en* then you need to use *que* for things and *quien/quienes* for people:
  José es un amigo con quien estudiaba.
  El programa del que hablas se llama El rival más débil.

- After other prepositions use *el cual, la cual, los cuales, las cuales*:
  La casa dentro de la cual se dice que hay un fantasma ya está en ruinas.

- Sometimes *donde* is used as a relative pronoun:
  La ciudad donde vivo se llama Bilbao.

- *cuyo/cuya/cuyos/cuyas* are used to mean 'whose' and are best treated as an adjective as they agree with the noun they refer to:
  Mi madre, cuyos perros no me gustan, viene a pasar unos días conmigo.

- Remember, to say 'Whose is this … ? you need to use *¿De quién es este … ?*

6.10 Neuter pronouns

Eso and *ello* refer to something unspecific such as an idea or fact:
No me hables más de eso.
No quiero pensar jamás en ello.

Lo que/lo cual
These relative pronouns refer to a general idea or phrase rather than a specific noun:
Ayer hubo una huelga de Correos, lo cual me causó muchas molestias.

142

7 Interrogatives and exclamations

7.1 Direct questions and exclamations

Asking questions and making exclamations in Spanish is straightforward: simply add question marks and exclamation marks at the beginning and end of the sentence, like this: ¿ ... ? ¡ ... ! There is no change to the words themselves or the word order.

- Here are some common question words. Note that they all have accents:
  ¿Qué? ¿Por qué? ¿Cuándo? ¿Cómo? ¿Dónde? ¿Adónde? ¿De dónde? ¿Quién? ¿Quiénes? ¿Cuánto?/¿Cuánta?/¿Cuántos?/ ¿Cuántas?

- Here are some common exclamation words. Note that they all have accents:
  ¡Qué! ¡Cómo! ¡Cuánto/a/os/as!

7.2 Indirect questions and exclamations

- Indirect question words and exclamations also take an accent:
  No me dijo a qué hora iba a llegar.

- If the adjective follows the noun then *más* or *tan* is added:
  ¡Qué niña más bonita!

8 Negatives

You can make a statement negative in Spanish simply by putting *no* before the verb:
No quiero salir.

- Some other common negatives are:
  ninguno (ningún)/ninguna = no (adjective)
  nada = nothing
  nadie = nobody
  nunca/jamás = never
  ni ... ni ... = neither ... nor ...
  tampoco (negative of *también*) = neither

- If any of these words is used after the verb, you have to use *no* as well. But if the negative word comes before the verb, *no* is not needed:
  No he fumado nunca.
  Nunca he fumado.

- You can use several negatives in a sentence in Spanish:
  Nadie sabía nada acerca de ninguno de ellos.

9 Verbs: the indicative mood

A verb indicates **what** is happening in a sentence and the tense indicates **when**.

9.1 The infinitive

This is the form you will find when you look a verb up in the dictionary, a word list or vocabulary section. It will indicate which endings you should use for each tense and person. You will need to follow and understand the patterns of verbs and the various tenses so that you can check them in the verb tables in section 23.

In Spanish, verbs fall into three groups. These are shown by the last two letters of the infinitive:
-ar: comprar (to buy); *-er: comer* (to eat); *-ir: subir* (to go up)

The endings of Spanish verbs change according to the tense and the person or thing doing the action, and the group a verb belongs to indicates which endings you should use for each tense and person.

- The infinitive itself is often used after another verb. Common verbs usually followed by an infinitive are

  querer (to want),
  gustar (to please),
  poder (to be able to),
  tener que (to have to),
  deber (to have to, must).

- The impersonal expression *hay que* takes an infinitive:
  Hay que estudiar mucho para estos exámenes.

- *Soler,* used only in the present and imperfect tenses, indicates what usually happens:
  Suelo levantarme temprano. I usually get up early.
  ¿Qué solías hacer cuando eras joven, abuela? What did you use to do when you were little, grandma?

- The infinitive is used:
  – in impersonal commands and instructions:
  No arrojar escombros. Abrir con cuidado.
  – as a noun:
  Estudiar es duro cuando hace calor.

  For verbs which take *a* or *de* + infinitive, see section 18.1. The infinitive also follows prepositions: see section 18.2.
  For the past infinitive see section 9.10.

Grammar

9.2 The present tense

To form the present tense of regular verbs, add the following endings to the stem of the verb.

Regular verbs			Reflexive verbs
comprar	**comer**	**subir**	**levantarse**
compro	como	subo	me levanto
compras	comes	subes	te levantas
compra	come	sube	se levanta
compramos	comemos	subimos	nos levantamos
compráis	coméis	subís	os levantáis
compran	comen	suben	se levantan

- Spelling changes
  Some verbs change their spelling to preserve the same sound as in the infinitive:
  from *g* to *j* before an *a* or *o*
  coger ⟶ *cojo, coges, coge* etc.

  from *gu* to *g* before an *a* or *o*
  seguir ⟶ *sigo, sigues, sigue* etc

  from *i* to *y* when unaccented and between vowels *construyó* but *construimos*

- Some verbs add an accent:
  continuar – continúo, continúas, continúa etc.

- Radical changes, where the verb stem changes:

o > ue	**contar** – cuento, cuentas, cuenta, contamos, contáis, cuentan **dormir** – duermo, duermes, duerme, dormimos, dormís, duermen
u > ue	**jugar** – juego, juegas, juega, jugamos, jugáis, juegan
e > ie	**empezar** – empiezo, empiezas, empieza, empezamos, empezáis, empiezan
e > i	**pedir** – pido, pides, pide, pedimos, pedís, piden

- Irregular verbs
  The most common you will need are:

ser	soy, eres, es, somos, sois, son
estar	estoy, estás, está, estamos, estáis, están
ir	voy, vas, va, vamos, vais, van
tener	tengo, tienes, tiene, tenemos, tenéis, tienen
hacer	hago, haces, hace, hacemos, hacéis, hacen

Some verbs are only irregular in the first person of the present tense then follow the regular pattern:

poner – pongo, pones etc.
salir – salgo, sales etc.
caer – caigo, caes etc.
See the verb tables in section 23.

Note: *Hay* = there is/there are

- Use the present tense
  – to indicate what is happening:
  ¿Adónde vas? Voy al cine.
  – to express what happens regularly, a repeated action or habit:
  Veo la tele cada noche a las siete.
  – to refer to something that started in the past and continues into the present (note that the perfect tense is used here in English):
  Vivo aquí desde hace años.
  – to refer to historical events (the historical present):
  Aquella noche, el 23 de febrero de 1981, habla el Rey por la radio y la tele …
  – to refer to something timeless or universal:
  El planeta Tierra gira alrededor del sol.
  – to express the future:
  Adiós. Nos vemos mañana.

9.3 The present continuous

This is formed by taking the present tense of *estar* and the present participle (gerund) of the main verb, formed as follows:
ar ⟶ *ando*   *er* ⟶ *iendo*   *ir* ⟶ *iendo*
Exceptions are *leyendo, durmiendo, divirtiendo*:

- It indicates what is happening at the time of speaking or that one action is happening at the same time as another.

- It is often used with *pasar* to express how you spend time:
  Paso el tiempo divirtiéndome, viendo la tele, haciendo deporte.

- It is often used also after *seguir, ir and llevar*:
  Sigo estudiando a los treinta años.
  Los precios van subiendo cada día más.
  Llevo cinco años estudiando medicina.

9.4 The preterite tense

This is formed by adding the following endings to the stem of the verb:

-ar:	-é -aste -ó -amos -asteis -aron
-er/-ir:	-í -iste -ió -imos -isteis -ieron

Regular verbs

comprar	comer	subir
compré	comí	subí
compraste	comiste	subiste
compró	comió	subió
compramos	comimos	subimos
comprasteis	comisteis	subisteis
compraron	comieron	subieron

- Spelling changes
  Some verbs change their spelling to preserve the same sound as in the infinitive:
  c → qu before e: *sacar – saqué, sacaste, sacó* etc.
  g → gu before e: *pagar – pagué, pagaste, pagó* etc.
  z → c before e: *empezar – empecé, empezaste, empezó* etc.
  i → y: *creer – creí, creiste, creyó, creimos, creisteis, creyeron* (also *leer, oír, caer*)
  gu → gü: *averiguar – averigüé, averiguaste, averiguó* etc.

- Radical changes
  -ir verbs change in the third person singular and plural:
  o → u: *morir – murió, murieron* (also *dormir*)
  e → i: *pedir – pidió, pidieron* (also *sentir, mentir, seguir, vestir*)

- Some common irregular verbs. Note that there are no accents.
  It helps to learn irregulars in groups; some follow a pattern of *uve*:

andar	*anduve, anduviste, anduvo, anduvimos, anduvisteis, anduvieron*
estar	*estuve, estuviste, estuvo, estuvimos, estuvisteis, estuvieron*
tener	*tuve, tuviste, tuvo, tuvimos, tuvisteis, tuvieron*

Note *ser* and *ir* have the same form so *fui* can mean 'I went' or 'I was':
fui fuiste fue fuimos fuisteis fueron

Dar and *ver* follow a similar pattern:
dar – di, diste, dio, dimos, disteis, dieron
ver – vi, viste, vio, vimos, visteis, vieron

A larger group are quite irregular:					
hacer	**haber**	**poder**	**poner**	**querer**	**venir**
hice	hube	pude	puse	quise	vine
hiciste	hubiste	pudiste	pusiste	quisiste	viniste
hizo	hubo	pudo	puso	quiso	vino
hicimos	hubimos	pudimos	pusimos	quisimos	vinimos
hicisteis	hubisteis	pudisteis	pusisteis	quisisteis	vinisteis
hicieron	hubieron	pudieron	pusieron	quisieron	vinieron

- Use the preterite
  – to refer to events, actions and states started and completed in the past:
  El año pasado hubo una huelga de los empleados del metro.
  – to refer to events, actions or states which took place over a defined period of time but are now completely finished:
  Mis padres vivieron en Guatemala durante tres años.

9.5 The imperfect tense

This is formed by adding the following endings to the stem:

-ar:	-aba -abas -aba -ábamos -abais -aban
-er/-ir:	-ía -ías -ía -íamos -íais -ían

There are only three irregular verbs (*ir, ser* and *ver*).

comprar	comer	subir	ir	ser	ver
compraba	comía	subía	iba	era	veía
comprabas	comías	subías	ibas	eras	veías
compraba	comía	subía	iba	era	veía
comprábamos	comíamos	subíamos	íbamos	éramos	veíamos
comprabais	comíais	subíais	ibais	erais	veíais
compraban	comían	subían	iban	eran	veían

- Use the imperfect tense:
  – to indicate what used to happen (a regular or repeated action in the past):
  De niño iba a pie al colegio.
  – to say what happened over a long (indefinite) period of time:
  Durante el invierno hacía mucho frío.
  – to say what was happening (a continuous action):
  Mirábamos la puesta del sol.
  – with the preterite tense to denote interrupted action.

Mirábamos la puesta del sol cuando nos dimos cuenta de la hora.
– to describe what someone or something was like in the past:
Josefa era una chica muy formal.
– to describe or set the scene in a narrative in the past:
La lluvia caía como una cortina gris.
– in expressions of time (where English would use a pluperfect):
Acababa de llegar cuando tuvo una gran sorpresa.
Esperaba su respuesta desde hacía más de un mes.
– to make a polite request:
Quería pedirte un gran favor.

9.6 The imperfect continuous

This is formed by taking the imperfect form of *estar* – *estaba, estabas, estaba* etc. – and adding the present participle:
¿Qué estabas haciendo? Estaba bañándome.

Just like the present continuous it indicates what was happening at a particular moment – in this case in the past. It is also used to describe one action interrupted by another:
Estaba leyendo el periódico cuando llegó el correo.

9.7 The future tense

This is formed by taking the infinitive of regular verbs and adding the following endings:

-é -ás -á -emos -éis -án

comprar	comer	subir
compraré	comeré	subiré
comprarás	comerás	subirás
comprará	comerá	subirá
compraremos	comeremos	subiremos
compraréis	comeréis	subiréis
comprarán	comerán	subirán

Irregular futures have the same endings as the regular ones – it is the stem that changes.

Some common irregular verbs:

decir	→	diré	haber	→	habré
hacer	→	haré	poder	→	podré
poner	→	pondré	querer	→	querré
saber	→	sabré	salir	→	saldré
tener	→	tendré	venir	→	vendré

- Use the future to:
  – indicate what will happen or take place:
  Vendrán a las cinco.
  – express an obligation:
  No pasarán.
  – express a supposition, probability or surprise:
  Tendrá unos doce años.

- To express 'will' or 'shall' in the sense of willingness or a request use *querer* in the present tense:
  ¿Quieres decirlo otra vez?
  No quiere venir a esta casa.

9.8 The immediate future

Another way to indicate what is going to happen is to take the verb *ir + a* and add the infinitive:
Voy a escribir una carta.

9.9 The conditional tense

This is formed by taking the infinitive of regular verbs and adding the following endings:

-ía -ías -ía -íamos -íais -ían

Irregular conditionals have the same endings as the regulars – it is the stem that changes, in the same way as in the future tense (see 9.7).

comprar	comer	subir
compraría	comería	subiría
comprarías	comerías	subirías
compraría	comería	subiría
compraríamos	comeríamos	subiríamos
compraríais	comeríais	subiríais
comprarían	comerían	subirían

- Use the conditional to:
  – indicate what would, could or should happen:
  Sería imposible irnos enseguida.
  Me gustaría visitarla en el hospital.
  – in 'if' clauses to say what could happen:
  Sería una maravilla si llegaras a tiempo.
  – express supposition or probability in the past:
  Tendría unos cinco años cuando nos mudamos de casa.
  – refer to a future action expressed in the past:
  Dijo que vendría a las ocho en punto.

- Note that if you want to say 'would' meaning willingness or a request, use the verb *querer* in the imperfect tense:
  No quería comer nada.

If you want to say 'would' meaning a habitual action in the past, use the verb *soler* in the imperfect tense:
Solía visitarnos cada sábado por la tarde.

9.10 Compound tenses: the perfect tense

Compound tenses have two parts – an auxiliary verb and a past participle. The two parts must never be separated.

The perfect tense is formed by using the present tense of *haber* (the auxiliary verb) plus the past participle of the verb you want to use.

haber	comprar	comer	subir	cortarse
he	comprado	comido	subido	me he cortado
has				te has
ha				se ha
hemos				nos hemos
habéis				os habéis
han				se han

Reflexive verbs in the perfect tense need the reflexive pronoun before the auxiliary verb *haber*:

¿Qué te ha pasado? Me he cortado el dedo.

Some common irregular past participles:

abrir	→	abierto	morir	→	muerto
poner	→	puesto	decir	→	dicho
escribir	→	escrito	ver	→	visto
hacer	→	hecho	volver	→	vuelto

The perfect tense is used in the same way as in English to indicate an action which began and ended in the same period of time as the speaker or writer is describing. It is used in a question which does not refer to any particular time.

- Two important exceptions:
  – talking about how long: Spanish uses the present tense where English uses the perfect:
  Hace más de una hora que te espero.
  – to translate 'to have just': *acabar de* – *acabo de llegar*

- The perfect infinitive
  This is formed by using the infinitive of the verb *haber* plus the appropriate past participle:
  Me gustaría haberlo terminado antes de las cinco.

9.11 Compound tenses: the pluperfect tense

This is formed by using the imperfect of the auxiliary *haber* and the past participle of the verb required:

había, habías, había etc. *comprado, comido, subido, dicho, hecho* etc.

Just as in English it is used to refer to an action which happened before another action took place in the past: *La cena ya se había terminado cuando ellos llegaron.*

- The same two exceptions apply as for the perfect tense:
  – *hacer* in time clauses: where English uses the pluperfect 'had', Spanish uses the imperfect *hacía*:
  Hacía 20 años que vivía aquí.
  – *acabar de* – 'had just': *Acababa de llegar cuando empezó a llover.*

9.12 Compound tenses: the past anterior

This is formed by using the preterite of the auxiliary *haber* and the past participle of the verb required:

hube, hubiste, hubo, hubimos, hubisteis, hubieron + *cenado/leído/dormido* etc.

It has the same meaning as the pluperfect tense in English.

It is used in a time clause after *cuando, en cuanto, tan pronto como, después de que* etc. to denote that one action happened before the other when the preterite tense is used in the main clause:
Tan pronto como hubo entrado nos sentamos a comer.

9.13 Compound tenses: the future and conditional perfects

These tenses are formed by using the future or conditional of the auxiliary verb *haber* and the past participle of the verb required:

Habré terminado dentro de dos horas.
Habría terminado antes pero no sabía la hora.

They both follow a similar pattern to the English to translate 'will have *or* would have done something'.

9.14 Direct and indirect speech

- Direct speech is used when you quote the exact words spoken:
  Dijo: "Quiero verte mañana por la mañana".

- Indirect speech is used when you want to explain or report what somebody said:
  Dijo que me quería ver/quería verme mañana por la mañana.

Remember you will need to change all parts of the sentence that relate to the speaker, not just the verb.

10 Verbs: the subjunctive mood

So far all the tenses explained have been in the indicative 'mood'. Remember the subjunctive is not a tense but a verbal mood. For its uses see 10.4. It is not used very often in English but is used a lot in Spanish.

10.1 The present subjunctive

This is formed by adding the following endings to the stem of the verb:

-ar: -e -es -e -emos -éis -en
compre, compres, compre, compremos, compréis, compren
-er/-ir: -a -as -a -amos -áis -an
coma, comas, coma, comamos, comáis, coman
suba, subas, suba, subamos, subáis, suban

Remember that some verbs change their spelling to preserve their sound, and that others – radical-changing verbs – change their root in the first, second and third person singular and plural. They follow this same pattern in the present subjunctive:

coger	coja, cojas, coja, cojamos, cojáis, cojan
cruzar	cruce, cruces, cruce, crucemos, crucéis, crucen
pagar	pague, pagues, pague, paguemos, paguéis, paguen
jugar	juegue, juegues, juegue, juguemos, juguéis, jueguen
dormir	duerma, duermas, duerma, durmamos, durmáis, duerman
preferir	prefiera, prefieras, prefiera, prefiramos, prefiráis, prefieran

Irregular verbs

Many of these are not so irregular if you remember that they are formed by taking the first person singular of the present indicative:

hacer → hago → haga, hagas, haga, hagamos, hagáis, hagan

Tener, caer, decir, oír, poner, salir, traer, venir and ver follow this pattern.

A few have an irregular stem:

dar	dé, des, dé, demos, deis, den
estar	esté, estés, esté, estemos, estéis, estén

haber	haya, hayas, haya, hayamos, hayáis, hayan
ir	vaya, vayas, vaya, vayamos, vayáis, vayan
saber	sepa, sepas, sepa, sepamos, sepáis, sepan
ser	sea, seas, sea, seamos, seáis, sean

10.2 The imperfect subjunctive

There are two forms of the imperfect subjunctive. Both forms are used but the -ra form is slightly more common and is sometimes used as an alternative to the conditional.

Take the third person plural of the preterite form minus the -ron ending and add the following endings:

compra -ron	comie -ron	subie -ron
comprara/se	comiera/se	subiera/se
compraras/ses	comieras/ses	subieras/ses
comprara/se	comiera/se	subiera/se
compráramos/semos	comiéramos/semos	subiéramos/semos
comprarais/seis	comierais/seis	subierais/seis
compraran/sen	comieran/sen	subieran/sen

Spelling change, radical-changing and irregular verbs all follow the rule of the third person plural preterite form:

hacer → hicieron → hiciera, hicieras
tener → tuvieron → tuviera, tuvieras
pedir → pidieron → pidiera, pidieras
dormir → durmieron → durmiera, durmieras
oír → oyeron → oyera, oyeras

10.3 The perfect and pluperfect subjunctives

These both use the auxiliary verb haber plus the past participle.

- The perfect uses the present subjunctive: haya comprado, hayas comprado etc.

- The pluperfect uses the imperfect subjunctive: hubiera/hubiese comido, hubieras/hubieses comido etc.

10.4 Uses of the subjunctive

The subjunctive is used widely in Spanish, above all in the following cases.

- When there are two different clauses in the sentence and the subject of one verb
  – influences the other (with *conseguir, querer, permitir, mandar, ordenar, prohibir, impedir*):
  Quiero que vengas a verme esta tarde.
  – expresses a preference, like or dislike (with *gustar, odiar, alegrarse*):
  No me gusta que hagan los deberes delante de la tele.
  – expresses feelings of fear or regret (with *temer* or *sentir*):
  Temo que no vayan a poder hacerlo.
  – expresses doubt or possibility (with *dudar, esperar, puede ser*):
  Dudamos que sea posible.

- With impersonal expressions with adjectives:
  es importante que, es necesario que, es imprescindible que
  Es muy importante que tengas buena presencia en la entrevista.

- After expressions of purpose (with *para que, a fin* or *a fin de que*):
  Hablamos en voz baja para que los niños siguiesen durmiendo.

- After expressions referring to a future action (with *en cuanto, cuando, antes de que* etc.):
  Cuando vengas te lo explicaré.

- After expressions referring to concessions or conditions such as 'provided that':
  Puedes acompañarme con tal de que te portes bien.

- In clauses describing a nonexistent or indefinite noun:
  Buscamos una persona que pueda ayudarnos.

- In main clauses
  – after *ojalá* ('if only')
  – after words indicating 'perhaps' (*tal vez, quizás*)
  – after *como si*
  – after *aunque* meaning 'even if' (but not 'although')
  – in set phrases:
  digan lo que digan, sea como sea, pase lo que pase

- after words ending in -*quiera* ('-ever'):
  cualquiera, dondequiera

Don't forget that when you make a sentence negative this often gives it an element of doubt:
Creo que llegarán a tiempo
but
No creo que lleguen a tiempo

Note the sequence of tenses using the subjunctive:

main verb	subjunctive verb
present future future perfect imperative	present or perfect
any other tense (including conditional)	imperfect or pluperfect

Exceptions:
'If I were to do what you are saying' = imperfect subjunctive: *Si hiciera lo que me dices*
'If I had' + past participle = pluperfect subjunctive
– *Si lo hubiera sabido*: 'If (only) I had known'

11 The imperative

The imperative is used for giving commands and instructions. Positive form:

	tú	vosotros/as	usted	ustedes
comprar	compra	comprad	compre	compren
comer	come	comed	coma	coman
subir	sube	subid	suba	suban

Irregular verbs in the *tú* form:

decir → di	hacer → haz	oír → oye
poner → pon	salir → sal	saber → sabe
tener → ten	venir → ven	ver → ve

NB Reflexive forms in the *vosotros* form drop the final *d*:
levantad + os = levantaos   *sentad + os = sentaos*
and the final *s* in the *nosotros* form:
levantémonos, sentémonos
Exception: *irse = idos*

Negative forms are the same as the present subjunctive.

		tú	vosotros/as	usted	ustedes
comprar	no	compres	compréis	compre	compren
comer	no	comas	comáis	coma	coman
subir	no	subas	subáis	suba	suban

Note how the positive and negative forms for *usted* and *ustedes* are the same.

Remember the use of the infinitive to give impersonal negative commands:
No fumar

Note that pronouns attach to the end of positive commands and immediately precede all negative commands:
Dámelo en seguida.
No, no se lo des ahora; dáselo más tarde.

12 Reflexive verbs

The reflexive pronoun – *me, te, se, nos, os, se* – is attached to the end of the infinitive form, the gerund and a positive imperative but is placed before all other forms.

- True reflexive forms are actions done to oneself:
  Me lavé la cara (reflexive)
  but
  Lavé el coche viejo de mi tío (non-reflexive)

- Some verbs change their meaning slightly in the reflexive form:
  dormir (to sleep) – *dormirse* (to fall asleep)
  llevar (to carry) – *llevarse* (to take with you)

- Some verbs have a reflexive form but do not appear to have a truly reflexive meaning:
  tratarse de, quedarse, quejarse de

- Use the reflexive pronoun to mean 'each other':
  Nos miramos el uno al otro.

- The reflexive form is often used to avoid the passive (see section 13).

13 The passive

The passive is used less in Spanish than in English and mostly in a written form.
The structure is similar to English.
Use the appropriate form of *ser* plus the past participle which **must agree** with the noun. Use *por* if you need to add by whom the action is taken:
La ventana fue rota por los chicos que jugaban en la calle.
La iglesia ha sido convertida en un museo.
There are several ways to avoid using the passive in Spanish:

- Rearrange the sentence into an active format but remember to use a direct object pronoun.

- Use the reflexive pronoun *se*.

- Use the third person plural with an active verb.
  La iglesia, la conviertieron en museo.

La iglesia se convirtió en museo.
Convirtieron la iglesia en museo.

14 Ser and estar

Both these verbs mean 'to be' but they are used to indicate different circumstances.

- *Ser* denotes time and a permanent situation or quality, character or origin:
  Son las cinco en punto y hoy es martes 22 de noviembre.
  Es abogado y es muy bueno. Es de Madrid y es joven.

  It is also used in impersonal expressions (*es necesario hablar contigo*) and with the past participle to form the passive (see 13 above).

- *Estar* denotes position and a temporary situation, state of health or mood:
  Tus libros están encima del piano.
  Estás muy guapa hoy.
  Estoy contenta porque mi papá está mejor de la gripe.

  It indicates when a change has taken place:
  ¿Está vivo o está muerto? Está muerto.
  Mi hermano estaba casado pero ya está divorciado.

  It is used with the gerund to form the continuous tenses (see sections 9.3 and 9.6).

- Some adjectives can be used with either *ser* or *estar*:
  Mi hermana es bonita.
  Mi hermana está bonita hoy.
  but some adjectives clearly have a different meaning when used with *ser* or *estar*:

listo	(clever/ready):
¡Qué listo eres!	How clever you are!
¿Estás listo?	Are you ready?
aburrido	(boring/bored)
bueno	(good by nature/something good at the time of speaking, e.g. a meal)
cansado	(tiring/tired)
malo	(bad by nature/something bad at the time of speaking, e.g. inedible)
nuevo	(new/in a new condition)
vivo	(lively/alive)
triste	(unfortunate/feeling sad)

Note also the difference:
La ventana fue rota por los niños que jugaban en la calle. (action)
La ventana estaba rota. (description)

15 Some verbs frequently used in the third person

gustar, encantar, interesar, molestar, preocupar, hacer falta

The subject is often a singular or plural idea or thing:

Me gustan las manzanas. Sí, me interesa mucho esa idea.

Te encanta la música, ¿verdad? Nos hacen falta unas vacaciones.

Other verbs include those used with the weather:

Llueve a menudo en abril, nieva en lo alto de las montañas, hace sol casi todos los días.

16 Impersonal verbs

Se is often used to indicate the idea of 'one' or 'you/we' in a general way (often in notices) and to avoid the passive in Spanish:

Aquí se habla inglés. English is spoken here.
Se prohíbe tirar basura. Do not throw litter.
Se ruega guardar silencio. Please keep quiet.
No se puede entrar. No entry.

Another useful impersonal expression is *hay que:*
Hay que salir por aquí. You have to go out this way.

17 Expressions of time

Hace and *desde hace* are used to talk about an action that started in the past and continues into the present. They are used with the present tense to indicate that the action is still going on:

¿Desde cuándo vives aquí?
¿Desde hace cuánto tiempo estudias español?

They are also used with the imperfect tense for actions that happened in the past:

¿Cuántos años hacía que vivías allí? Hacía tres años que vivía allí.

18 Miscellaneous

18.1 Some useful expressions which take an infinitive

Soler is used only in the present and imperfect to indicate the idea of 'usually':

Suelo levantarme temprano.
Acabar de is used to indicate 'to have just':
Acabo de entrar.

Ponerse a is used to indicate to set about doing something:
Me pongo a estudiar.
Volverse a is used to indicate doing something again:
Vuelve a salir.
Tener que is used to indicate having to do something:
Tengo que cocinar.
Deber is used to indicate 'to have to' or 'must':
Debemos hablar en voz baja.

18.2 Some prepositions plus an infinitive: English '-ing'

antes de: antes de comenzar – before beginning ...
después de: después de terminar – after finishing ...
al + infinitive: al entrar – upon entering ...
en vez de: en vez de llorar – instead of crying ...

18.3 Useful expressions with *tener, dar* and *hacer*

tener	dar (se)	hacer
cuidado	de comer a	buen/mal tiempo
en cuenta	las doce	una semana
éxito	las gracias	caso de
frío	la vuelta	daño
ganas de	los buenos días	señas
miedo	pena	cola
prisa	cuenta de	las maletas
razón	prisa	lo posible
sed	un paseo	el papel de
sueño	la gana	algo a alguien
suerte		

Grammar

19 Numbers

19.1 Cardinal numbers

The number one and other numbers ending in *-uno* or *-cientos* agree with the noun they describe. No other numbers agree:

Doscientos cincuenta gramos de mantequilla, por favor.

Uno changes to *un* before a masculine noun:
un litro de leche   *veintiún niños*

Ciento changes to *cien* before masculine and feminine nouns and before *mil* and *millones*:
Cien gramos de tocino, por favor.
cien niñas   *cien mil*   *cien millones*

but

Ciento cincuenta gramos de salchichón.
Doscientos gramos de queso, por favor.

19.2 Ordinal numbers

primero, segundo, tercero, cuarto, quinto, sexto, séptimo, octavo, noveno, décimo

From 11 (eleventh) onwards, cardinal numbers are usually used:
Carlos quinto but *Alfonso doce*

The ordinal numbers agree with the noun they describe:
primero primera primeros primeras
último última últimos últimas
Primero changes to *primer* and *tercero* changes to *tercer* before a masculine noun:
el primer piso del edificio but *el primero de enero es Año Nuevo.*
Es el tercer viaje y la tercera vez que perdemos el tren este año.

20 Useful expressions

20.1 Days of the week

These are written with a small letter except at the beginning of a sentence. Remember that if you want to say 'on Mondays', you use *los lunes*.
Some useful expressions:
ayer   anteayer   mañana   pasado mañana
el año que viene   el mes entrante
en Semana Santa/Navidades
por la madrugada/mañana/tarde/noche
al amanecer/al atardecer

20.2 Months of the year

These are not usually written with a capital letter.

20.3 The time

The clock time uses the word *hora* except in the general expression *¡Cómo vuela el tiempo!*
¿Qué hora es?
Es la una but *Son las dos/tres/cuatro* etc.
Es mediodía/medianoche
Son las tres y cuarto/y media
Son las cinco menos veinte/menos cuarto
a eso de las tres (at about three o'clock)
sobre las cinco (around five)

21 Suffixes

These are endings which are added to nouns and sometimes adjectives and adverbs to give a particular emphasis or nuance to their meaning.

- The diminutives – *-ito/a, -cito/a, -illo/a* – add a feeling of affection and mean 'little':
  Es un chiquillo pequeñito pero adorable.
  Háblame más despacito, por favor.

- Augmentatives – *-azo/a, -ón/ona, -ote/ota* – emphasise the size of something:
  ¡Qué golpazo dio a la puerta!
  Es un muchachón grandote.

- Pejoratives – *-uco/a, -ucho/a, -uzo/a* – need to be used with care as they can cause offence!
  ¡Esa gentuza feucha vive en unas casucas destartaladas allí en el barrio bajo!

22 Stress and accents

Written accents are used for two important reasons:

1 To mark the spoken stress on a word which breaks the rules of stress.

- Words which end in a vowel, an *-s* or an *-n* have the stress on the second to last syllable.

  All words which end in a consonant (other than *-s* or *-n*) have the stress on the last syllable.

  Words which do not follow this rule have the stress marked by a written accent.

- Words which have two vowels together stress the 'strong' vowel (*a, e, o*) or if both are weak vowels (*i, u*) the stress falls on the second vowel:
  paella, delicioso, tierra

Again if the word does not follow this rule the stress is marked by a written accent:
país, oír, continúo (from *continuar*), *reúno* (from *reunir*)

2 To point up the difference between two words.

el the	*él* he
tu your	*tú* you
mi my	*mí* (to) me
si if	*sí* yes
se self	*sé* I know/be (imperative)
de of	*dé* give (imperative)
te (to) you	*té* tea
aun even	*aún* still
solo alone	*sólo* only
mas but	*más* more
hacia towards	*hacía* he/she/it used to do

Take care with verbs:
hablo I speak   *habló* he spoke

But these forms are the same:

río I laugh	*un río* a river
sed thirst	*sed* be (imperative)
ve he sees	*ve* go (imperative)
me siento I sit down	*lo siento* I'm sorry

Remember that all interrogative, exclamative and demonstrative pronouns take an accent.

Grammar

Regular verbs

Infinitive Present participle Past participle	Present indicative	Imperfect	Future	Conditional	Preterite	Present subjunctive	Imperfect subjunctive	Imperative
-ar comprar *to buy* comprando comprado	compro compras compra compramos compráis compran	compraba comprabas compraba comprábamos comprabais compraban	compraré comprarás comprará compraremos compraréis comprarán	compraría comprarías compraría compraríamos compraríais comprarían	compré compraste compró compramos comprasteis compraron	compre compres compre compremos compréis compren	comprara/comprase compraras/comprases comprara/comprase compráramos/comprásemos comprarais/compraseis compraran/comprasen	- compra compre compremos comprad compren
-er comer *to eat* comiendo comido	como comes come comemos coméis comen	comía comías comía comíamos comíais comían	comeré comerás comerá comeremos comeréis comerán	comería comerías comería comeríamos comeríais comerían	comí comiste comió comimos comisteis comieron	coma comas coma comamos comáis coman	comiera/comiese comieras/comieses comiera/comiese comiéramos/comiésemos comierais/comieseis comieran/comiesen	- come coma comamos comed coman
-ir subir *to go up* subiendo subido	subo subes sube subimos subís suben	subía subías subía subíamos subíais subían	subiré subirás subirá subiremos subiréis subirán	subiría subirías subiría subiríamos subirías subirían	subí subiste subió subimos subisteis subieron	suba subas suba subamos subáis suban	subiera/subiese subieras/subieses subiera/subiese subiéramos/subiésemos subierais/subieseis subieran/subiesen	- sube suba subamos subid suban

Reflexive verbs

Infinitive Present participle Past participle	Present	Imperative	Perfect
levantarse *to get up* levantando levantado	me levanto te levantas se levanta nos levantamos os levantáis se levantan	levántate levántese levantémonos levantaos levántense	me he levantado te has levantado se ha levantado nos hemos levantado os habéis levantado se han levantado

Radical-changing verbs

Group 1: -ar and -er verbs
• When the stress falls on the stem

-ar and -er verbs are changed in the present indicative and subjunctive forms, except in the first and second persons plural and the tú imperative form.

e → ie (atravesar, cerrar, comenzar, despertar(se), empezar, entender, gobernar, negar, nevar, pensar, perder, sentarse)

present indicative	present subjunctive	Imperative
pienso piensas piensa pensamos pensáis piensan	piense pienses piense pensemos penséis piensen	piensa

o → ue (acordarse, acostarse, almorzar, aprobar, contar, costar, encontrar, llover, mostrar, mover, probar, recordar, soler, sonar, volar, volver)

present indicative	present subjunctive	imperative
vuelvo	vuelva	
vuelves	vuelvas	vuelve
vuelve	vuelva	
volvemos	volvamos	
volvéis	volváis	
vuelven	vuelvan	

u → ue: jugar is the only verb

present indicative	present subjunctive	Imperative
juego	juegue	
juegas	juegues	juega
juega	juegue	
jugamos	juguemos	
jugáis	juguéis	
juegan	jueguen	

Group 2: -ir verbs
• When the stress falls on the stem

e → ie (advertir, consentir, divertirse, hervir, mentir, preferir, referir, sentir)

present indicative	present subjunctive	preterite	imperative
siento	sienta	sentí	
sientes	sientas	sentiste	siente
siente	sienta	sintió	
sentimos	sentamos	sentimos	
sentís	sentáis	sentisteis	
sienten	sientan	sintieron	

o → ue (dormir, morir)   Also e → i and o → u before ie, ió or a stressed a

present indicative	present subjunctive	preterite	imperative	present participle	imperfect subjunctive
duermo	duerma	dormí		prefiriendo	prefiriera/prefiriese
duermes	duermas	dormiste	duerme	durmiendo	durmiera/durmiese
duerme	duerma	durmió			
dormimos	durmamos	dormimos			
dormís	durmáis	dormisteis			
duermen	duerman	durmieron			

Group 3: -ir verbs
• When the stress falls on the stem and before ie, ió or a stressed a

e → i (conseguir, corregir, despedirse, elegir, impedir, pedir, perseguir, reñir, repetir, seguir, vestir(se))

present indicative	present subjunctive	preterite	imperfect subjunctive	imperative
pido	pida	pedí	pidiera/pidiese	
pides	pidas	pediste		pide
pide	pida	pidió		
pedimos	pidamos	pedimos		
pedís	pidáis	pedisteis		
piden	pidan	pidieron		

Spelling changes (orthographic changes)

- Before the vowel e, verbs ending in

	present subjunctive	preterite
car → qu = sacar (buscar, tocar, acercar, aparcar, aplicar, arrancar, colocar, criticar, destacar, equivocar, secar)	saque, saques, saque etc.	saqué, sacaste, sacó etc.
gar → gu = llegar (pagar, castigar, colgar, despegar, encargar, fregar, obligar, pegar, rogar, tragar)	llegue, llegues, llegue etc.	llegué, llegaste, llegó etc.
zar → c = empezar (analizar, aplazar, avanzar, cazar, comenzar, cruzar, gozar, nacionalizar, profundizar)	empiece, empieces, empiece etc.	empecé, empezaste, empezó etc.
guar → güe = averiguar (apaciguar)	averigüe, averigües, averigüe etc.	averigüé, averguaste, averguó etc.

- Before the vowel o, verbs ending in

	present indicative	present subjunctive
cer → z = vencer (convencer, torcer, ejercer)	venzo, vences, vence etc.	venza, venzas, venza etc.
ger/gir → j = coger (proteger, recoger, emerger, escoger, dirigir, elegir, exigir)	cojo, coges, coge	coja, cojas, coja etc.
gu → g = seguir (distinguir, conseguir, extinguir, perseguir)	sigo, sigues, sigue	siga, sigas, siga etc.

- Verbs ending in -ecer, -ocer, -ucir have the form -zc in the first person singular:
parecer → parezco; crecer → crezco
conocer → conozco
traducir → traduzco; conducir → conduzco

- Verbs ending in -ucir also change in their preterite form:
conducir → conduje, condujiste, condujo, condujimos, condujiste, condujeron

- Verbs ending in -uir change the i to y when unaccented or between two vowels as follows:

present indicative	present subjunctive	imperfect subjunctive	imperative
concluir concluyo concluyes concluye concluimos concluís concluyen	concluya concluyas concluya concluyamos concluyáis concluyan	concluyera/concluyese	concluye

(Other examples: construir, destruir, disminuir, excluir, huir, instruir)

- Some verbs ending in -uar (e.g. continuar) and -iar (e.g. enviar), and reunir and prohibir, add an accent as follows

present indicative		present subjunctive	
continúo	envío reúno prohíbo	continúe	envíe reúna prohíba
continúas	envías	continúes	envíes
continúa	envía	continúe	envíe
continuamos	enviamos	continuemos	enviemos
continuáis	enviáis	continuéis	enviéis
continúan	envían	continúen	envíen

Imperative tú form: continúa, envía, reúne, prohíbe (Other examples: actuar, efectuar, situar, esquiar, espiar, enfriar, guiar, vaciar)

Common verbs **not** in this category are: anunciar, estudiar, apreciar, cambiar, limpiar, negociar, divorciar, odiar, envidiar, pronunciar

Irregular verbs

Infinitive Present participle Past participle	Present indicative	Imperfect	Future	Conditional	Preterite	Present subjunctive	Imperfect subjunctive	Imperative tú vosotros
caer *to fall* **cayendo** caído	**caigo** caes cae caemos caéis caen	caía	**caeré**	**caería**	caí caíste cayó caímos caísteis cayeron	caiga caigas caiga caigamos caigáis caigan	**cayera/cayese**	cae caed
dar *to give* dando dado	**doy** das da damos dais dan	daba	**daré**	**daría**	di diste dio dimos disteis dieron	dé des dé demos deis den	**diera/diese**	da dad
decir *to say* diciendo dicho	**digo** dices dice decimos decís dicen	decía	**diré**	**diría**	dije dijiste dijo dijimos dijisteis dijeron	diga digas diga digamos digáis digan	**dijera/dijese**	di decid
estar *to be* estando estado	**estoy** estás está estamos estáis están	estaba	**estaré**	**estaría**	estuve estuviste estuvo estuvimos estuvisteis estuvieron	esté estés esté estemos estéis estén	**estuviera/ estuviese**	está estad
haber *to have* *(auxiliary)* habiendo habido	**he** **has** **ha** **hemos** **habéis** **han**	había	**habré**	**habría**	hube hubiste hubo hubimos hubisteis hubieron	haya hayas haya hayamos hayáis hayan	**hubiera/ hubiese**	habe habed
hacer *to do, make* haciendo **hecho**	**hago** haces hace hacemos hacéis hacen	hacía	**haré**	**haría**	hice hiciste hizo hicimos hicisteis hicieron	haga hagas haga hagamos hagáis hagan	**hiciera/hiciese**	haz haced
ir *to go* **yendo** ido	**voy** **vas** **va** **vamos** **vais** **van**	**iba** **ibas** **iba** **íbamos** **ibais** **iban**	iré	iría	fui fuiste fue fuimos fuisteis fueron	vaya vayas vaya vayamos vayáis vayan	**fuera/fuese**	ve id
oír *to hear* **oyendo** oído	**oigo** **oyes** **oye** oímos oís **oyen**	oía	oiré	oiría	oí oiste oyó oímos oísteis oyeron	oiga oigas oiga oigamos oigáis oigan	**oyera/oyese**	oye oíd

Infinitive Present participle Past participle	Present indicative	Imperfect	Future	Conditional	Preterite	Present subjunctive	Imperfect subjunctive	Imperative tú vosotros
poder *to be able* **pudiendo** podido	**puedo** **puedes** **puede** podemos podéis **pueden**	podía	**podré**	podría	pude pudiste pudo pudimos pudisteis pudieron	pueda puedas pueda podamos podáis puedan	**pudiera/ pudiese**	**puede** poded
poner *to put* poniendo **puesto**	**pongo** pones pone ponemos ponéis ponen	ponía	**pondré**	pondría	puse pusiste puso pusimos pusisteis pusieron	ponga pongas ponga pongamos pongáis pongan	**pusiera/ pusiese**	**pon** poned
querer *to want* queriendo querido	**quiero** **quieres** **quiere** queremos queréis **quieren**	quería	**querré**	querría	quise quisiste quiso quisimos quisisteis quisieron	quiera quieras quiera queramos queráis quieran	**quisiera/ quisiese**	**quiere** quered
reír *to laugh* **riendo** reído	**río** **ríes** **ríe** reímos reís **ríen**	reía	reiré	reiría	reí reíste **río** reímos reísteis rieron	**ría** **rías** **ría** riamos riáis **rían**	**riera/riese**	**ríe** reíd
saber *to know* sabiendo sabido	**sé** sabes sabe sabemos sabéis saben	sabía	**sabré**	sabría	**supe** **supiste** **supo** **supimos** **supisteis** **supieron**	**sepa** **sepas** **sepa** **sepamos** **sepáis** **sepan**	**supiera/ supiese**	sabe sabed
salir *to go out* saliendo salido	**salgo** sales sale salimos salís salen	salía	**saldré**	**saldría**	salí saliste salió salimos salisteis salieron	**salga** **salgas** **salga** **salgamos** **salgáis** **salgan**	**saliera/ saliese**	**sal** salid
ser *to be* siendo sido	**soy** **eres** **es** **somos** **sois** **son**	**era** **eras** **era** **éramos** **erais** **eran**	seré	sería	**fui** **fuiste** **fue** **fuimos** **fuisteis** **fueron**	**sea** **seas** **sea** **seamos** **seáis** **sean**	**fuera/fuese**	**sé** sed
tener *to have* teniendo tenido	**tengo** **tienes** **tiene** tenemos tenéis **tienen**	tenía	**tendré**	tendría	**tuve** **tuviste** **tuvo** **tuvimos** **tuvisteis** **tuvieron**	**tenga** **tengas** **tenga** **tengamos** **tengáis** **tengan**	**tuviera/ tuviese**	**ten** tened

Infinitive Present participle Past participle	Present indicative	Imperfect	Future	Conditional	Preterite	Present subjunctive	Imperfect subjunctive	Imperative tú vosotros
venir *to come* **viniendo** venido	**vengo** **vienes** **viene** venimos venís **vienen**	venía	**vendré**	**vendría**	**vine** **viniste** **vino** **vinimos** **vinisteis** **vinieron**	**venga** **vengas** **venga** **vengamos** **vengáis** **vengan**	**viniera/viniese**	**ven** venid
ver *to see* viendo **visto**	**veo** ves ve vemos veis ven	**veía**	veré	vería	vi viste vio vimos visteis vieron	**vea** **veas** **vea** **veamos** **veáis** **vean**	viera/viese	ve ved

OXFORD
UNIVERSITY PRESS

Great Clarendon Street, Oxford OX2 6DP

Oxford University Press is a department of the University of Oxford.

It furthers the University's objective of excellence in research, scholarship, and education by publishing worldwide in

Oxford New York Auckland Cape Town Dar es Salaam
Hong Kong Karachi Kuala Lumpur Madrid Melbourne
Mexico City Nairobi New Delhi Shanghai Taipei Toronto

With offices in

Argentina Austria Brazil Chile Czech Republic France Greece
Guatemala Hungary Italy Japan South Korea
Poland Portugal Singapore Switzerland Thailand
Turkey Ukraine Vietnam

Oxford is a registered trade mark of Oxford University Press
in the UK and in certain other countries

© Isabel Alonso de Sudea, Abigail Hardwick, Maria Dolores Giménez Martínez, Vincent Everett, Maria Isabel Isern Vivancos 2011

The moral rights of the author have been asserted

Database right Oxford University Press (maker)

First published 2011

British Library Cataloguing in Publication Data

Data available

ISBN 978 019 912909 6

10 9 8 7 6 5 4 3 2 1

Printed in Great Britain by Bell and Bain Ltd, Glasgow

Paper used in the production of this book is a natural, recyclable product made from wood grown in sustainable forests. The manufacturing process conforms to the environmental regulations of the country of origin.

Acknowledgements.

The publishers would like to thank the following for permission to reproduce texts from copyright material:

p107: Carolina Costas historialdedisenio.wordpress.com; **p35**: European Commission http://ec.europa.eu/.

The publishers would like to thank the following for permission to reproduce photographs:

p8: Straight plc; **p11**: Alberto Paredes/Alamy; **p17**: Javier Barbancho/Reuters/Corbis; **p25**: Eddie Linssen/Alamy; **p26**: NASA JPL; **p32tl**: Big Stock photo; **p32tr**: Big Stock photo; **p32bl**: Roy Botterell/zefa/Corbis; **p32br**: Big Stock photo; **p33**: Alex Grimm/Reuters/Corbis; **p35**: © European Union; **p36**: IndexStock/superstock ltd; **p42**: Tom & Dee Ann McCarthy/Corbis; **p43**: Dennis MacDonald/Alamy; **p44**: Andrew Bargery/Alamy; **p45l**: David R Frazier Photolibrary, Inc/Alamy; **p45m**: Ragne Kabanova/Big Stock Photo; **p45r**: Big Stock Photo; **p50**: Cephas Picture Library/Alamy; **p51**: Courtesy of the Center for Latin American Studies, UC Berkeley; **p52**: Demotix/Press Association Images; **p53**: Ingram Publishing/Photolibrary Group; **p60l**: Big Stock photo; **p60r**: Christian Science Monitor/Getty Images; **p61**: Keith Dannemiller/Corbis; **p62**: Sergio Dorantes/Corbis; **p63**: Supaphoto/Alamy; **p68**: David R Frazier Photolibrary Inc/Alamy; **p70**: ©Intervida 2010; **p77a**: NASA; **p77d**: Bettmann/Corbis; **p77e**: Paul Souders/Corbis; **p77f**: Reuters/Corbis; **p78l**: Shawn Benbow; **p78r**: Alan Kaufman/www.nubrella.com; **p80**: OUP; **p81**: OUP/Paul Fleet; **p82**: Joe Epstein/Star Ledger/Corbis; **p87a**: Greg Balfour Evans/Alamy; **p87b**: City Image/Alamy; **p87c**: John Glover/Alamy; **p87d**: Marla Holden/Alamy; **p87e**: Cephas Picture Library/Alamy; **p88t**: Barbara Boensch/Imagebroker/Photolibrary Group; **p88m**: Life File Photo Library Ltd/Alamy; **p88b**: Kevin Foy/Alamy; **p89**: Tupungato/Shutterstock; **p91a**: Bettman/Corbis; **p91b**: Bettman/Corbis; p91c: Bettman/Corbis; p91d: INTERFOTO/Alamy; **p92l**: Interfoto/akg-images; **p92r**: PhotoSpain Collection; **p95a-c**: Grupo Planeta; **p95d**: © Tusquets Editores, S.A., Barcelona, Spain; **p96t**: INTERFOTO/Alamy; **p96b**: HarperCollins Publishers; **p99a**: RIA Novosti/Alamy; **p99b**: AISA Media/Mary Evans Picture Library; **p99c**: akg-images; **p100**: Sipa Press/Rex Features; **p103**(1): Bettina Strenske/Alamy; **p103**(4): © Pablo Picasso/DACS/akg-images; **p103**(2): Alexander Tamargo/WireImage/Getty Images; **p103**(3): Elisabetta A. Villa/WireImage/Getty Images; **p104t**: Picture Perfect/Rex Features; **p104b**: Album/akg-images; **p106l**: Ullstein Bild/akg-images; **p106a**: Charles Bowman/Alamy; **p106b**: Jon Bower Spain/Alamy; **p106c**: Vincent MacNamara/Alamy; **p106d**: Gregor M. Schmid/Corbis; **p107l**: JTB Photo Communications, Inc./Alamy; **p107r**: Chantal de Bruijne/Shutterstock; **p111t**: Lauros/Giraudon/Bridgeman Art Library; **p111b**: Erich Lessing/akg Images; **p116**: Stephen Oliver/Alamy; **p116**: OUP/Gareth Boden; **p116**: David Katzenstein/Citizen Stock/Photolibrary Group; **p116**: Image Source/Alamy; **p117**: MIXA/Alamy; **p121**: Nogues Ala/Corbis Sygma; **p122**: Pedro Armestre/AFP/Getty Images; **p128**: Homer Sykes/Getty Images; **p129**: Caro/Alamy; **p130**: Yann-Arthus Bertrand/Corbis; **p131**: Lluis Gene/AFP/Getty Images; **p133**: Stuart Clarke/Rex Features.

Artwork by: Stefan Chabluk, Mark Draisey, Thomson Digital.

Cover image: T-Immagini/iStockPhoto.

The authors and publishers would like to thank the following for their help and advice: Jackie Coe (series publisher); Charonne Prosser (editor of the ánimo Student Book) and Jaime Veiga Perez (language consultant).

The authors and publishers would also like to thank everyone involved in the recordings for the ánimo 2 recordings:

Colette Thomson and Footstep Production for sound production and all the speakers involved.

Every effort has been made to contact copyright holders of material reproduced in this book. If notified, the publishers will be pleased to rectify any errors or omissions at the earliest opportunity.